U0795729

陈明远 林川 著

现代系统论与世界体系

XIANDAI XITONGLUN YU SHIJIE TIXI

火技术与陶冶体系

语文出版社 ·北京·

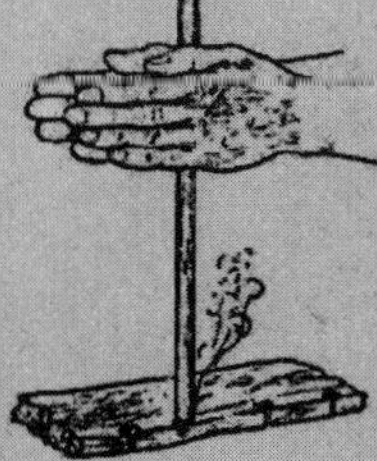

图书在版编目(CIP)数据

现代系统论与世界体系 : 火技术与陶冶体系 / 陈明远，林川著. -- 北京 : 语文出版社，2019.5
(明远工作室论丛. 历史观专辑)
ISBN 978-7-5187-0870-3

Ⅰ. ①现… Ⅱ. ①陈… ②林… Ⅲ. ①石器时代考古－研究－中国 Ⅳ. ①K871.104

中国版本图书馆CIP数据核字(2019)第073765号

责任编辑 谢 惠
装帧设计 徐晓森
出　　版 语文出版社
地　　址 北京市东城区朝阳门内南小街51号 100010
电子信箱 ywcbsywp@163.com
排　　版 北京杰瑞腾达科技发展有限公司
印刷装订 北京市科星印刷有限责任公司
发　　行 语文出版社 新华书店经销
规　　格 787mm×1092mm
开　　本 1/16
印　　张 20
字　　数 286千字
版　　次 2019年5月第1版
印　　次 2019年5月第1次印刷
定　　价 58.00元

010-65253954(咨询) 010-65251033(购书) 010-65250075(印装质量)

致　谢

本书得到西安热处理研究所、西安福莱特热处理有限公司杨鸿飞先生的独资赞助。

This book is financially supported exclusively by Mr. Yang Hongfei, the Director of Xi'an Heat Treatment Research Institute, the Senior Engineer of Xi'an Flit Heat Treatment Co., LTD .

今有原中国科学院研究人员、北京语言大学陈明远和西安WS语言文化研究部研究员林川，提出史前“复合工具”和“火技术–陶冶体系”两个新概念。我认为，作为历史考古领域的一家之言，可以参加学术讨论，特此介绍。

石兴邦

2016年9月

我赞同提出对于历史考古学的“三分期理论”的质疑和修正意见。这是独立思考的创造发明，是真正做学问。社会发展第一就要独立思考，第二要创造，第三要发明；没有独立思考什么都没有了，社会就停下来了。我个人的经验是：学校最应该鼓励和培养学生独立思考。不应该只鼓励信仰，不鼓励思考；我以为没有独立思考就没有教育可言。

独立思考，要创造，要发明，要做学问。要做学问就要有质疑。

质疑是好的。“学问，学问，学中要问”，就是学业上必然也必须产生疑问；有了疑问，再一步步深入解决疑问，学业才能有进步，文化才能有发展、有突破、有创新。对于古代文明史的知识提出质疑，引起讨论，是好事情。

对于“历史考古学的三分期理论”的质疑和修正意见，希望大家展开认真的讨论，摆事实，讲道理，逐步获得真相和真知。真相是对于史料的要求，真知是对于史论的要求。现代科学的根本在于真相和真知，就是要发掘、揭露真相，破除假象，去伪存真，由真相求真知。真相、真知必须是可以反复验证的，必须是在逻辑上成立的。

世界文明的历史，跟“比较文字学”的关系很密切；也希望大家来普及世界文明史和比较文字学的知识，不断学习，不断质疑，不断讨论，发掘真相，探求真理。

周有光

2014年9月

1972 年春，陈明远在北京猿人遗址

前　言

本书研讨的主题是人类史前史从蒙昧、野蛮向文明过渡的阶段，着重于修正“石器—铜器—铁器”的“三分期学说”，并分为两大部分——《文明拂晓：复合工具体系》和《现代系统论与世界体系：火技术与陶冶体系》。

为什么要用“拂晓”作为这两本书的总标题呢？所谓拂晓，就是日出前后天将明却未明的过渡之际。具体时段并不固定，一般指4—6点，也就是传统的十二时辰的“寅、卯”时辰，即夜与日交替，其随季节和地域有所差异。

“文明拂晓”，意即人类从蒙昧、野蛮向文明过渡的阶段。

陈明远

2016年于北京中国科学院

目 录

火技术的开端

—— 现代系统论与世界体系之一

【内容提要】古代人类发展史同三大因素密切相关，其一是火技术，其二是复合工具体系，其三是陶冶体系，而历史考古学界应该对于这三大因素予以适当的关注。对于复合工具体系，已在《文明拂晓：复合工具体系》一书中做了阐述，这里则专门讨论火技术与陶冶体系。甲骨文、金文为火技术的发生与演变提供了第一手的丰富证据，并列举了甲骨文“火”(、、)，金文“火”(、、)，以及相关的古文“焚”(、、)、“燎（尞）”(、)、“尧”()等，说明火不仅用于原始农业中的焚林造田、燎林开荒，而且用于烧窑制陶，开创了陶冶体系。

一、古人类发展史同火的密切联系

讨论远古史，不能不注意火这个至关重要的技术因素的产生与发展。人类何时学会用火的？这一直是考古学界激烈争论的话题。

（一）原始人第一项空前的重大发明：用火

无论黑猩猩、南方古猿或能人（Homo habilis），都不会使用火。各种动物，从昆虫到鱼鸟，以及豺狼虎豹等猛兽全都本能地害怕烈火、逃避火灾，几乎只有原始人才逐步敢于接近各种自然火，靠火取暖、驱赶野兽，尝试食用火烤后的食物，积累经验维系自然火种、保管火苗，用草木持续火堆借以在洞穴里照明、取暖，等等。

用火与造火技术制造并维持一定的高温（几百度到上千度）是人类第一项空前的重大发明。用火及维持、控制高温，就离不开燃料——干草、木柴乃至煤炭等。

迄今为止，最古老的原始人用火遗迹的报道，是在非洲肯尼亚切索万加地区早更新世地层中，发现了 40 多块与石制品、化石共存的烧土块，有细小的碎块和一些 5～7 厘米的团块，钾氩法测年为距今约 147±7 万年左右。研究者们在南非中北部的奇迹洞（Wonderwerk Cave）出土了百万年前的木质灰烬、烧骨和石器，这些火堆遗迹来自直立人。尽管在非洲和欧洲的一些地点（古人类文化遗址）曾报道过原始人用火的遗迹，但也不能十分肯定——那些火的遗迹有可能来自森林大火及各种自然火。

在非洲早更新世地层中发现了一些团块和细小的烧土块，有人认为这些被火燃烧过的物质，不能排除是自然火燃烧结果的可能性。但是，森林或者草原自然火的燃烧，是“一烧而过”，形成不了“烧土块”；要把泥土烧结成“烧土块”，必须是泥土块经历了反复的集中烧烤（如篝火），而这种经受反复集中燃烧与自然火的“一烧而过”迥然有别。史前考古发现的“烧土块”，似应为史前人类用火的证据。

我国考古学界也有类似的发现。例如，在距今 180 万年的西侯度旧石器地点（古人类文化遗址），就曾发现了烧过的原始人遗骨。在距今 170 万年前的元谋猿人化石地点和距今 100 万年左右的蓝田猿人化石地点，也曾发现过一些炭屑。对于上述发现，有人认为这是人类用火的遗迹，也有人认为这些烧过的骨头和炭屑多发现在搬运埋藏类型的地层中，因而很可能是自然火燃烧后的残存物。①

---

①陈淳:《肯尼亚发现 142 万年前的用火遗迹》,《人类学学报》1983 年第 2 期。卫奇、李超荣:《南非发现最早的人类用火证据》,《化石》1989 年第 2 期。宋兆麟:《中国原始社会史》，北京．文物出版社，1983 年，第 83 页。

欧洲最古老的原始人用火遗迹——炭痕灰烬，是1960年工人们在法国东南部马赛不远处爆破筑路时从一个名为埃斯卡的山洞里发现的。这个用火遗迹包括远古残存的烧石、木炭渣、灰烬，还有地面上五处直径达90厘米的红烧土，该遗址距今约100万年。①

（二）多年考古确认“火”在从猿到人过程中的重要作用

考古资料表明，历经几十万年的北京猿人遗址，是原始人用火遗迹。从1931年开始，在北京猿人遗址中发现的黑灰土和颜色呈黑灰浅蓝的骨片，可能是火烧的结果。在周口店猿人洞穴的西剖面第3层和第4层上部，考古人员发现过灰烬、烧骨、炭屑等一些遗物、遗迹。

迄今，一连串新挖掘成果能够确切证明：中国猿人（北京猿人）是最早一批利用和保管天然火种的人。20世纪30年代以来，在北京猿人遗址中多次发现几处灰烬层，黑灰土和呈黑灰浅蓝色的骨片，经化学分析证明是人为火烧的结果。此后，在文化堆积的许多层次中均发现大量的用火遗迹。例如，鸽子堂西侧第3层下的一块约60平方米的巨石上，曾发现两大堆厚约1米的灰烬；在第4、5层，灰烬最厚处可达6米；在第8、9层，有的地方灰烬厚达4米；第10层的底部也有厚约1米的灰烬。这说明猿人必须长时间不断添加草木燃料，维持火堆持续燃烧，这些成堆分布的灰烬无疑是火堆的遗迹，而灰烬中的黑色物质经化验是草木灰素。所有的灰烬中均包含有数量很多的烧骨、烧石、烧土、烧过的朴树籽等，以及烧烤熟食后的剩余物和木炭等。烧过的地面或土块，土质变硬，土色变成红色或红褐色；朴树籽被烧成灰白色。就世界范围而言，北京猿人遗址多次发现的用火遗迹，是已知确定无疑的原始人类用火的遗迹。②

（三）北京猿人的时空代表性

自从20世纪20年代以来，周口店龙骨山遗址先后考古发掘出27处地点（古人类文化遗址），具有重大的学术价值。出土文物表明，距今70万

①周国兴、张兴永:《火的化石》,《化石》1977年第2期。

②贾兰坡、王建:《人类用火的历史和火在社会发展中的作用》,《历史教学》1956年第12期。

年—20 万年的北京猿人居住于周口店洞穴，过着以采集为主、狩猎为辅的生活。其早期为距今 70 万年—40 万年，中期为距今 40 万年—30 万年，晚期为距今 30 万年—20 万年。共出土头盖骨 6 具、头骨碎片 12 件、下颌骨 15 件、牙齿 157 枚，以及断裂的股骨、胫骨等，分属 40 多个男女老幼个体。①

此后，在木-石器时代的许多遗址中，又普遍发现了用火的遗迹，而且这些用火遗迹不仅发现在洞穴遗址中，还常见于一些不易保存火种的旷野类型遗址中。例如，在发现过距今 10 万年—7 万年古人类化石的许家窑遗址中，就曾出土过许多与石器、动物化石共存的被火燃烧过的物质。

笔者认为，古代人类发展史同三大因素密切相关，其一是火技术，其二是木-石体系，其三是陶冶体系，而历史考古学界应该对于这三大因素予以关注。对于复合工具体系，已在《文明拂晓：复合工具体系》一书中作了阐述，这里则专门讨论火技术与陶冶体系。

关于火技术的各个方面，甲骨文、金文提供了第一手的丰富证据。下面略举甲骨文、金文的例证，说明火对于原始人类生存条件和基本活动的关键作用：没有火技术，就根本谈不上人类的进化。下面，首先从甲骨文“火”（）、金文“火”（）及相关字形入手展开讨论。

（四）象形字“火”及相关的文字史演变

古文字“火”的区别性特征，经历了几百年间演变过程：殷商甲骨文（公元前 14 世纪后约 273 年间）“火”（、、）的字形与“山”（）相似，像地面（）；有的甲骨文“火”（）字与篆文的“山”（）相似，都造成了误读。②

①一说，发现了属于 41 个个体的直立人化石，包括 6 件较完整的头盖骨和 13 件下额骨，上万件石器和大量哺乳动物化石。参见周明镇、何传坤、何皎：《北京周口店直立猿人时代测定的历史》，《大自然探索》1991 年第 3 期。郭士伦、周书华、孟武：《裂变径迹法测定北京猿人的年代》，《科学通报》1980 年第 24 期。沈冠军、顾德、B.Gahleb、袁振新，《高精度热电离质谱铀系法测定北京猿人遗址年代初步结果》，《人类学学报》1996 年第 3 期。黄培华、金嗣炤等：《北京猿人第一个头盖骨及其遗址堆积层年代的电子自旋共振（ESR）测年研究》，《人类学学报》1991 年第 2 期。陈铁梅、周力平：《周口店北京猿人遗址的年代综述兼评该遗址的铝铍埋藏年龄》，《人类学学报》2009 年第 3 期。

②马如森：《殷墟甲骨文实用字典》，“火”字条，上海大学出版社，2008 年，第 230 页。王本兴：《甲骨文字典》，“火”字条，北京工艺美术出版社，2010 年，第 68 页。

在后来的几百年间，“火”与“山”才逐步明确区别开来——青铜器铭文《墙盘》中的“火”（）修正了甲骨文字形；《令鼎》中“炎”字的在上加，表示星火；拍庶父簋中的将改成，于是金文“火”字与“山”字才明显区分。在后代汉字中作偏旁时，“火”写成。公元100年—公元121年间成书的《说文》载：“火，燬也。炎而上。象形。”

甲骨文“焚”的原义为农业的起始：焚草造田

甲骨文“焚”（、、）、“燎（尞）”（、）、“尧”（、）、“炎”（、、）等，说明“火”用于原始农业：焚林造田，燎林开荒，而且用于烧窑制陶。

甲骨文“焚”（）=（野草）+（火），或“焚”（）=（荒草）+（火把）+（抓），本义为古人为垦地而持火把烧草从开垦荒地。篆文“焚”（）将“草木”写成更多的“棥”。隶书“焚”写成。《说文》：“樊，烧田也。从火从棥，棥亦声。”《韩非子·难一》：“焚林而田。”《公羊传·桓公七年》：“焚咸丘。”这些指的都是用火焚烧草木，开垦田地。原始农业最初的耕作方式都是“火耕”，野草晒干后引火焚烧开辟荒地，烧后的草木灰也成了肥料，播种长苗，秋后收获草种，聊以充饥。唐人白居易有诗云：“野火烧不尽，春风吹又生。”

甲骨文“尞”的原义为农业的扩展：烧山燎原

“尞”是“燎”的本字。①甲骨文“尞（燎）”（、）=（火）+（大面积烧山）。《说文》：“燎，放火也。从火尞声。”《一切经音义》：“燎，烧田也。”《诗经·小雅·正月》：“燎之方扬，宁或灭之？”《尚书·盘庚上》：“若火之燎于原，不可向迩，其犹可扑灭？”

经“燎原”后堆积草木灰的土地较为疏松，先民就用一端砍尖的木棒掘洞，在洞内点播种子。此后就等待谷物成熟，届时再去收获。那

①许科：《古代燎祭用物及其意义》，《四川大学学报》2008年第3期。

时，还不懂施肥与中耕，一块地种了几年待肥力减少时，就弃置不用而另开耕地。这种耕作方法在近代一些落后地区中仍能看到。《旧唐书·严震传》：“梁汉之间，刀耕火耨。”“刀耕”，指用石斧、石刀砍树；“耨”，指放火烧田耕种。所谓“刀耕火种”的说法，其实离不开“火·木·石”的共同作用。

“尞”又引申出“燎祭”。殷商时期，燎祭是一种重要的祭仪法则，一直为帝王邦君施行，而在近代一些少数民族的祭祀活动和一些地区民间风俗中仍保有这一古老礼仪。燎祭的方法主要是燔柴（火烧）致祭，多加祭牲和玉帛入内焚烧。燎祭所用物品大致分为柴薪、牲畜、玉帛三类。①

（五）火用于烧窑制陶

甲骨文“尧”（）＝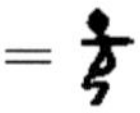（肩扛）＋（陶器），像专业制陶者（）肩扛（）陶器（）。

籀文（大篆）“尧”＝（制陶者）＋（肩扛）＋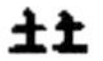（土器，陶坯）。《说文》：“，高也。从垚在兀上，高远也。，古文尧字。”篆文“烧”（）＝（火）＋（垚，土坯）＋（人，制陶者）＝（窑火）＋（尧，土器，即陶器）。《说文》：“烧，熟也。从火尧声。”“尧”“烧”，本义为陶坯在专门的陶窑中烧制成陶器。可见，在甲骨文里，“尧”（）本义是指专业烧制陶器的制陶者，而并非后世（周代）传说所谓“尧舜禹”的专有人名“尧”。在殷商卜辞中，并未见“尧”这个先祖。②

①马如森：《殷墟甲骨文实用字典》，“焚”字条、“尞”字条，上海大学出版社，2008年，第232页、第230页。王本兴：《甲骨文字典》，“焚”字条、“尞”字条，北京工艺美术出版社，2010年，第39页、第97页。

②马如森：《殷墟甲骨文实用字典》，“尧”字条、“炎”字条，上海大学出版社，2008年，第304页、第233页。王本兴：《甲骨文字典》，“尧”字条、“炎”字条，北京工艺美术出版社，2010年，第199页、第196页。

【附记】

古文字“垚”

古文字“垚”，本义为陶器土坯。＝（土）+（土）+（土）。《广韵》:“垚，从三土积累而上。同尧。”意指陶器的原材料 —— 土坯。

由文字史上的“垚”“尧”“烧”的字源分析可见，神话中的“唐尧传说”实际来自陶器时代的层层累积以及历代加工而成。

金文“炎”及炎帝

金文“炎”（、、）＝（火堆）+（火堆），大火蔓延。后来，由此衍生出“炎帝”（、、、）。可见，所谓三皇五帝的“炎帝”概念乃是周代以后才产生的。《说文》:“炎，火光上也。从重火。”

殷商甲骨文有“帝”（、、），但是没有出现“炎帝”（、）与“黄帝”（、）这样的两个字组合的专有名词。直到公元前672年，秦宣公作密畤于渭南，开始祭青帝（、）。其后百余年，公元前422年，秦灵公作吴阳上畤，开始祭黄帝（、）；作下畤，祭炎帝（、）即赤帝（、），这时才开始正式为炎帝（赤帝）与黄帝立祠。战国中后期，齐人邹衍（约公元前324年—公元前250年）所述“五行”——金（）、木（）、水（）、火（）、土（），跟五色——白（）、青（）、黑（）、赤（）、黄（）分别对应。在历代史籍中，关于神话人物炎帝、赤帝、黄帝的记载存在诸多混乱，有些甚至张冠李戴、自相矛盾，此不详述。

二、火·木·石——从猿人到现代人的演化

但是，距今约70万年—20万年间，除了引用自然火（如雷电击火、森林火灾等）以外，尚未能找到人工取得火种的方法。

（一）人工撞击取火法

人工取得火种之前使用天然火种，是火技术的开端。

自从1931年首次发现北京猿人用火遗迹以来，学术界已积累了大量的研究资料。考古学家主要通过对发掘获得的各种人工打击痕迹的仔细观察，有时还要经过模拟打制试验和参考有关人类学和民族学资料，来了解史前原始人用火遗迹和取火方法。

许多万年以后，智人的体质迅速进化，特别是脑量猛增，基本上逐渐达到现代人的水平，发明了各种人工取火法。①（如图1–1）

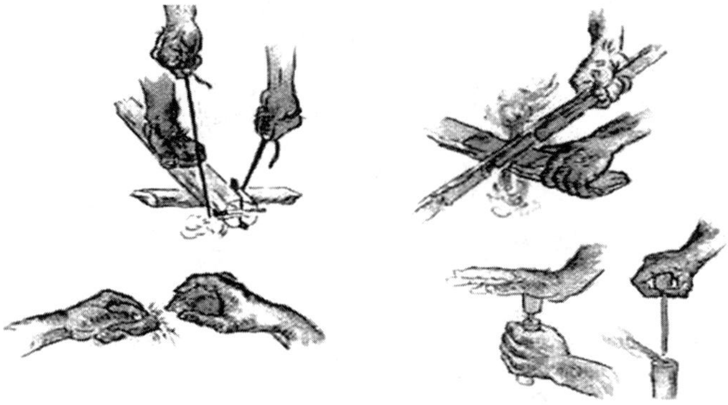

图1–1　原始人的各种取火方法

在距今约3.5万年的内蒙古萨拉乌苏，以及距今约1万年的河北阳原泥河湾—虎头梁等遗址，均挖掘出篝火遗迹。木–石器时代中晚期，随着钻孔与磨制技术的出现，智人逐渐懂得了“木石撞击或摩擦就能燃烧”的现象。科学研究表明，人脑的增长与肉食量的增加有很大关系，而熟食又

①林惠祥:《文化人类学》，北京.商务印书馆，2011年，第89页。

对缩短消化过程和减少肠胃疾病提供了重要条件。各种人工取火法，促进了早期智人体质的进步，肉食、熟食的普遍化也促进了狩猎业的发展。①

直到近现代，仍有许多民族使用“人工撞击取火”的方法。

最初，原始人在打制石器过程中，发现两块石头相撞（特别是燧石和铁矿石相撞）时会产生火星，这给予了人们很大的启示。以后，经过长期的观察和实验，人们对石料的性质有了进一步了解，知道了哪些石块相撞容易产生出火星来。是偶然也是必然，碰撞出的火星碰巧掉落在一些极易燃烧的植物绒屑上，就引发了火苗燃烧。（如图 1–2）

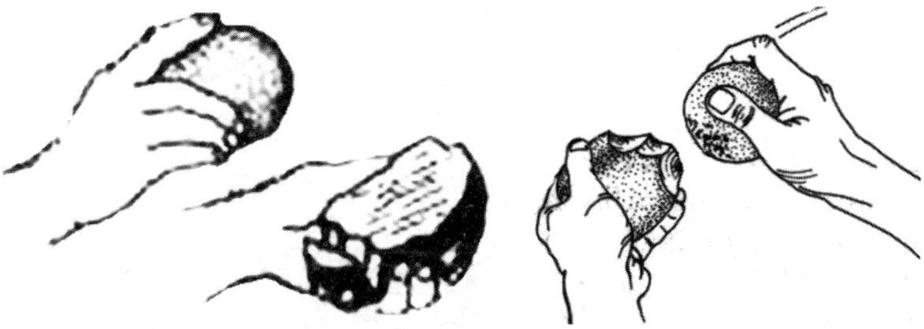

图 1-2　人工撞击取火法

四川木里县的普米族人，利用一块赤铁矿石和白色火石相互撞击取火，但必须在一块火石上先放好干火草。由于火石相击的火星极其微弱，不易把火草引燃，又必须在火草上放一些炭末，待火草烤焦，这样火星才容易燃烧起来。

云南的苦聪人，用一种“黄石头”相互撞击取火，以芭蕉根晒干作引火物。

东北的鄂温克人，相传其祖先用两块火石相互撞击打出火星，用桦树皮纤维引火。

“撞击取火”的方法，直到近代仍为许多民族使用。

①李炳文、胡波：《人类在用火中最终脱离动物界》，《自然辩证法》1975 年第 4 期。汪宁生：《我国古代取火方法研究》，《考古与文物》1980 年第 2 期。

（二）人工摩擦取火法

在文化人类学资料中，还记述了许多摩擦取火的方法，虽略有不同，但大同小异。

云南西盟佤族，用摩擦锯木法取火。取火工具是一段刻有凹槽的木板和一长竹片。取火时，需两人配合进行：一人取一竹片，置凹槽中来回摩擦，另一人双手各持一小团火草置于凹槽两端，摩擦到火花迸出，即可点燃其旁的火草。取火时先用左手按住木板，拇指靠近缺口，并且放置少量艾绒或芭蕉根纤维，然后由右手握好竹锯，在上述缺口处上拉下推，如拉锯动作。由于竹子外表有一层易燃的硅质层，技术熟练的人五六分钟就能取出火来，而技术生疏的人一小时也能取出火来。①（如图 1-3）

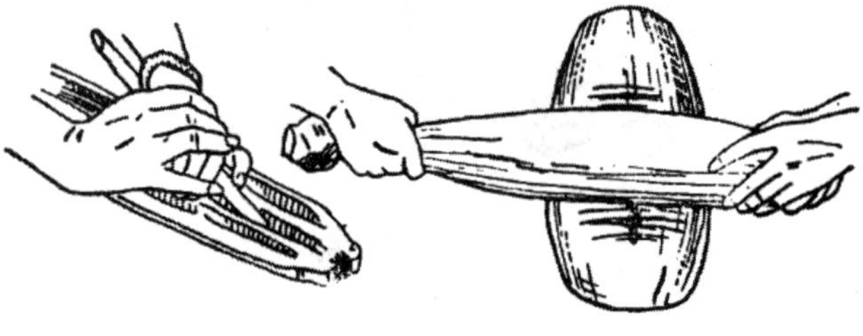

图 1-3　摩擦取火法

海南岛黎族的钻木取火工具包括两部分：一是长约 37 厘米的“山麻木”削制的木板，在其一侧挖若干小穴，穴底往下有一竖槽，是迸发火花顺势运行的通道；二是钻火杆，长约 53 厘米，下端略尖，“取火时，由一人操作，先用脚踩住木板，竖槽下放好艾绒，然后把钻杆插在小穴内，以双手撑钻转动钻火杆，使其垂直地在小穴中转动。钻孔时速度要快，还要有一定的压力。当小穴附近迸出火花后，火花沿竖槽下落，将艾绒引

①宋兆麟、杜耀西:《摩擦取火及其在历史上的作用》,《化石》1976 年第 2 期。曹泽田:《贵州发现重要古人类化石和用火遗址》,《化石》1976 年第 2 期。宋兆麟、黎家芳、杜耀西:《中国原始社会史》，北京．文物出版社，1983 年，第 83 页。

燃”。[①]（如图 1–4）

钻木取火是史前先民自主取得火种的伟大发明，能获得火种的木质工具是特别重要的工具，在人类发展史上产生了巨大作用。

恩格斯指出：“就世界性的解放作用而言，摩擦取火还是超过了蒸汽机，因为摩擦取火第一次使人支配了一种自然力，从而最终把人同动物分开。”又说：“人们只是在学会了摩擦取火以后，才第一次迫使某种无生命的自然力替自己服务。”[②]

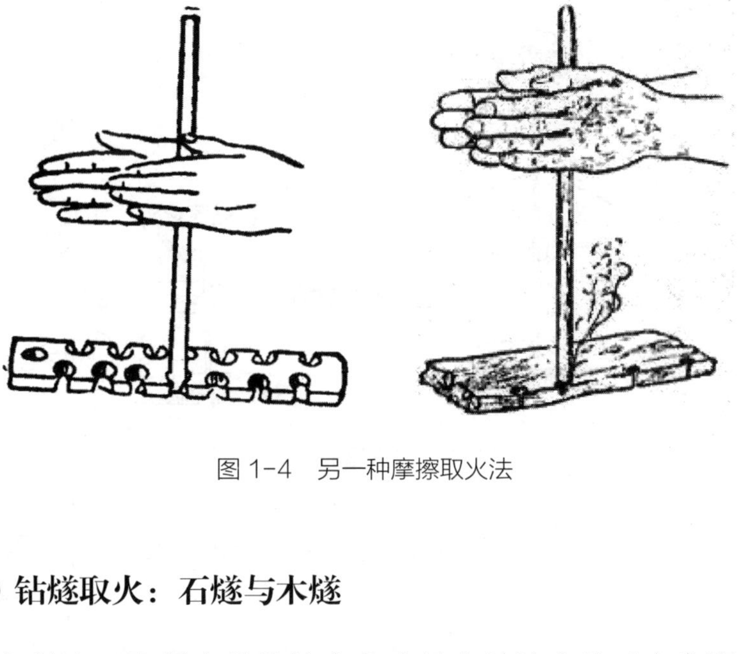

图 1–4　另一种摩擦取火法

（三）钻燧取火：石燧与木燧

数万年前人工取得火种的技术方式是史前社会的重大发明创造，其重要性甚至超过了木–石复合的弓箭发明。

两大类火种技术——摩擦取火法与撞击取火法，合称“钻燧取火——石燧与木燧”。

钻燧取火可认为是人工摩擦取火的改进，即钻木取火。（如图 1–5）

①张寿祺：《中国古代取火方法考证》，《社会科学战线》1981 年第 1 期。

②［德］恩格斯：《劳动在从猿到人转变过程中的作用》。参见［德］恩格斯：《自然辩证法》，北京．人民出版社，1971 年，第 99 页。

从取火技术的角度看，木头的工具作用甚至超过了石头工具的作用。

许多古籍记载了“燧人氏钻燧取火”的远古传说。例如，《韩非子·五蠹》：“上古之世，人民少而禽兽众，……民食果蓏蚌蛤，腥臊恶臭而伤害腹胃，民多疾病，有圣人作，钻燧取火以化腥臊，而民说（悦）之，使王天下，号之燧人氏。”

类似的说法，还有“钻燧改火”“钻燧生火”“钻燧出火”“钻木取火”“小枝钻火”等。

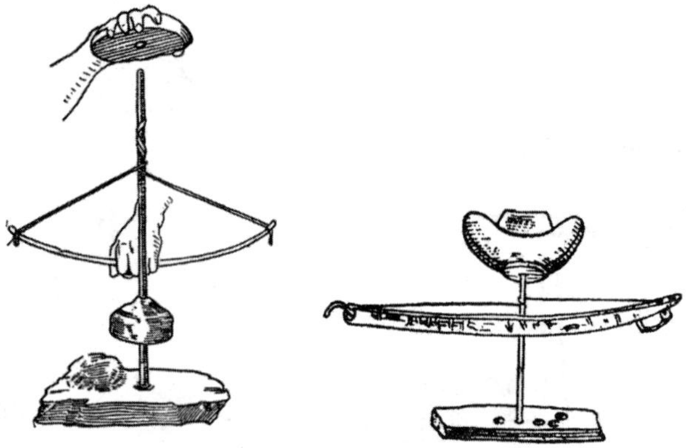

图 1-5　改进后的钻燧取火

先民的钻燧取火（钻木取火）的考古遗迹，迄今尚未有出土文物发现。

但是，中国一些少数民族还流传着古老的钻燧取火技艺。2010 年 3 月，中央电视台《走近科学》栏目播放了海南岛黎族钻燧取火的纪录片。黎族的取火方式，印证了史前人类钻燧取火的真实性和可行性。

古埃及的钻燧取火所使用的工具，与中央电视台《走近科学》栏目介绍的海南黎族的取火方式几乎一模一样。据记载，在埃及发现了公元前 1890 年的钻燧取火工具。①

钻燧取火工具由四个元件构成：圆形石帽、发火钻杆、钻弓、钻孔

①[英]罗莎莉·戴维（Rosalie David）:《探寻古埃及文明》，李晓东译，北京.商务印书馆，2007 年。

木板。沉重的圆形石帽，压在木质发火棍的钻杆上面，把钻杆压进木板钻孔里。取火者运用钻弓带动钻杆往返迅速旋转，引发的火星点燃木板钻孔里的艾绒（引火干草）；木板上的钻孔是预先烧烙出来的，残留着木炭层，而木炭的着火点比木材低得多。钻杆与木板孔洞摩擦时，木炭层容易达到着火点而迸出火星。

从操作技术角度来看，古埃及的钻燧取火工具以及海南黎族的取火工具，都有一块事先钻出孔的木板，而且木板的孔往往钻在边缘上，成为有缺口的不完全孔，这是让产生的火星子容易从孔里掉出来，便于引燃木板下垫着的引火材料。而且，木板上事先做好的孔洞往往是用火烧烙出来的，残留着木炭层。木炭层在钻杆与木板的相互摩擦里，容易达到着火点而首先燃烧出火花。

"钻燧改火"，见于《论语·阳货》注解："古人钻燧取火，四季所用木头不同，每年轮一遍。又称为'改火'。""钻燧生火"，见于《管子·轻重》："钻燧生火，以熟荤臊，民食之，无兹胃之病，而天下化之。"后来的古籍所载，如汉代《尚书大传》："遂（燧）人为遂皇，伏羲为戏皇，神农为农皇也。遂人以火纪，火，太阳也。阳尊，故托遂皇于天。"此后，《尸子》："燧人上观星辰，下察五木以为火。"东晋《王子年拾遗记》："遂明国有大树名遂，屈盘万顷。后有圣人，游至其国，有鸟啄树，粲然火出，圣人感焉，因用小枝钻火，号燧人氏。"魏晋《古史考》："太古之初，人吮露精，食草木实，山居则食鸟兽，衣其羽皮，近水则食鱼鳖蚌蛤，未有火化，腥臊多，害肠胃。于是有圣人出，以火德王，造作钻燧出火，教人熟食，铸金作刃，民人大悦，号曰燧人。"其最早的出处都来自《韩非子·五蠹》，其后加以悬想、附会，如顾颉刚所指出的是"层累地造成的"。至于《韩非子·五蠹》所谓的"燧人氏"，只不过是韩非子构想的神话中的"英雄人物"，为虚称而非实指。

古代取火的工具称为"燧"，有石燧、木燧之分。石燧取火于石，采用敲击取火的方式；木燧取火于木，采用摩擦取火的方式。许多原始族群同时采用石燧、木燧两种方式取火。

石燧是古代一种生火的工具。敲击石块所发的火，叫“石火”。用打火石敲击硬质的材料，如花岗岩等，火石上面垫着的易燃的火绒、干草或枯树叶等便被引燃，越是有棱角的石头敲击的效果越好。在德国杜塞尔多夫附近的尼安德特人遗址中，发现了用敲击燧石的方法取火的遗迹。

由此可见，人类开始用火以来，都与木和石两种原材料密切相关。

【附记】木燧取火于木，也就是“摩擦木孔取火”，即根据摩擦生热的原理产生火。

木料是易燃物，强烈的摩擦力会产生热量，生出火来。达尔文在1813年环球旅行途经南美洲时，曾看到印第安人摩擦取火的情形：他们用一根木棍的钝端，在另一根木棍上刻有槽缝的地方用力摩擦，于是就得了火种。

1976年，甘肃省居延考古队发掘出土了先民取火工具——木燧，由一根木杆和一块有孔的木板组成。智人发明了利用燧石敲击取火和利用木料摩擦生火的各种方法，从而为陶冶时代进一步维持与控制高温、超高温技术打下了基础。

（四）原始人学会取火用火，开始熟食

猿人（直立人）的一个重要特征就是开始使用火。当时，初始的直立人基本已生活在地面，夜晚为了防止食肉动物的侵扰袭击，多在山洞内栖息。当发生自然的森林火灾时，就会躲进山洞免于烧死。可是，大火有时烧毁大片森林，许多动物害怕火，本能地逃避，或被烧死。大火之后，人们从山洞里走出来，发现残存灰烬会“死灰复燃”，用火可以驱赶野兽，而且有人还发现烧死的动物尸体可以食用。

人类先祖之所以在几百万年前发明用天然的火烧烤动物尸肉为食物，关键在于人类消化系统能够消化经过火烧烤而熟的动物尸肉，但不能消化新鲜的、生的或腐败的动物尸肉。可是，其他的动物或者能直接吃新鲜的动物尸肉，或者如食腐动物在动物尸肉腐败后食之，无须依赖使用火烧烤动物尸肉为食物。

适者生存。人类的消化器官经过进化，除了能产生消化植物性蔬果的蛋白酶，还能产生消化动物性熟肉的蛋白酶，但不能产生消化腐败动物尸肉和生肉的蛋白酶。这就在自然选择的作用下，形成了现代人类的饮食习惯。

发现火的使用后，生火处就成为部落生活的中心。经受大火的树枝成了木炭，灰烬里的木炭可维持阴燃状态，延续不熄。人类先祖可以利用天然火灾后残余的火种，如北京猿人和山顶洞人已使用火来加工食物。猿人若要保存火种，一定要有木制的篝火支架、拨火棍，并砍伐树枝做燃料；若要用火加工食物，一定要有耐火硬木制作的烤肉叉等。①

燃火作业离不开木质工具与石质工具的共同作用。草木是必须经常添加的燃料，以拨火棍等控火、用火、堆建篝火框架，或用灰烬掩埋火种，或掏取埋在热灰里焐熟的食物，都要使用木棒；而采集、砍伐和劈断木材燃料，就要使用石刀、石斧等。

火的使用一方面使刚从动物界分离出来的人类有了一种优越于其他动物的防御武器，另一方面也使人类开始主动地食用熟食，进而促进了人类体质和大脑的进化。

20 世纪末至今发掘的南非布隆伯斯洞穴（Blombos Cave）和西布度洞穴（Sibudu Cave）是大约 7.7 万年前的原始人遗址，他们已使用磨光的矛尖，很可能会用陷阱来捕捉小羚羊，也可能制作弓箭狩猎。综合多年来的考古研究表明，这些远古人类具有创造性和审美特征：能够从远方选取原材料，使用工具制作艺术品，而且具有抽象思考力，可以有目标地进行创作。这种抽象能力是进化的人类跟其他动物的本质区别。到大约 4 万年前，早期智人突破了自身的“思维定式”——时尚的贝壳，珍珠项链，很多石洞里的野牛及各种动物的精美壁画，以及一系列新的木-石工具，表明基因突变使远古人类的认知力产生了飞跃——使用符号是认知力的最重

---

①陈明远、金岷彬:《历史观的新突破：史前史三分期学说的重大修正》，太原.山西人民出版社，2014 年，第 62 页。

要标志，这表明人类有了创造语言的能力而逐步进化为“真人”。[①]

（五）原始人的活动跟“木石前盟”息息相关

我们强调火技术在人类进化史上的作用。火技术，包括火种的获得以及保存和延续，对燃烧的掌握与控制，对火光和火热的利用及其伴生的设备（火把、照明、灯具、火塘、炊灶、炊具、烹调、陶窑、冶炼炉）等方面。“火技术”这个概念及思维方式，对于认识史前时代是一种新的学识。应用这种新的学识反思“三分期学说”，可认识到传统的“石器时代”恰恰只看到石器的“打制”或者“磨制”方式，忽视了火技术。

用火与造火技术，是人类第一项重大发明。火的使用，是人类走向文明的关键一步。具体步骤包括以下几个方面:（1）保存火种，可供照明、取暖;（2）用火提供熟食;（3）人工取火;（4）火用于原始农业;（5）火用于烧窑制陶，进一步用于冶金。

火技术与复合工具体系两大因素的各阶段持续性发展，是人类社会进步的主导标志。人类不断寻求劳动工具与劳动对象的客观规律，关键性的思考就是脑力劳动，也是科学劳动的开端。

古人类发明了制火控火技术、农林牧技术、制陶技术、冶炼技术，由此开创了文明的第一阶段——农业化社会；接着，火技术与复合工具体系展开了文明的第二阶段——以纺织机和蒸汽机为代表的机械化，用于动力（火车、轮船等），用于能源（火力发电等），从而迈入工业化社会。

①[美] 普林格尔（Heather Pringle）:《人类创造力如何起源》，黄韵之译，《南方周末》2013 年 3 月 22 日。吕泽华:《南非西布度洞穴遗迹》，《中国社会科学报》2015 年 7 月 27 日。

火技术与陶冶体系

——现代系统论与世界体系之二

【内容提要】在近年国际考古新成果启示下，扩展了“三分期理论”的定义，将一二万年前并行不悖且密切相关的“制陶工艺”和“冶铜、铸铜工艺”两者结合起来思考，形成“陶冶时代”（Pottery-Copper Age，即“火技术与陶-铜时代”）的新观点。将“陶冶时代”作为史前史“木-石器时代”之后的第二个时代。主要根据如下：

（一）陶器和铜器出现的年代相近，前者比后者稍早，但都持续了 1 万年左右，从 1.2 万年前开始进入地质史的全新世（Holocene），也就相当于陶器和铜器几乎同时出现的年代，且红铜时期（Copper Period）与彩陶文化共存。根据传统的地质学观点，全新世一直持续至今。所以，火技术的陶冶时代是有地质史全新世做大背景的。

（二）我国先秦文献早已将“陶”（、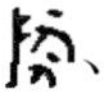、）与“冶”（、、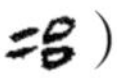）并称，将烧制陶器和冶炼铜器并举，因两者皆与过去几万年间的“冷工艺”不同且都是火技术（Fire technology）即高温陶冶技术，具有类似特色的同一性。先秦的冶铜与铸铜器，必须先期一步制作出不怕火的陶质工具，然后才能冶炼和铸造，否则无法冶铸铜。最初的冶铜工匠必须是掌握了火技术的人，也就是制陶工匠。从制陶到制陶冶铜，逐步转变成了“陶冶工匠”。这是古文献对当时实况的表述，也是提出“陶冶”的技术渊源。

（三）农业革命与新石器之间本质并没有太多的关系。传统看法认为，新石器时代的特点是磨制石器，然而新石器的磨制技术相对于制陶烧陶技术，两者并没有技术上和观念上的必然相关性。火技术的高温制陶烧陶工艺跟高温炼铜铸铜工艺之间，却有着必然相关性。

（四）陶器的发明与新石器更没有关系。

（五）在世界各地史前时代遗址的考古发掘过程中，当地所得的陶器遗物出土量大、内容丰富，其断代依据往往也是出土铜器遗址所属考古年代判定的重要依据。

（六）制陶技术的多种原料配方、高温调控、陶窑设备等，构成冶铜（冶炼铜矿石产生铜液铜锭）和铸铜（用坩埚铸造铜器）的技术基础；在陶冶大系统内，陶器时期与铜器时期各为一个从属的“子系统”。

（七）陶窑的竖窑、馒头窑等，演变为早期的炼铜设备小竖炉；从火技术的发展史看来，显然是前后相继的进化成果。

（八）商周青铜器的形制来源于陶器，绝大多数青铜器的形制乃是仿制陶器，或由陶器形制发展而来。铜制礼器的原型基本上模仿黑陶和白陶礼器。

（九）青铜制品、陶制品、木–石制品等长期并行使用。历史上，陶器使用的时间跨度覆盖了铜器时期，甚至比铜器还要久远。可以说，漫长时间里陶器与铜器相始终。

由此，笔者提出“陶冶时代”的新概念，作为史前史“木–石器时代”之后的第二个时代，以修正史前史“三分期学说”的不足。

一、火技术的制陶工艺与冶铜工艺相辅相成

Technology 一词由希腊文 techne（技能）和 logos（话语）构成，这个术语在西方最早出现于 17 世纪。法国学者狄德罗主编的《百科全书》将其定义为“技术是为某一目的共同协作组成的各种工具和规则体系”，

指出了技术的主要特点，即目的性、社会性、多元性。自始至终，人类技术界的活动原则几乎都是如此。

（一）复合工具与陶冶体系：野蛮向文明过渡

人类在1.2万年前进入地质史的全新世，开始了从野蛮向文明的过渡。这一过渡时期有两大关键：

一方面，在于冷加工即常温下的加工技术构成“木–石器时代”，从木器（包括竹器）与石器混合使用，经过了简单的木–石结合时期和木–石复合工具时期的弓矢阶段，到早期智人即复杂工具时期。由此，逐步从采集狩猎方式走向农业和养畜业。①

另一方面，划时代的火技术造成泥土材料的结构成分发生化学变化，大量出现了各种陶器种类和制陶过程。与此相关，制陶技术的多种原料配方、高温调控、陶窑设备等，奠定了火技术的新阶段——高温冶铜和铸铜技术的基础；高温陶窑发展为早期的炼铜设备小竖炉。由此，逐步从原始氏族部落走向私有制、定居的酋邦（Chieftain-state）和国家。

摩尔根提出的蒙昧阶段，相当于笔者之前提出的“木–石器时代（Wood-Stone Age）”的前三个时期；摩尔根提出的低级野蛮社会阶段，以制陶术的发明作为标志。野蛮（半开化）初级阶段，相当于“早期智人”即复杂的木–石工具（Complex Wood-Stone Tools Period）阶段。我们提出“陶冶时代”（Pottery Copper Age）或“火技术与陶–铜体系”的概念，包括“陶器—复杂工具时期”和“铜器—综合工具时期”，相当于摩尔根《古代社会》中所说的高级半开化社会，即综合工具和“后期智人”阶段。②

我们提出“陶冶时代”的新概念，是“木–石器时代”之后的又一个新时代，相应的体系是“火技术与陶冶体系”。为何使用“陶冶体系”这

---

①陈明远、金岷彬：《历史考古的新观点（七）：野蛮社会、农业革命和三分期理论的修正》，《社会科学论坛》2014年第7期。

②[美]路易斯·亨利·摩尔根（L.H.Morgan）：《古代社会》，杨东莼、马雍、马巨译，北京.商务印书馆，1977年，第8—9页。

个专业术语呢？

“陶冶体系”的灵魂就是“火技术”。在我国先秦文献中，早已将“陶”（）与“冶”（）并称，将烧制陶器和冶炼铜器并举，因两者皆与过去几万年间的“冷工艺”不同且都是火技术即高温陶冶体系。

史前先民在最初冶铜时，必须要有不怕火烧的工具容器才能炼铜，必须要有不怕火烧的成形模具和装铜水的容器才能浇铸青铜器，而在史前那种工具条件下只有陶器才能满足这种技术要求。于是，在冶炼和铸造的工作流程里，总要先期一步制作出需要的陶质工具——坩埚、地炉、泥模型和陶范、浇铸用的铜水包（广口陶尊）、烘烤陶范的加热窑（陶窑）等。没有这些先期一步的制陶作业，就没有随后的冶铜铸铜。正是因为在当时的工具条件下有制陶与冶炼同时进行的工作实况，古文献里遂留下了“陶冶”这个词汇。

最初的冶铜工匠，必须是掌握火技术的人——制陶工匠。冶铜的工匠必须先制作出冶炼用的工具陶器（不是普通的生活陶器），诸如厚壁耐烧的坩埚、陶尊、陶范、砌筑陶窑和冶铸炉等。所以，最初的冶铜工匠来自于制陶工匠，通过冶铜实践，衍生出了高技术的制陶冶炼工匠。在冶铜生产里，“制陶工匠”“冶铜工匠”结合成为“陶冶工匠”，并逐步推动历史进入了“陶冶时代”。

没有制陶技术就没有后来的冶铜、铸铜技术。制陶工艺的变革，逐步催生了冶金业——陶窑火道扩大窑室直径，窑壁由直立改为内收，是为了封窑方便；在陶器烧到一定火候时密封饮窑，就制造还原气氛而烧出灰陶，此时让大量松烟进入，使其发生渗碳作用，就会烧出黑陶。由敞口氧化烧制红陶进步为密封饮窑制造还原气氛烧制灰、黑陶，说明已掌握了“高温下还原”工艺，这对铜铁冶炼至关重要。制陶术完成上述变革后，公元前2600年—公元前2000年，铜器增多，除红铜外还有了青铜和黄铜，并进入铜器时代。

综上所述，合理的解释为：源于制陶术的冶铜术分享了制陶术的新成果，由萌生期向成熟期过渡。

在铜铁矿共生的前提之下，促进冶铁术诞生。炼铁高炉首先在中国出现，由于块炼铁产量低、费工多、劳动强度大，为提高产量就要强化鼓风、加高炼铁炉身，从地坑式炼铁炉发展为竖炉。

由此看来，陶–铜体系的制陶子系统跟冶铜子系统共同打下了文明社会的牢固基础。因此，我们将过去所谓的陶器时代与铜器时代合称为“陶冶时代”。

（二）陶冶体系是走向文明的关键

古人类关注制陶和冶炼，主要是源于火技术。陶冶体系对于居住和饮食方式，产生了根本性的影响：第一，古人建造居室需要有火膛和灶膛，在这一过程中，人们发现经过火的作用，土块会变得特别结实。此后在建造房屋时，人们就用火烧的方法来增加土的坚实度，这就是制陶术对于人们的“住”的影响。第二，在陶器出现之前，人的饮食方式与动物基本是一样的，大部分都是生吃食物，要喝水只能到河边水畔直接喝；吃饭和喝水没有固定形状的器具可使用，因此饮食场所也是流动的，尽管在木–石器时期人类学会了使用火。

人类在 1.2 万年前进入了地质史的全新世，火技术与复合工具体系开始了从野蛮向文明的过渡。这一过渡时期有两大关键：第一，常温下的冷加工技术导致了“木–石器时代”。从木器与石器混合使用，经过木–石复合工具时期的弓矢阶段，到早期智人即复杂工具时期。由此，逐步从采集狩猎方式走向农林牧业和畜养业，发展到几千年间农耕民族与游牧民族的相互作用——对抗与融合。第二，火技术造成泥土材料的结构成分发生化学变化，大量出现各种陶器种类和制陶过程。与此相关，制陶技术的多种原料配方、高温调控、陶窑设备等，奠定了火技术新阶段——由纯铜、铜矿石或铁矿石通过高温制造各种比例的铜合金、铁合金，大为扩展了金属材料的结构与功能；陶窑发展为炼铜设备小竖炉。由此，逐步从原始氏族部落，走向私有制、定居的酋邦（Chieftain-state）和国家。

我们在近年国际考古新成果启示下，扩展“三分期理论”的定义，将一二万年前并行不悖且密切相关的制陶工艺和冶铜铸铜工艺两者结合起来思考，形成“火技术与陶-铜体系”的“陶冶时代”（Pottery-Copper Age）的新概念。

二、提出“陶冶时代”的主要根据

我们阐明“陶冶时代”，是由反复的实践证据进行分析、对比、归纳然后上升到理论的。主要根据如下：

（一）陶制品和铜制品出现的年代相近，都持续了1万年左右

实际上，考古发掘的成果表明，人类史前史的陶器时代，早在新石器时期以前（中石器时期甚至旧石器晚期）就开始形成。陶器和铜器出现的年代相近，前者比后者稍早，但都持续了1万年左右，从1.2万年前开始进入地质史的全新世（Holocene）①，也就相当于陶器和铜器几乎同时出现的年代，且红铜时期常与彩陶文化共存。根据传统的地质学观点，全新世一直持续至今。所以，火技术的陶冶时代是有地质史全新世做大背景的。

在近百年考古学发掘史上，有一系列关于原始陶器和铜器的田野出土现象，就是原始陶器主要发现于东亚、东北亚，而原始铜制品主要发现于西南亚、西亚，其中的玄机尚待进一步深究。

先说陶制品最初的历史。近几年来，在华南不断发现远古原始陶器遗迹，如广西桂林的庙岩，湖南道县的玉蟾岩，江西万年的仙人洞和吊桶环都发现了公元前17000年—公元前13000年的陶片或陶器。在华北，河北徐水南庄头也发现了公元前9000年—公元前8000年的陶器。

①全新世：地质史的最年轻时代，从1.2万年前开始。参见孙秀容、戴纯俊、刘志高等:《长江三角洲南翼晚更新世——全新世沉积物地球物理研究》,《物探与化探》2002年第3期（总第26期）。

在东北亚地区，起初在日本的爱媛县上黑岩阴遗址出土了距今约1.2万年前的陶器。有些人不相信年代会如此久远，但可以确定的是人类最早使用的陶器是灰陶与红陶（Terracotta）。公元前1万年左右，东北亚地区的陶器有一个共同的特点，就是筒形罐流行，一般为灰褐色，饰刻划纹或压印纹。在日本列岛，陶器多绳纹，故日本的陶器时代又可称为绳文时代。绳文时代的划分，是用碳14年代测定法测定的。俄罗斯阿穆尔河中下游的格罗马图哈（Громатуха）、加夏（Гася）、符米（Фуми）以及乌斯季诺夫卡（Устиновка）遗址均出土了早期陶器，其中加夏遗址的碳14测年值为距今12960±120年（文化层底部）和10875±90年（文化层上部），符米遗址的碳14测年为距今13260±100年和10345±110年。

再看铜制品（红铜）最初的历史。

按照考古学创始人汤姆森（C.J.Thomson）对于“铜器时代（Copper Age）”的定义——“以红铜或青铜制成武器和切割器具的时代”，由此区分了“红铜时期”和“青铜时期”两者的主要差别。后来，有些考古学家又将红铜时期称为铜石并用时期，但也有争论，并迄今未达成共识。

在西亚，出土最早的红铜制品约在公元前9000年，距今1.1万多年。据美国里希特尔（M.J.Lessiter）《世界冶金史大事记》记载，公元前9000年，已知最早的锻打红铜。伊朗西部的阿里·柯什（Ali Kosh）地区也发现红铜装饰品，年代为公元前9000年—公元前7000年。一说，人类应用铜的历史可追溯到公元前7250年以前。伊拉克的札威·彻米（Zawi Chemi）地区发现有红铜装饰品，这里一些遗址已经发现有铜器（个别遗址中用冷锻法制造的铜扣针等，可早到公元前7500年左右）。在小亚细亚的阿里卡什（Alikash）、卡塔·休裕（Catal Hüyük）、苏贝尔特等遗址零星发现属于公元前7000年—公元前5800年时期的铜珠和铜丝等，为世界上迄今发现最早的自然铜块利用记录。它们表明，人类制作自然铜铜器的习俗早在新石器时代便已产生。小亚细亚锡亚尔克（Sialk）、基尔库克（Kirkuk）、安瑙（Anau），埃及巴达里（Badari，约公元前4000年）、普雷迪纳斯蒂克，叙利亚布拉克等遗址发现的铜针、锥、刀、矛头、斧和薄片等，是世界上迄今发现最早的冶铜制品，距今至少已有 7000 年—6000 年的历史。

根据考古学创始人汤姆森的定义，“铜器时代”应从红铜时期开始，大约开始于公元前 1 万年，即所谓新石器时代之前。所以，应该注意到：许多地区的红铜时期几乎与彩陶文化共生，这并不是偶然现象，而是有力地说明陶冶时代的铜器技术与陶器技术密切相关。

（二）我国先秦文献早已将“陶”“冶”并称，将烧制陶器和冶炼铜器并举

国外退火工艺发明较早，最初可能是在自然铜制造简单器物的加工中偶然得到的，以后逐步发展成为铜及其合金锻件加工中重要的热处理工艺。

南土库曼新文化遗址出土的纯铜刀的加工采用了退火，其年代可追溯至公元前 4000 年以前。退火工艺的发明，应该说是人类金属热处理的开端。

研究表明，早期的铜及其合金不经过退火是不适宜进行大变形量加工的。铜及其合金容易发生加工硬化，中间退火产生再结晶使铜合金软化，以便进行进一步的加工。这一技术，后来广泛应用于制造兵器和生活器具。

采用锻造和退火的工艺对青铜进行加工处理，可能在公元前 3500 年以前已经出现。

中国古代铜文化的起源较晚，古华夏先民使用铜及其合金可能比两河流域晚 3000 多年。根据出土的早期器物判定，认为我国约于公元前 5000 年已有冶金术萌芽。

在我国先秦文献中，早已将“陶”（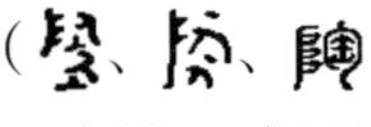）与“冶”（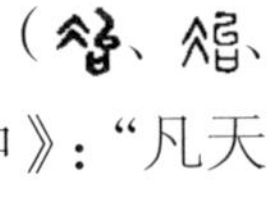）并称，将烧制陶器和冶炼铜器并举。例如，《墨子·节用中》：“凡天下群百工……陶冶梓匠，使各从事其所能。”《文子·下德》引：“老子阴阳陶冶万物。”《孟子·滕文公上》：“以粟易械器者，不为厉陶冶；陶冶亦以其械器易粟者，岂为厉农夫哉？”《荀子·王制》：“农夫……不陶冶而足械用，工贾不耕田而足菽粟。”汉代，亦将陶工和铸工并举。王充《论衡·物势》：“非谓天地生人与陶冶同也。”因两者皆与过去几万年间的“冷工艺”不同且都是火技术（Fire technology）即高温陶冶技术，具有类

似特色的同一性。世界上最早的陶制品与最早的铜制品年代相近，都在距今 1 万年左右（铜制品稍晚）。我们发现，世界各地的红铜时期几乎都与彩陶文化共存，如印度河文明与伊朗北部及土耳其南部都同时出现红铜与彩陶，这绝不是偶然现象，而是有力地说明陶冶体系的制陶子系统跟冶铜子系统密切相关。同时，此后几千年间制陶工艺与冶铜工艺的发展也密切相关。

（三）农业革命与新石器之间本质上没有太多的关系

石器与农牧业的关系并不密切。所谓新石器时代包括三大特征：（1）开始制造和使用磨制石器；（2）发明了陶器；（3）出现了农业（含畜养业）。然而，实际上农业革命与新石器之间也没有太多本质的关系。几十万年间，石器的用途主要是作为敲、打、砸、刮、削、磨、割的工具，原始人狩猎野兽、攻击敌人、保护自己、切割兽肉、剥取兽皮、砍伐树木需要质地坚硬、边缘（刃）锋利的武器和工具。我国考古发掘出的石器，有石斧、石棒棰、石凿、石刀、石斤（锛）和细石器的箭头等，基本上就是这样性质的武器和工具。世界各地远古石器时代使用的，也基本上主要是这样沉重、坚硬、锋利的武器和工具，就是说用来打猎、分割肉类和砍树伐木，而并非主要用来从事农业生产。

农具一要灵便顺手，二要轻便省劲。如果用很重的大块石头制作农具，又粗又笨又沉，那是决不会怎么好使的。农具的基本形式，如耒耜臿（锄头、铲子、耙子）、镰刀、犁、扬锨等，通常主体部分是木制，以木柄装上刃口。在这个时期的石器制作上，虽已出现过磨制石器，但从数量上看，打制石器仍占相当数量，通常主体部分为木制（如耒耜等），以木柄装上轻便的石质或骨质刃口（后代定型时主要是铁片头），不可能整体都由石质构成。

据史料记载，古华夏农业起源时期主要的农具是耒，以及派生出来的耜。耒耜的发明，开创了我国几千年来的农耕文化。耒耜的主体是木制。虽然木制工具不易保存，但考古工作者仍在原始遗存中找到了它的遗迹或遗存。例如，西藏门巴族使用的掘土工具就是单尖木耒，山东武梁祠石刻的神农执耒图所持的是双尖木耒，云南独龙族使用的双尖木耒是用树杈制成的。木耜挖土功效比耒大，使用更为普遍，延续时间更长。木耜的刃部在挖土过程中容易磨损，人们就改用动物的肩胛骨或石头制作，而耜刃绑在木柄上成为复合工具，即骨耜和石耜。

近十几年来，在木-石器时代的遗址中，已发现一批木制农具耒耜等遗物。例如，湖南彭头山遗址发现木耒，年代为原始农业的初期。这件木耒是利用一节树杈制成的，长约 90 厘米，上部有利用树杈制作的斜扶手；下部有斜状单刃，刃宽约 10 厘米。这种带有斜状刃的木制农具，初次提供了史前农具“耒”的实物资料。浙江余姚河姆渡遗址发现木耜、木齿镰；浙江宁波慈湖遗址发现三件木耜，还有若干件两端带尖的“点播棒”（耒）；浙江余姚鲞架山遗址和鲻山遗址各发现了木耜；江苏常州于墩马家浜文化遗址发现的“木铲”（耒耜）；山西临汾陶寺也发现了龙山文化时期的尖木棍（耒）。

（四）陶器的发明与新石器更没有多少关系

高温加工的陶冶技术与常温加工的木-石器时代的新石器技术并不是相互等价的。新石器时期原指人类使用磨制石器与发明陶器的文化阶段。世界上最早的陶器各自独立出现于六个地区，如东亚、东北亚，等等。传统看法认为，新石器时代的特点是磨制石器。然而，我们进一步论证：陶器的发明与新石器之间实际上根本没有关系，火技术的高温制陶烧陶工艺与高温炼铜铸铜工艺之间却有着必然的相关性。

（五）陶器形制提供了新石器与陶冶时代早期铜器的断代依据

在世界各地所谓石器时代的遗址考古发掘过程中，当地所得的陶器遗物出土量大、内容丰富，其类型断代往往也是出土铜器遗址所属年代判定的重要依据。

例如，仰韶文化（公元前 4800 年—公元前 2900 年）和马家窑文化

（公元前 3700 年—公元前 2700 年）等，制陶业初具规模，陶器种类有陶钵、陶盆、陶碗、陶盘、陶罐、细颈陶壶、小口尖底陶瓶与粗陶瓮等日常生活使用的汲水器、炊器、食器。仰韶彩陶器以红陶为主，灰陶、黑陶次之。前后长达 8000 年之久的彩陶纹样类型是断代的重要依据之一，青铜器纹样也是断代的重要依据之一。（如图 2-1、图 2-2）

长江下游的河姆渡文化（公元前 5000 年—公元前 4000 年）、长江中游的大溪文化（公元前 4400 年—公元前 3300 年）、黄河下游的大汶口文化（公元前 4000 年—公元前 3000 年）、龙山文化（约公元前 2350 年—公元前 1950 年）遗址等，都出土了很多精美的陶酒器，如黑陶罍、高脚杯、白陶鬶等。北方早期青铜时期夏家店文化（公元前 2300 年—公元前 1600 年）是地处长城以外西辽河流域的先民聚落，居民主要从事农业，日常使用的器物仍旧以陶器、石器等为主；陶器类型比较丰富，有陶鬶、陶爵、陶鬲、陶盘、陶盆、陶尊、陶罐、陶豆。贵族墓中发现了二里头式样的酒器陶鬶、陶爵，器物装饰纹样也与二里头文化的兽面纹等十分相似。在偃师二里头、郑州商城、安阳殷墟、陕西周原、洛阳北窑等商周都城遗址中，

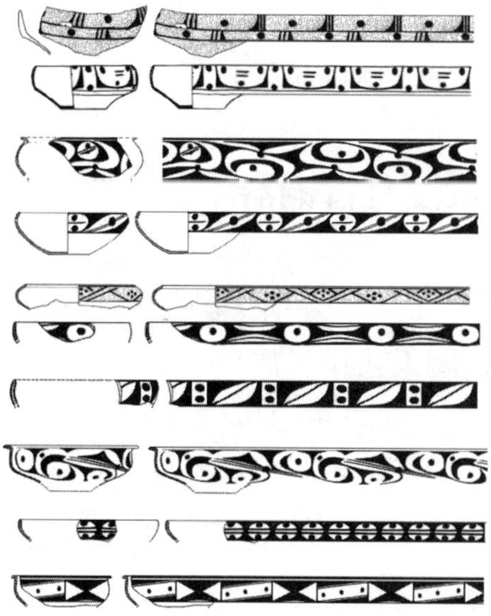

图 2-1　彩陶纹样类型是断代的重要依据之一

图 2-2　青铜器纹样也是断代的重要依据之一

二里头文化（公元前1750年—公元前1500年）早期出土陶器以灰陶和夹砂陶为主。河南二里头文化的陶器上刻有“丨、刂、川、✕、＋、)(”，就是“一、二、三、五、七、八”等数字；二里头文化遗址的青铜器作坊墟里，集中发掘出大量的陶范。

总之，陶器形制提供了新石器与陶冶时代早期铜器的断代依据。另外，还有一些因素也支持笔者提出“陶冶时代”这一新概念：（1）制陶技术的多种原料配方、高温调控、陶窑设备等，构成冶铜（冶炼铜矿石产生铜液、铜锭）和铸铜（用坩埚铸造铜器）的技术基础。在陶冶大系统内，陶器时期与铜器时期各为一个从属的“子系统”。（2）陶窑的竖窑、馒头窑等演变为早期的炼铜设备小竖炉。从火技术的发展史看来，显然是前后相继的进化成果。（3）商周青铜器的形制来源于陶器，绝大多数青铜器的形制是仿制陶器，或由陶器形制发展而来。铜制礼器的原型基本上模仿黑陶和白陶礼器。（4）青铜制品、陶制品、木-石制品等长期并行使用。历史上，陶器使用的时段跨度，覆盖了铜器时期，甚至比铜器还要久远。可以说，漫长时间里陶器与铜器相始终。

由此，笔者提出“陶冶时代”的新概念，作为史前史“木-石器时代”之后的第二个时代，以修正史前史“三分期学说”的不足。①

三、没有陶器技术就没有青铜器

在近年国际考古新成果启示下，扩展了“三分期学说”的定义，将一二万年前并行不悖且密切相关的高温制陶工艺和高温冶铜铸铜工艺两者结合起来思考，形成“陶冶时代”即“火技术与陶-铜体系（火技术与陶冶体系）”的新观点。

我们提出的“陶冶时代”观点，把陶器和铜器的发明与应用看作是

---

①陈明远、金岷彬：《历史考古的新观点（七）：野蛮社会、农业革命和三分期理论的修正》，《社会科学论坛》2014年第7期。

同一段历史时代，这种看法在摩尔根的《古代社会》一书里也可以见到相似的论述——“冶铁术的发明在文化史上开辟了一个新纪元，但我们很难说开始使用青铜器时也曾开辟过另一个纪元”①。因为陶器和铜器的出现与应用属于同一时代，而冶铁术的发明才是新纪元的里程碑。

（一）最古远的陶器

在远古时期，大约距今 1 万多年前后，旧大陆有六个地区各自分别独立地出现了最早的陶器：日本列岛、俄罗斯阿穆尔河中下游、华北地区、华南地区及东南亚、西亚新月形地带、非洲北部、撒哈拉周边。它们的地理位置恰好处于东、西两大块，东部一块分布在太平洋西岸自北而南一线，西部一块分布在地中海周边。

分布于欧亚非大陆各地的早期陶器（彩陶）与早期铜器（红铜，即纯铜）往往是共生的，同属于高温陶冶体系的最初产物。

日本地区

日本最古远的陶器据说出现于距今约 1.5 万年前（一说距今约 2 万年前），但未经完全证实。1999 年，日本青森县大平山元一号遗址出土了无纹饰陶器，其陶片附着碳化物的碳 14 测年校正年代为 1.6 万年—1.49 万年前，在国际考古界引起了轰动。

近年来，在日本除北海道和冲绳以外的其他地区，相继发现了早期陶器，于是在日本考古学分期上单独划分出了一个绳纹草创期。在长野县下茂内和鹿儿岛县简仙山，出土了经测定约为距今 1.5 万年前的陶片，其中鹿儿岛的陶片烧成温度只有 400℃~500℃，质地疏松，还没有完全陶化，可谓名副其实的“土器”。考古发现最原始的陶器都是露天烧制的，火候不够，形体粗陋，往往被学术界认为是“土器”或“夹生陶”。在公元前 1 万年左右，东北亚地区的陶器有一个共同的特点，就是筒形罐流行，一般为灰褐色，饰刻划纹或压印纹。在日本列岛，陶器多绳纹，故日

①[美]路易斯·亨利·摩尔根（L.H.Morgan）:《古代社会》，杨东莼、马雍、马巨译，北京.商务印书馆，1977 年，第 8—9 页。

本的陶器时代又称为绳文时代。①

绳文时代的划分，是用 碳 14 测年法所测定的。在草创期（约公元前 1.5 万年—公元前 1.2 万年），陶器上还没有使用绳纹，只有所谓隆线纹陶器和爪形纹陶器，而它们与以后的绳纹陶器大相径庭。这对于研究绳纹文化的产生，无疑具有重要的意义。早期（约公元前 1 万年—公元前 7000 年）以捻线纹、刻板型纹、无纹、贝壳纹等陶器群为代表，这些名字是根据陶器表面留下的花纹而起的。按照捻线纹—刻板型纹—无纹—贝壳纹的顺序，除了表示发展阶段以外，其分布的地区也不尽相同。捻线纹陶器不仅大量存在于关东地方，几乎遍布日本全国，但刻板型纹陶器只分布在九州到关东之间，东北地方没有。这说明除了时代不同以外，文化圈也不相同。另外，这些陶器是尖底深钵形的，与欧洲最早的陶器形状有共通之处。

日本考古学界与史学界以自己史前史的陶器特征来做历史时期的命名，而不拘泥于传统观念采用“石器时代”的说法。

西伯利亚地区

过去，日本学者曾一直热衷于在西伯利亚寻找日本绳纹文化陶器的起源。虽然在阿穆尔河流域终于发现了 1 万年前的陶器，但像加夏这样的遗址所出陶器的面貌却和绳纹文化草创期的陶器差别很大，同时无论在北海道还是朝鲜半岛都不曾发现早期陶器的迹象。因此，尽管阿穆尔河下游和日本本州岛的旧石器晚期在以石器为特征的文化面貌上有着一定的共性，但仍有人主张两地陶器的产生应理解为各有自己的来源。②

华南地区

近年来，华南地区不断发现远古原始陶器遗迹。例如，湖南道县的

①[日]横滨市ふるさと历史财团埋藏文化财センタ，《花见山遗迹》，1995。转引自朱延平：《中国陶器起源阶段及相关问题》。参见许倬云、张忠培主编：《中国考古学跨世纪反思》，香港．商务印书馆，1999 年。

②[日]土肥孝：《绳纹文化起源论》，《绳纹文化の研究》（第 3 卷），雄山阁，1983。A.P. デレビヤコ，V.E. メドウエージエフ：《极东における最も古い土器センターの一つとしてのアルム河流域》，《国际シンポジウム：东アジア．极东の土器の起源》予稿集，东北福祉大学，1995。尾原洋：《ロシア沿海州における旧石器时代の展开と新石器时代への移行に关する诸问题》，《考古学ジヤナル》No.373，1994。

玉蟾岩，江西万年的仙人洞、吊桶环，广西桂林的庙岩，都发现了公元前 1 万年左右的陶片（一部分可复原出原始陶器）。

根据湖南道县玉蟾岩的考古发现，距今 1.2 万年左右（一说前 1.7 万年）就出现了原始陶器，高 29.8 厘米、口径 32.5 厘米（1995 年玉蟾岩遗址出土）；江西万年仙人洞和吊桶环发现的数量较少，绝大多数为陶片，器皿普遍掺杂较大的石英砂粒，使用原始的模制技术和泥片贴塑方法捏塑成型，工艺粗糙，器类简单，无刻意的装饰。（如图 2–3、图 2–4）

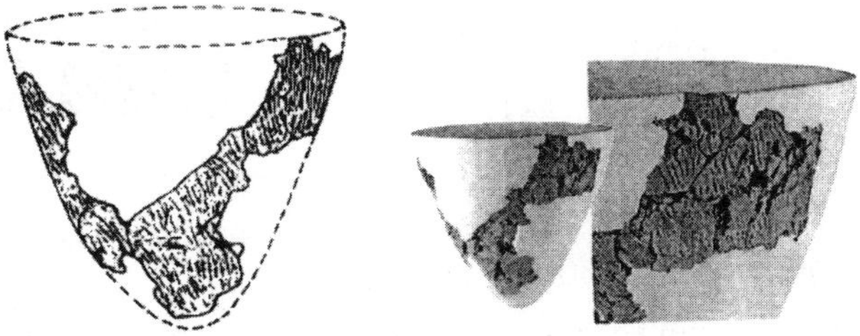

图 2–3　湖南道县玉蟾岩的原始陶器（由碎片拼合）

图 2–4　江西万年的仙人洞的原始陶器（由碎片拼合）

彭头山文化（约公元前 6200 年—公元前 5800 年）遗址位于湖南澧阳平原中部，是长江流域最早延续下来的陶器时代文化。出土的陶器较原始，器坯系用泥片粘贴而成，胎厚而不匀。大部分陶器的胎泥中夹有炭屑，一般呈红褐色或灰褐色。器类不多，主要是深腹罐和钵，普遍装饰粗乱的绳纹。胎泥所夹的炭屑中明显有稻谷和稻壳的痕迹。制陶方法是原始的堆烧法，而考古发现的大片红烧土和厚达数十厘米的草木灰就是堆烧制陶的明显痕迹。

华北地区

在华北，河北徐水南庄头也发现了公元前9000年—公元前8000年的陶器（如图2-5）。徐水南庄头遗址、江苏溧水神仙洞遗址出土的中国最早的陶器遗物主要是红陶。在母系氏族社会繁荣时期的陶器中，红陶仍占很大比例。以后各个历史时代，红陶的使用虽然逐渐减少，但一直没有中断。红陶在古华夏出现最早，而红陶烧成温度在800℃左右。根据考古发掘资料发现，黄河流域距今8000多年的裴李岗文化和仰韶文化早期都以泥质红陶和夹砂红褚陶为主。

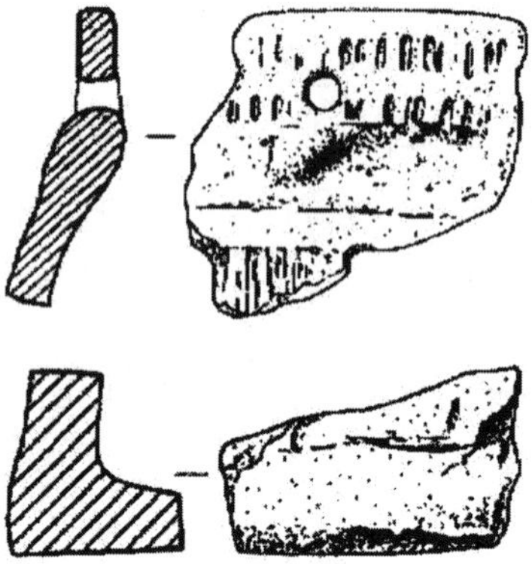

图2-5　徐水南庄头遗址陶片

由此可以看出，华北早期的陶器多为红陶、平底；江南早期的陶器多为灰陶、圜底。同时，陶器的制作方法、器表的装饰手法也有明显的差异。这说明华夏陶器的起源是多元的，至少有南北两大源头，后来交流汇合起来。①

西亚地区

在西亚新月形地带，各地先后进入陶冶时代。两河流域扎格罗斯山区（Zagros Mountains）宝谷丘（Ganji Darehtepe）遗址的D层曾出土过罐类器，有人认为那只是用泥做成的罐，受火灾后才有些像烧成的陶器，其中较大的一件陶器的烧成火候在500℃～600℃之间。与其说是泥罐，不如看作是一种原始陶器。同层出土的尚有球形小陶器，这一层的年代距今9300年左右，大约相当于地中海岸边前陶新石器的早期和晚期之间。此外，在土耳其托罗斯山脉（Taurus Mountains）东部地中海北岸附近的贝

①徐浩生、金家广、杨永贺:《河北徐水县南庄头遗址试掘简报》,《考古》1992年第11期。李珺:《徐水南庄头遗址又有重要发现》,《中国文物报》1998年2月11日。郭瑞海、李珺:《从南庄头遗址看华北地区农业和陶器的起源》。参见严文明、安田喜宪主编:《稻作、陶器和都市的起源》，北京.文物出版社，2000年，第51—63页。

尔狄比（Beldibi）还曾发现过距今 1 万年前的陶器。所以，实际上西亚的陶器在接近 1 万年前就已出现。西亚早期的陶器发现于利凡特（Levant）北部的穆赖拜特（Tell Mureybet）遗址，这些陶器很粗糙，没有烧透，气孔犹存，不能盛水，还不能代替木–石制作的容器。在今土耳其卡塔·休裕（Catal Hüyük）遗址出土的早期陶器，胎中掺有草和砂砾，颜色为奶黄色或浅灰色，表面光亮，器型常见平底的深碗、浅盆，火候较低。考古学家认为，当时陶器数量不多，最早的陶器可称为土器，火候极低，稍后有厚胎的素面灰褐陶。

西亚最早出现的是泥塑、灰泥容器和陶器，比较原始的类型有：（1）粗红陶器；（2）黑灰陶器；（3）灰泥容器到黑褐色陶器。此后，流传到中亚。

北非地区

非洲北部的撒哈拉周边也曾发现早期陶器，如阿尔及利亚南端的阿麦科尼（Amekni）、利比亚南部的阿卡库斯（Acacus）、尼日尔的塔马亚·麦里特（Tamaya Mellet），以及马里的廷巴克图近郊的欧泰得特（Outeidat）等遗址所见，时间在距今 9000 年前后。至于地处尼罗河流域的苏丹的哈尔特姆（Khartoum）遗址出土的早期陶器，其年代甚至还可能更早些。[①]

四. 陶器制造的陶土技术与火候

陶器被誉为“土水火的文明结晶”。在人类出现之前，大自然里就存在着泥土、水，就有雷电发火、火山喷发引起的自然燃烧。人类很早就使用了土资源、水资源，也很早就学会了用火，然而那些都是人类对自然资源的简单直接利用。陶器，则是人类在自己进化历程的早期，以土为基础物质，用水与火创造出来的人工制品。在陶器制作中，火技术最为关键。

---

①陈明远：《陶器文化传播的源流》《再论陶器时代的两大源流》。参见陈明远：《质疑四大文明古国》，北京．中央编译出版社，2011 年，第 210—218 页。

发明陶器显示原始人开始具备了控制火候的初步能力，主动运用火技术造物，开创了划时代的“土·水·火”三合一阶段。火技术（高温作业）与石加工制作（冷作业），两者等级有别，水平悬殊。

在陶土技术方面，首先需要选择优质的陶土。优质陶土塑性好，有利于各式陶坯的成形。对于用作烧水煮饭的炊具陶器，还得掺入适量砂子，减少陶坯在阴干过程中的收缩变形开裂，也减少用炊器做饭时的反复冷热变化开裂。要求外形美观漂亮的陶器，往往要用“澄泥陶土”，即用水来选洗并沉淀下来的细陶泥，而煮饭炊具则要用夹砂陶土。考古里发现的黑陶、白陶等特殊陶器，只有特殊的陶土才能烧制。

火技术使陶坯陶化烧成陶器，而陶窑是能把泥土烧成陶器的关键设备。“设备”这种工具等级，超过了之前的所有手持类型工具。

最早的制陶方法是堆烧法，即把晒干的陶坯放在露天柴草中烧。在陶冶时代初期，采用柴草就地燃起篝火，有时以泥皮糊成烧陶坯火堆的外壳，可称为“无窑烧陶”。在云南西双版纳，傣族在20世纪70年代还用露天堆烧法烧陶，此或可为民族学方面的旁证。①

烧制陶器的窑，是人类工具史和矿冶史上一项重大发明。从无窑烧陶到有窑烧陶为一大突破。在裴李岗文化的贾湖遗址里（距今约9000年），考古发掘发现了9座陶窑，其中2座属于横穴窑形式，其余7座是坑穴式窑。后来，从坑穴式窑进一步发展出横穴式窑，乃至更进一步的竖穴式窑。②

陶器的烧制，温度的高低与有效保温时间是两项重要的技术要素，它们的结合通常称之为火候。

第一，最低限度的烧制温度至少600℃～700℃。出现竖穴窑后，其焙烧能达到800℃～1100℃甚至更高。日常沸水熟食为100℃、烧烤为200℃左右，所以在做饭的火塘、炊灶里放置陶坯根本不会陶化，即使

---

①林声:《云南傣族制陶术调查》,《考古》1965年12期。傣族制陶工艺联合考察小组:《记云南景洪傣族慢轮制陶工艺》,《考古》1977年第4期。

②河南省文物考古研究所编:《舞阳贾湖》，北京.科学出版社，1999年，第132页、第131—132页、135—138页、第212—213页、第935页。

600℃而未能恒定加温时也只能烧成“硬化土”的土器。

第二，保温时间。充分陶化需要恒定的保温时间，即使达到陶化温度，若无足够的保温，陶坯也不可能充分陶化，只能得到土器。原始人发明陶器的初期，保持恒定温度700℃～900℃的时间至少持续4小时以上，这样烧结成功的粗糙陶器称为“低温陶”；改进陶窑后，在温度1000℃～1200℃烧制8个小时以上称为高温陶。同时，两者所用的陶土也不同。较高级的烧制时间可能到几天，甚至多次焙烧。

以上温度与恒定保温时间的综合效应，就是“火候”。若火候不足，就只会成为土器或夹生陶。

陶窑为制陶业发展的新阶段：无论仰韶文化的彩陶（公元前4700年—公元前2900年），还是浙江杭州湾的河姆渡文化（公元前5000年—公元前4000年）的黑陶，或长江中游大溪文化（公元前4400年—公元前3300年）的白陶及薄胎彩陶，这些成熟的陶器类型都必须是陶土技术与火技术的相互结合的产物。

五、陶窑是制陶技术的关键设备

使用陶窑高温烧制陶器，明显地超越了木–石工艺。烧制陶器的火技术包括两方面：·方面是持续火候高，控制火候的氧化气氛、还原气氛可分别获得红陶或灰陶；另一方面是加热均匀、透彻，避免变形开裂，不仅烧透，还要避免局部过热烧塌、烧熔。陶窑的发明，妥善解决了高温与加热两方面的问题 —— 陶窑至少由火膛与窑室两部分构成，火膛与窑室之间由多条火道连通。

陶窑是制陶技术的关键设备。在距今9300年—7150年的裴李岗文化时期，烧制陶器已有简易的窑。裴李岗文化时期之前的陶器烧成温度约700℃，裴李岗陶器的烧成温度在820℃～920℃之间。甘肃秦安大地湾遗址（约公元前6000年）迄今共发掘出4147件陶器；陕西仰韶文化姜寨遗址（公元前 4700 年—公元前 4300 年，如图 2-6），陕西临潼姜寨遗址（公元前 4600 年—公元前 4400 年）[1]，陕西华阴横阵遗址[2]、甘肃临洮马家窑文化遗址、甘肃东乡林家遗址（约公元前 5000 年）[3]，辽宁赤峰红山文化遗址（公元前 4000 年—公元前 3000 年）等处，分别出土了多座陶窑。

图 2-6　陕西临潼姜寨遗址

迄今，考古已发现大地湾遗址的陶窑有 35 座，仰韶文化遗址的史前早期陶窑约 60 座（一说将近百座），龙山文化遗址的陶窑约有 20 余座……构造先有横穴窑，后有竖穴窑，以横穴窑最为常见；红山文化遗址清理出 6 座陶窑，彩陶的制法、质地、器形与花纹同仰韶文化彩陶近似。此外，各时期更多的陶窑陆续被发现。至 21 世纪初的考古统计，全国各地（主要在北方）共发现近 200 座陶窑遗址。考古发掘出的陶窑遗迹，证明了先民是在专门的制陶火技术装备里烧制陶器的。各不同时期陶窑的陆

①中国科学院考古研究所、陕西省西安半坡博物馆编:《西安半坡——原始氏族公社聚落遗址》，北京．文物出版社，1963 年。西安半坡博物馆、陕西省考古研究所编:《姜寨——新石器时代遗址发掘报告》，北京．文物出版社，1988 年。

②中国社会科学院陕西工作队:《陕西华阴横阵遗址发掘报告》。参见《考古》编辑部编:《考古学集刊》（第四集），北京．中国社会科学出版社，1984 年。

③甘肃省文物工作队、临夏回族自治州文化局、东乡族自治县文化馆:《甘肃东乡林家遗址发掘报告》。参见《考古》编辑部编:《考古学集刊》（第四集），北京．中国社会科学出版社，1984 年。

续大量发现，证明了陶冶体系是比木–石体系徒手技术更高级的新体系。

几千年间，陶窑发展经过了露天堆烧的无窑烧陶、连通灶坑的室内烧陶，以及横穴窑、竖穴窑等几个阶段，最后形成了集中制陶的陶器作坊区，以至于制陶业发展为史前占首要地位的作坊手工业。随着社会发展与技术进步，史前先民的穴式窑发展成了地面构筑式陶窑。初期的地面窑形状像馒头，考古学界称之为“馒头窑”。铜冶金炉是在地面窑基础上的进一步发展，而铸造铜器需要的陶范要在陶窑里烧制，并且陶范在临浇铸前还必须预热。

（一）古文字“陶”“冶”解读

金文“陶”

金文“陶”（ ）= （阜，山丘）+ （多人）+ （双重土，黏土），表示工匠在泥丘中踩踏黏土。有的金文“陶”（ ），意为泥丘。篆文“陶”（ ）= （阜，山地）+ （人？窑形？）+ （缶）。隶书“陶”写成 。《说文》：“陶，再成丘也，在济阴。从阜，匋声。”《玉篇》：“陶，亦作匋。”《尚书·禹贡》：“东出于陶丘北。”又：“东至于陶丘。”《左传·定公四年》：“殷民七族：陶氏、施氏……”《扬子·方言》：“陶，养也。秦或陶。”《释名》：“于高山上一重作之，如陶竈（灶）然也。”

甲骨文“缶”（ ）= （午，杵棒）+ （口，泥池），用杵棒捣泥制陶。金文“缶”（ 、 ），篆文“缶”（ ）。《尔雅》：“盎谓之缶。”《小尔雅》：“薮二有半谓之缶，缶二谓之钟。”《说文》：“缶，瓦器。所以盛酒浆。秦人鼓之以节歌。象形。”

金文“冶”

金文“冶”（ ）= （工人）+ （仌，凝固）+ （丕，坯胎），金文“冶”（ ）= （仌，凝固）+ （厶）+ （口，土坯）。

篆文"冶"（ ）承续金文字形 。隶书"冶"写成 。《说文》："冶，销也。从仌，台声。销熔金属。"

"台（㠯）""胎"的本字。金文"台（㠯）"（ ）= （厶，倒写的"子"）+ （女，母亲），怀胎生子。篆文"台（㠯）"（ ）承续金文字形 。《说文》："台，说也。从口，㠯声"。

（二）陶窑是最先突破手持工具的火技术装备

木-石体系的工具，是一些结构简易的手持器具，如石斧、石斤（锛）、石矢（箭镞）之类。早期原始人从使用手持简易工具到摸索出较复杂的组合装置，进一步制作综合的技术装备，是一个漫长而艰巨的过程。制陶的机械工具和设备相继发明，一部分先民集合起来从事具体而专业的生产活动，成为史前所有生产领域的先锋，是人类社会生产力的一大飞跃。

史前时代最早的技术成套装备，是由陶窑和陶钧（陶轮）复合成的制陶装备。陶窑的发明和广泛使用，又在陶钧（陶轮）之前，还是制作青铜工艺设施的先驱。

在现代考古发现中，已发现全国各地多座陶窑遗址遗迹。

内蒙古四棱山红山文化遗址横穴单火膛陶窑（如图 2-7），设置了窑墩、烟道、火膛、火门。其中，窑墩是用来放置陶坯的。

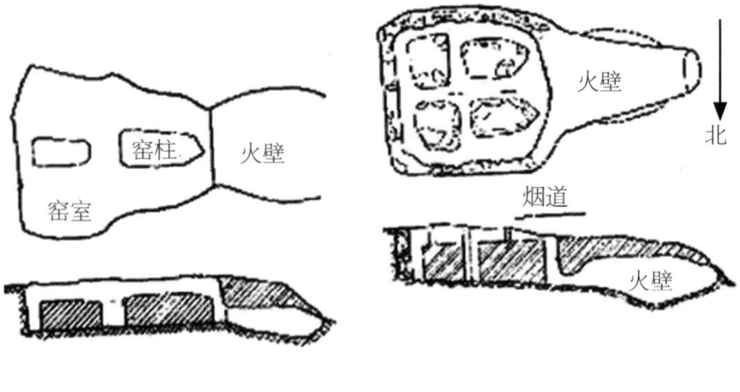

图 2-7　红山文化的两座单火膛横穴陶窑

考古发掘出红山文化遗址窑场的6座陶窑，结构各有差异。窑场中有的陶窑比较原始：一座长方形单室窑，直接在黄土上挖成窑室和火膛，窑室内有两个窑墩，窑壁与窑墩都利用原来的黄土面再加抹一层羼砂粒的草拌泥。

横穴陶窑

陶窑由燃烧室（火膛）和加热室（窑室）两部分构成。

陶冶时代初期的陶窑是横穴窑，在生土层中掏挖修制，由火膛、火道、火眼、窑室等部分组成。火膛位于窑室的一侧，比窑室略低。烧窑时，火焰由火膛进入火道，然后经火眼进入窑室，上升流经坯件，最后烟从窑室顶部的排烟孔排出窑外。横穴窑升温较快，但不易控制烧成温度和烧成气氛，商周时期已基本不见。

火膛的修筑，便于添加燃料、通风助燃，更便于火焰和燃气的聚集与保温，获得尽可能高的燃烧温度。将窑室与火室分隔开来，首先是避免了添加燃料、翻动柴火时对陶器制品的损伤，其次火道和窑箅的布置可使陶坯在窑室里均匀受热，避免陶坯的开裂变形，提高了烧陶的成品率。

火室与窑室进气的调节与配合，可以得到氧化性或还原性的窑内气氛，分别烧成红陶和灰陶。大体上，华北早期的陶器多为红陶，江南早期的陶器多为灰陶。

考古出土灰陶见于陕西宝鸡北首岭仰韶文化遗址（约公元前4000年），红陶（夹砂陶）见于上海青浦崧泽文化早期遗址（约公元前4000年）。一般说来，灰陶的出现晚于红陶。

竖穴陶窑

四棱山红山文化遗址的竖穴陶窑，是比横穴型陶窑先进的装备。

竖穴陶窑常见于各地的后仰韶文化遗址，如甘肃马家窑（公元前3700年—公元前2700年）、山东大汶口文化后期（公元前3300年—公元2300年）。

陶窑建于地下，火膛为小口广底的袋形坑，其上为窑室，出口开在地面。火膛与窑室之间的隔离土层（窑箅）里有数条贯穿火道，火焰经火道直接升入窑室。（如图2-8）

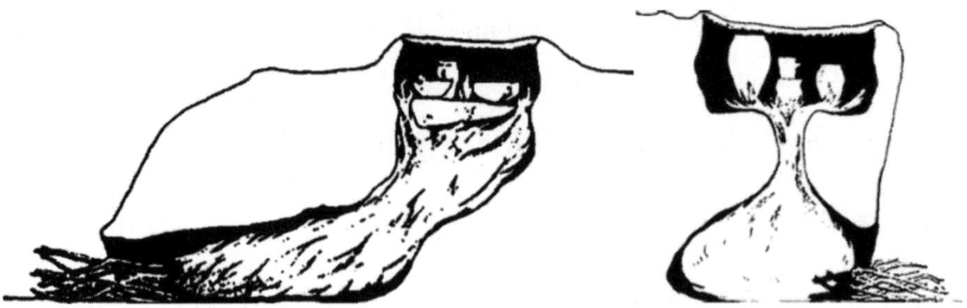

图 2-8　半坡遗址横穴式（左）和竖穴式（右）陶窑复原图

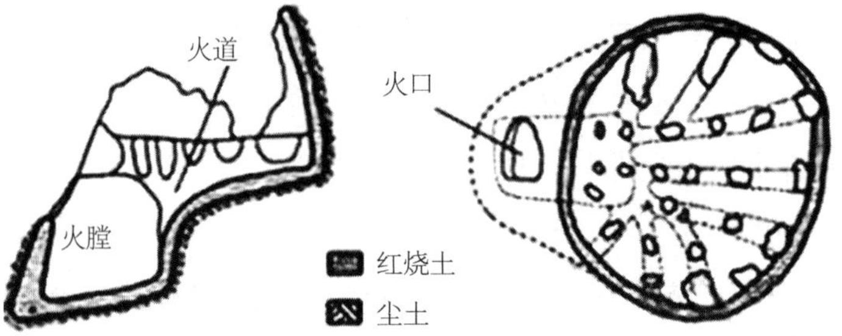

图 2-9　竖穴陶窑的复原图

竖穴窑比横穴窑进步，可提高烧成温度，但不易控制烧成温度和烧成气氛，燃烧利用率并不高，因为燃料火焰直接烧窑箅，火焰热气流能穿过窑箅火孔进入窑室的比例较小。（如图 2–9）

双火膛连室陶窑

还有一种双火膛的连室陶窑，比单室窑更为优异。窑室平面为长方形，全窑可分前后两部分，前为火膛，后为窑室，火膛与窑室之间有隔梁，斜坡状的火道经隔梁进入窑室。窑室内有 8 个窑墩，左右各 2 个圆角三角形窑墩对着火膛；中间 4 个窑墩为椭圆形。窑墩与窑壁均为土石结构，里壁抹一层草拌泥。火膛分设两边，两头窄，中间宽，直接在黄土上掏洞挖成，上呈券顶式（拱顶式）。这种连室陶窑，是马蹄形单室陶窑的扩大和改进，也是华夏陶冶时代中晚期十分优异的陶窑。（如图 2–10）

此后，竖穴陶窑和双火膛连室陶窑，逐渐被馒头窑取代。

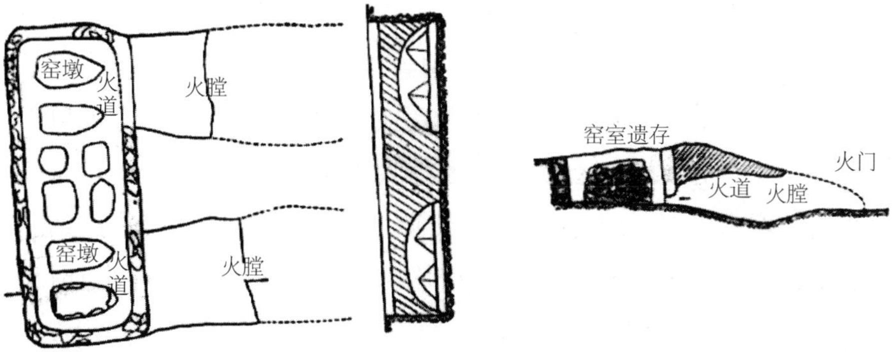

图 2-10　双火膛连室陶窑复原图

馒头窑

馒头窑亦名“圆窑”，不再是以前挖穴为窑的形式，而是地面砌筑结构，并发展为主要窑型之一，常见于华北，至迟在商代就已出现。一般长约 2.7 米，宽约 4.2 米，高约 5 米以上，火膛和窑室合为一个馒头形的空间，故称“馒头窑”。

馒头窑结构为窑门、火膛、窑室、烟囱四部分，多在生土层掏挖修筑，或以陶坯陶砖砌成。点火后，火焰先由火膛喷向窑顶，再倒向窑壁底部，流经陶坯，烟气从后墙底的吸火孔入后墙内烟囱排出。由于馒头窑内墙较厚，限制了陶坯的快烧速冷，为了减少坯体变形，又使坯体加厚，因而形成古代华北陶器浑厚凝重的特色。

馒头窑的优点是易控制烧成高温和降温速度，保温、保湿性能好，适用于焙烧坯体较厚的陶器，以及高温下釉黏度较大的瓷器。但因它升温、降温都较慢，烧成时间相对延长，且窑温分布不够均匀，易出次品。

古代华北广泛使用馒头窑，尤以河北邯郸峰峰等地较多。景德镇的古瓷窑亦为馒头窑，即圆窑。①

洛达庙商代馒头窑

商代初期，生产的陶器多为砂质红陶和棕陶。到商代中晚期，以质

①徐长青、李放、肖发标:《江西湖田窑址 H 区发掘简报》,《考古》2000 年第 12 期。另，景德镇发现的古瓷窑遗址最早为五代时期，使用馒头窑。

地细腻、制作精致的泥质灰陶和夹砂灰陶居多，且许多有花纹装饰；在郑州二里岗遗址还发现了质地坚硬的釉陶。根据已发掘的资料表明，陶窑大多分布在黄河中下游，如郑州洛达庙商代早期的陶窑（如图2-11），虽是馒头窑但结构有所改进。窑底部直径增大到1.4米，火膛增高到0.8米，箅孔（火孔）增多并加大（直径0.1米），且分布均匀。窑室的窑墙向内呈圆弧形收缩，燃料充分燃烧，热气流均匀，提高了窑温。河南郑州商代中期遗址发现了14座排列有序的馒头窑，整个窑室位于火膛之上，火膛直径与窑室底部直径相同（1.15米），箅孔直径为0.14～0.18米，火膛与支柱的高度约为0.68米。由于箅孔直径较商代早期大，进入窑内的火焰较多，提高了窑内高温。①

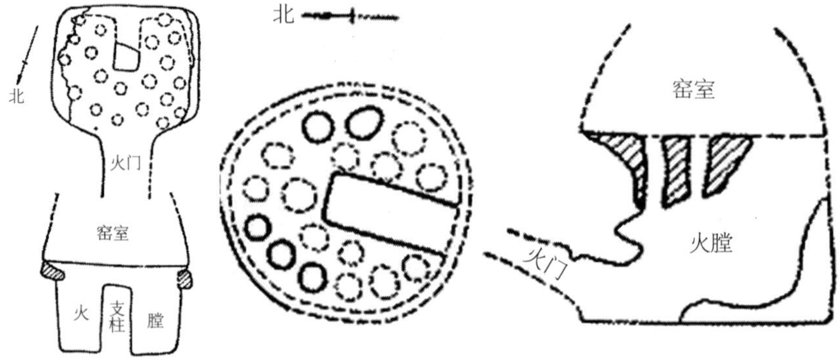

图2-11　郑州商城馒头窑示意图

商代晚期陶窑出土较多。例如，郑州旭旮王陶窑，窑室底部直径增大到1.8米，火膛亦增高到约1.1米，直径1.7米。又如，河南安阳殷墟发掘的陶窑（如图2-12），结构除加大窑室和增高火膛外，最重要的是取消了窑室下面火膛的支柱，烧成温度可达1200℃。由此可见，陶窑在黄河流域已形成带烟囱的馒头窑型结构。

①于晓兴、陈立信:《郑州市铭功路西侧的两座商代墓》,《考古》1965年第10期。

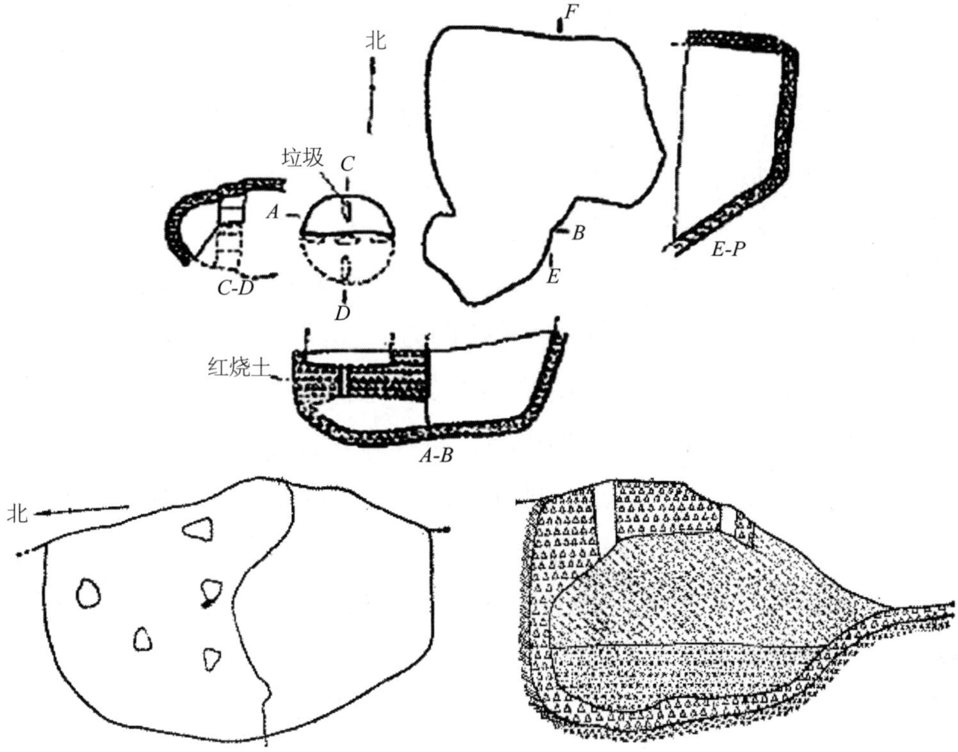

图 2-12　安阳殷墟商代后期窑型示意图

龙窑

商代，江南又出现了一种更先进的陶窑——龙窑。商代以后，龙窑既烧制印纹硬陶，又烧制原始青瓷，即所谓“陶瓷同窑合烧”。

近年来，考古工作者在浙江上虞、江西吴城均发现了商代龙窑。它通常依山势建于山坡，窑身呈龙形自下而上砌筑，故名“龙窑”。龙窑比起横穴窑、竖穴窑、馒头窑来有多种优点：因依山坡自下而上修建，窑炉本身就具备自然抽力，窑炉火势大，通风力强，升温快，还可据生产需要和技术条件增加窑的长度，从而提高窑的装烧量，并较易维持窑内的窑炉气氛（这对烧瓷器更重要）。因此，从商代中期开始了由陶到瓷的过渡，诞生了最早的青釉瓷器。

龙窑依山自下而上分为窑头、窑床、窑尾三部分，采用自然通风方式，以杂柴、松枝为燃料，窑内火焰平行于窑底流动。南方龙窑自商周至明清多有砌筑，如江苏、浙江、广东、福建、江西、湖南一带均广泛采用。战国时期，龙窑的烧成温度已达到1300℃，且容量特大，一次可装烧器皿达上万件。到东汉晚期，结束了“陶瓷同窑合烧”，出现了专烧瓷器的龙窑，并直接促成了东汉瓷器的出现。浙江上虞东汉窑址出土的青瓷碎片，经化学分析和物理测定，已达现代瓷器标准。

早期龙窑一般长十几米到二十几米，到了宋代龙窑长达50～60米，个别甚至长达70～80米，一次可装烧两万件瓷器。龙窑逐渐增长，各朝的倾斜度和结构也不断改进，使龙窑烧成效果不断完善。宋元时期的龙窑出现了一种在窑室内砌筑多道挡火墙，将其分为若干小室，挡火墙下部设烟火孔，窑室与窑室之间相通，即所谓的“分室龙窑”。到21世纪初，中国长江以南及东南亚部分地区仍保留有少数龙窑。瓷器发展到宋代达到了高峰，北方著名的耀州窑、磁州窑、定窑、钧窑、临汝窑均采用馒头窑焙烧陶器，而南方盛行龙窑。

六、考古难以发现炼铜竖炉的原因

青铜器的生产，分为炼铜与铸铜两大可离析的环节。

在炼铜环节，竖炉是古代冶炼、熔炼铜的主要设备。初期，炼铜设备——小竖炉的技术基础是烧制陶器的竖穴窑、馒头窑。从火技术的发展史来看，陶窑到竖炉显然为前后相继的演化成果。例如，西安半坡遗址出土的6000年前的陶窑，说明当时先祖已熟练掌握了火技术。在商代早期，硬陶的烧成温度已达1180℃，这种高温为金属冶炼准备了良好的条件。

古代炼铜的方法，是把铜矿石与木炭放在竖炉中高热冶炼。由于铜矿石是氧化矿，所以称为氧化矿还原熔炼。1928年开始发掘殷墟时，由于遗址中曾出土孔雀石和铸造青铜器的坩埚片等遗物，所以猜测遗址区内可能存在冶炼铜的竖炉遗存。经过半个多世纪的考古发掘，诸如偃师二里头、郑州商城、安阳殷墟、陕西周原、洛阳北窑等商周都城遗址中却只见

“铸铜”难见“炼铜”——只发现了铸造青铜器的作坊，却未见炼铜竖炉的炉渣等。在殷墟以外的古矿冶区采矿场遗址中，却出土了炼铜竖炉、木炭及炉渣等。由此可见，说明冶炼铜矿的程序主要是在采矿区进行——先由远方异地的竖炉“炼铜”，然后运送到殷商王朝的中心加工“铸铜”。

多年以来，学术界特别是考古学家们一直热衷于寻求古代炼铜设备——竖炉。

1981 年，龙山文化晚期郑州牛寨和董寨遗址出土了坩埚残片和铜片，当时就有人认为郑州牛寨遗址可能存在古代炼铜竖炉，但未能证实。①

1983 年以来，在辽宁凌源牛河梁转山子顶部和小福山顶部发现了炉壁残片，经测定同时出土的陶片距今 4000 年左右，炉壁残片距今 3000 多年。因此，又有人认为这可能是冶铜炉或坩埚的遗迹，尚待进一步探讨。此后，在内蒙古赤峰夏家店文化遗址下层，考古学者搜集到一些牛河梁炼铜竖炉壁堆积，属于目前我国发现的年代最早的炼铜遗物之一。牛河梁炼铜竖炉壁（热释光年代测定为公元前 2000 年—公元前 1500 年），属华夏陶冶时代早期，晚于红山文化，但迄今未发现原始冶炼场地。夏家店下层文化出土的红铜器以小刀、耳环、杖首等小型器物为多，晚期才出现大型器物，与商代风格的铜器同时共存。

据地质文献记载，牛河梁附近存在多处铜矿点，有古代开采遗迹，如喀左上滴答水铜矿，建平马架子铜矿点，凌源烧锅地、八家子、杨杖子、柏杖子等铜矿点。这些铜矿点地质状况基本相同，氧化带较浅，一般深约 20～30 米，地表多见矿苗，出产孔雀石、赤铜矿等氧化矿石，亦伴生其他脉石矿物。

牛河梁遗址的炼铜竖炉壁残片为草拌泥制成，里面多附黑色炉渣层，较大的炉壁残片上带有一个或两个向内倾斜的小孔。考古学者依据残片复原了冶铜竖炉壁的部分原型，是装配成炉的单个炉圈，上部内径为 18～20 厘米，外径 21～24 厘米，壁厚 1.5～3 厘米。竖炉壁上还有两排上下交错分布的小孔，两排共有 12 个鼓风孔，内径 3.4～4 厘米。由此推

---

①中国社科院考古所河南二队：《河南临汝煤山遗址发掘报告》，《考古学报》1982 年第 4 期。

测，牛河梁的竖炉以吹管（“嘴吹风管”）方式鼓风。

陶窑没有鼓风装置，但冶铜竖炉为了获得比烧陶更高的温度，采用了鼓风技术，并成为必备的部分。上述实例中，12 根吹风管可保连续给冶铜竖炉鼓风；后来改进为鼓风皮囊，增加了冶铜竖炉的送风量，扩大了竖炉容积。

吹管鼓风在古代世界一些地区曾使用过。例如，在伏尔加河下游的卡利诺夫卡（Kalinovka）墓葬中，曾发现约公元前 2000 年用于冶炼的吹管，内径仅 6 毫米。古埃及从第十二王朝开始（约公元前 1975 年）一直使用吹管鼓风。在底比斯墓葬壁画中，就描绘了第十八王朝（约公元前 1500 年）用吹管鼓风炼铜。在第十八王朝中期（约公元前 1460 年）风囊出现后，古埃及人仍然利用吹管鼓风来熔炼金属。从复原情况看，牛河梁炼铜炉与古埃及熔铜炉（或坩埚）有相似处。

人力吹管鼓风能使冶炼高温达到 1200℃，在此温度下液态炉渣虽已形成，但黏度较大、气泡较多，且某些高熔点矿物（如铁矿石）还没有熔融，因此还原出的铜液未能完全沉降到炼炉底部而残留在炉渣中，从而使炉渣含铜量较高。冶炼产生的铜液沉降到炼炉的底部，冶炼结束后须将炼炉下部破碎取铜。因此，这种炼炉为一次性使用，消耗量较大，而已发现的炉壁残片数量相当于千余个炼炉。同时，因炉壁堆积处不是原始冶炼场地，且炼炉下部结构破坏殆尽，很难找到足够的残片来复原炼炉的全部结构。①

迄今，考古所知的先秦时代大型古矿冶遗址是江西瑞昌铜岭古矿冶区和湖北大冶铜绿山古矿冶区。江西瑞昌铜岭古矿冶区遗址位于瑞昌铜岭合连山西坡，第一期发掘与勘测表明：遗址采矿面上部有一内含春秋时期陶片的古文化层，其下为坡积层，再下是含采矿面的古文化层。在遗址范围内，从现代到古代地层叠压关系清晰，所发掘的古代采矿面未见扰乱。

①李延祥、韩汝玢、宝文博等:《牛河梁冶铜炉壁残片研究》,《文物》1999 年第 12 期。李延祥、韩汝玢:《辽宁凌源县牛河梁出土的炉壁研究》,《有色金属》2000 年第 3 期。李延祥、朱延平、贾海新等:《西辽河流域的早期冶金技术》。参见北京科技大学冶金与材料史研究所、北京科技大学科学技术与文明研究中心编:《中国冶金史论文集》(第四辑)，北京．科学出版社，2006 年，第 40 页。

瑞昌古铜矿遗址面积约1平方公里，采矿区约2万平方米，发掘出竖井53口，平巷6条、斜巷3条，采矿坑1处，木溜槽1处。其中，木溜槽长3.5米，为分节水冲法选矿用的一种原始装置。对其中一件木制滑车进行测定，其为商代中期遗物，由此表明商代已有较发达的采矿业。遗物中还有“陶制的罐、盆、豆、纺轮等，木制滑车、锨、铁臿（铲、镢）、水槽、瓢等，竹制筐、盘、签等，铜制斧、凿等”。①

七、铜绿山产铜基地的历史地位

湖北大冶铜绿山古矿冶遗址，南北长约2000米，东西宽约1000米，遗留的炼铜炉渣40万吨以上，占地14万平方米左右，推算累计产铜不少于8～12万吨。1973年开始发掘和研究，发现了地下采矿区7处，采矿井巷近400条，古冶炼场3处，陆续出土了一大批炼铜设施。

铜绿山古矿的开采冶炼技术不仅在国内首屈一指，而且属于相同历史时期国际领先地位。经同位素测定，铜绿山古铜矿开采年代始于公元前13世纪殷小乙时期，延续了1000多年。

在铜绿山古矿冶遗址青山冶炼场遗址，1976—1981年陆续发掘出土春秋时期炼铜竖炉多座。考古发现，古代炼铜竖炉掘地坑为炉底，上部加筑炉圈。同时，因为这种初期的炼炉必须破炉取铜，每座炉只能用一次。

迄今所见，数量最多、保存较好的炼铜竖炉是在大冶铜绿山发现的春秋中期前后的遗物。

这些炼铜竖炉是以陶窑的竖窑等为技术基础，发展为早期的炼铜设备。炉址选在地势高处，基础干燥坚硬；炉体由较细腻的黏土、高岭土和铁矿粉等为原料，并掺入石英砂、铁矿石颗粒等。至1983年，考古工作者又对大冶铜绿山XI号矿体进行考古发掘，出土了春秋时期炼铜竖炉，

①周卫健、卢本珊、华觉明：《瑞昌铜岭古矿冶遗址的断代及其科学价值》，《江西文物》1990年第3期。

估计炉高为1.2～1.5米。

1980年6月初，在美国纽约举行了“中国青铜时代讨论会”，我国考古学者向国际学术界介绍了铜绿山古铜矿遗址发掘成果：考古出土了一批西周晚期至春秋早期的炼铜竖炉和开采工具，发现了40多万吨炼铜矿渣。有专家测算，东周列国时期全华夏人口不到2000万人，以每户5口计算共400万户，铜绿山一地所生产的铜可供当时每户拥有一件青铜器。

1994—2013年在湖北大冶铜绿山古铜矿遗址青山冶炼场进行了多次考古挖掘，除了发现大面积的采矿遗址外，先后出土春秋时期炼铜竖炉10座，其中一座为6号炼铜竖炉。这些炼铜竖炉已不是简单的筒状，而是呈直立的腰鼓状，具有一定的炉身角和炉腹角，每座竖炉有2个鼓风口，有效容积约为0.25～0.37立方米。(如图2-13)

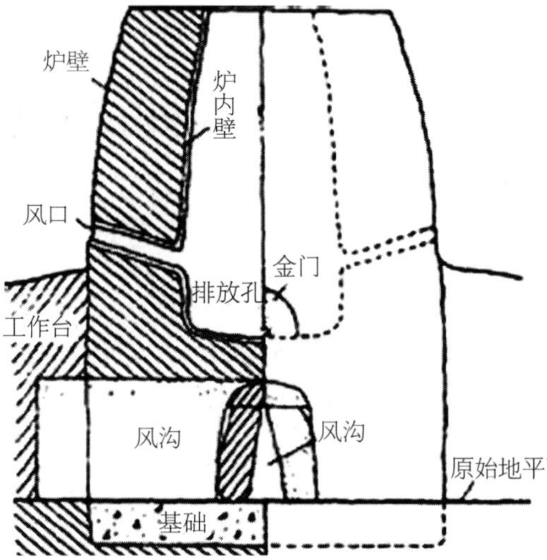

图2-13　铜绿山炼铜竖炉复原图

发掘表明，春秋早期已采用鼓风竖炉炼铜，并选择合理的风口区截面，以达到炼铜所需要的温度；采用了风沟这一重要的防潮保温措施；竖炉的抗压性良好，当时的匠师已经能够识别和使用适应高温熔炼的不同耐火材料。

同时，这座炼铜竖炉还说明，当时我国已具备了较高的冶炼工艺水平，粗铜产品的含量已达到93.99%；渣型合理，渣含铜较低；匠师对炉料配比有一定的认识；矿冶规模较大，采矿、炼铜已有一套完整的生产组织和分工协作程序。[①]

---

①夏鼐:《中国湖北铜绿山古铜矿的发掘》，纽约.中国青铜时代讨论会，1980年6月。卢本珊、华觉明:《铜绿山春秋炼铜竖炉的复原研究》,《文物》1981年第8期。华觉明、卢本珊:《长江中下游铜矿带的早期开发和中国青铜文明》,《自然科学史研究》1998年第1期。陈树祥、冯海潮、席奇峰等:《大冶铜绿山古铜矿遗址考古新发现与初步研究》,《湖北理工学院学报(人文社会科学版)》2012年第6期。

从铅同位素示踪研究看出，商王朝的铜铅矿料部分来自湖北大冶铜绿山和江西瑞昌铜岭。古代铜绿山矿冶基地生产的粗铜有四条运输路线，分别由水陆交通经盘龙城运送供给殷商（以及后来的西周）王朝及南阳、关中、中原地带，直到战国秦汉时期供应吴越、楚等地。

陶冶体系的发展：陶轮与“模·范”

—— 现代系统论与世界体系之三

【内容提要】陶轮（potter’s wheel）制坯和陶窑烧制陶器的工艺，为后世的青铜器具造型奠定了可靠的技术设备基础。陶轮（快轮）制陶工艺可能是在西亚与华夏两地几乎同一时期发明的，但至今尚未发现史前陶轮的遗物、遗迹，只能见到快轮制陶留在陶器上的旋纹。公元前3700年左右，进入新陶器早期，普及了陶车快轮。长江下游的崧泽文化和黄河下游的龙山文化遗迹表明，公元前3500年左右，两地都使用了快轮制陶法。此后，制陶工艺进步，快轮拉坯成型法逐渐普及。青铜器的形制来源于陶器，青铜器制品、陶制品、木-石制品等长期并行使用。历史上，陶器使用的时间跨度覆盖了青铜时期，甚至比青铜器还要久远。制陶技术是陶冶体系、火技术、造型技术、铸造技术的基础，陶器技术提供了青铜器的“模”与“范”。华夏陶冶时代青铜器时期先后有两大源头：一个较早的源头来自西亚—中亚—新疆—河西走廊四坝等地区，另一个稍晚的源头来自山东龙山—岳石文化—中原地区，两者之间不断有交流互动和彼此影响、相互融汇。青铜器制作了礼器，又制作了史无前例的杀人凶器。

一、陶轮——先进的技术设备

陶轮（potter’s wheel），我国古代称为“陶均（钧）”，是制作陶器坯体所用的转轮。陶轮制坯和陶窑烧制陶器的工艺，为后世的青铜器具造型奠定了可靠的技术设备基础。（需要说明的是，初始的“陶均”不应有“钧”字的“金”旁，因当时尚无铜器。）

最初制作陶器是没有陶轮（陶均）的。从初期的手工制陶，经慢轮修整工艺，发展到快轮制陶法，经历了漫长的历程。

（一）陶轮的技术含量比徒手操作高得多

大约在公元前 5000 年，慢轮修整工艺出现。慢轮的起源，其实就是一块承载陶坯的平板，陶工将自己面前的坯件修整好后，牵动平板使待修整的陶坯放到自己面前，以便于修整操作。（有一种观点认为，制作陶器用的陶轮垂直放置后就是车轮的前身。）

最简单的陶轮只需上下放置一对轮盘，一根中轴直立竖置于轮盘之间，用中轴连接和固定上下两个轮盘，就可以随中轴转动；陶工将柔软的黏土陶坯盛放于上面轮盘中，一面用脚推动下面轮盘，一面用双手操纵圆周转动的黏土，逐渐将陶坯修整、塑捏成形。这种慢轮是从纯手工制作迈向机械辅助制陶的关键一步。（如图 3-1）

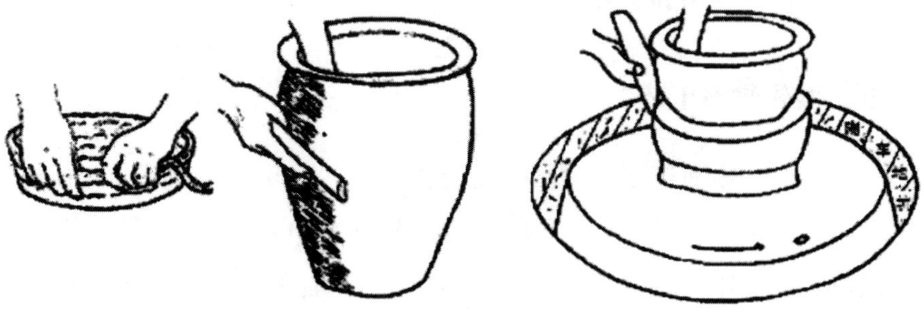

图 3-1　不同的陶坯成形方式

公元前 3700 年左右，进入新陶器早期，普及了陶轮（快轮）。

一说，迄今世界最古的陶轮发现于西亚两河流域，时间是公元前 3700 年—公元前 3300 年。两河流域最早的陶轮只是一些圆形的板，它们和轴牢牢地钉在一起。

乌鲁（Uruk ）文化和杰姆代特·奈斯尔（Jemdet Nasr）文化时期（公元前 3100 年—公元前 2900 年）开始出现轮制陶器，南亚在公元前 3500 年—公元前 2700 年使用陶轮。

英国牛津大学出版的查尔斯·辛格等主编的《技术史》一书认为："我们从波斯湾和底格里斯河越往西走，利用陶轮制成的花瓶首次出现的时间就越晚。大致的时间是这样的：苏美尔，公元前 3250±250 年；地中海沿岸巴勒斯坦和叙利亚，公元前 3000 年；埃及，公元前 2750 年；克里特岛，公元前 2000 年；希腊大陆，公元前 1800 年；意大利南部，公元前 750 年；苏格兰，公元前 400 年。……苏美尔和印度河流域的陶工共同拥有的陶轮，是一种由带凹窝的圆盘组成的旋转轮盘，它可能已经从印度河流域传播到印度的其他地区和中国。"①

有人推测，陶轮制陶工艺可能是在西亚与华夏两地几乎同一时期发明的，但至今尚未发现史前陶轮的遗物、遗迹，只能见到快轮制陶留在陶器上的旋纹。至于具体孰先孰后，还需搜集更多、更可靠的第一手资料，并运用年代学测定之后再进一步论证、商榷。

（二）考古所见的陶轮分期

前期：慢轮修整工艺

迄今，考古发掘里还没有发现史前陶均（钧）即陶轮的完整遗物。专用的"陶均（钧）"术语，解释为："陶均（钧）：制造陶器时用的转轮，分快轮和慢轮（陶轮，potter's wheel）。"但在中国古文献里是否有出现，

---

①［英］查尔斯·辛格、E.J. 霍姆亚德、A.R. 霍尔主编：《技术史》（第 I 卷），王前、孙希忠译，上海科技教育出版社，2004 年，第 132—133 页。

何时出现？查阅文献，《史记·鲁仲连邹阳列传》有“陶钧”这个词。裴骃《集解》注：“陶家名模下圆转者为钧。”司马贞《索隐》注：“陶，冶；钧，范也。作器下转者为钧。”《说文》释：“钧，三十斤也。从金，匀声。古文钧，从旬。”

据《说文》对“钧”字的解释，其重量（30斤）符合陶钧的工作原理——陶钧是一个较大质量的旋转轮盘，这样才能有较大的转动惯性实现制陶时的持续高速旋转功能。陶钧，即陶轮，显然是比徒手工具技术含量高出许多的技术装置。

杭州萧山跨湖桥文化遗址被发掘后，考古发现了迄今为止最早的用陶轮修整加工的陶器。其陶器口沿上有一道道环纹，平行环状弦纹明显是用陶轮加工过的。跨湖桥文化遗址出土最早的陶轮（慢轮）底座遗迹，年代（经树轮年代法校正）为公元前5200年—公元前5000年。①

在陕西西安半坡、长安马王村、铜川李家沟以及甘肃宁县阳呱等遗址，均发现有仰韶文化的陶质转盘（慢轮）遗迹，可见当时的慢轮修整技术已经相当普及。②（如图3-2）

考古学者鉴别手工制陶（包括慢轮制陶）和快轮制陶的主要依据，是仔细观察陶器表面和底部遗留下的制作痕迹。手工制陶和慢轮制陶，往往器表有各种拍印。仰韶文化早期，有一些陶器上面发现有用陶轮（快轮）修整加工的特征，但多数的陶器是慢轮手工制陶。当发展到仰韶文化晚期，有一些小型陶杯、陶碟等开始快轮制作。到了龙山文化时期和商代，快轮制陶已相当发达。慢轮虽已用于制陶，但无法使陶器迅速成型，只可作为辅助手段修整

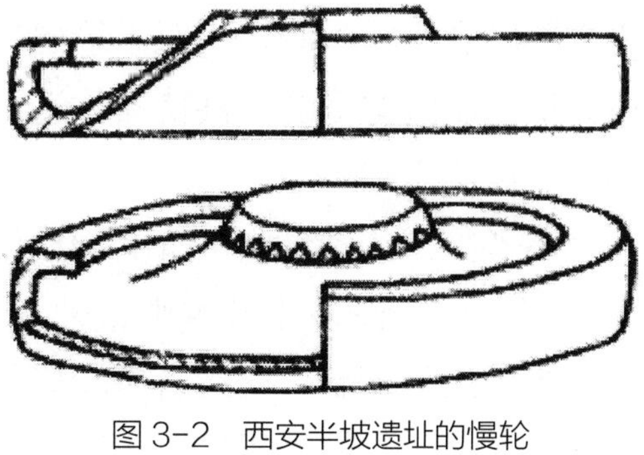

图3-2　西安半坡遗址的慢轮

①浙江省文物考古研究所、萧山博物馆编：《跨湖桥》，北京．文物出版社，2004年。柳志青、施加农、沈忠悦等：《跨湖桥文化先民发明了陶轮和制盐》，《浙江国土资源》2006年第3期。

②王然主编：《中国文物大典》，北京．中国大百科全书出版社，2001年。

坯体，所以不能归入正规的快轮拉坯成型法。

史前先民制陶，最初是由陶工挪步绕工作台的陶坯周转，后来变成陶坯在人面前转动，让陶坯的不同方位逐次旋转到陶工的工作台前。这是盘筑陶坯的慢轮，由此产生了“转动”概念和可以旋转的陶坯工作台设施。慢轮不需要连续不断地转动，可以是间歇性转动。慢轮也可以不用固定的旋转轴，便可以转动。如今，还可以观察到云南傣族妇女制陶的过程：把陶坯放在一个筛盘上，间歇性地转动筛盘。

目前考古已发现，古华夏龙山文化遗址已出土了快轮制陶的陶片，而能够持续高速旋转的快轮则需有固定的芯轴，即可以旋转的“定轴”。

制陶的快轮与行驶的车轮是两种“定轴旋转”为主的机械装置，两者之间的原理具有相似性。然而，迄今尚未得到确切（直接）的实物考古证据来说明古代车轮与制陶快轮之间的先后以及启迪关系如何。

成熟期：快轮拉坯成型法

长江下游的崧泽文化和黄河下游的龙山文化遗迹表明，公元前3500年左右，两地都使用了快轮制陶法。此后，制陶工艺进步，快轮拉坯成型法逐渐普及，产量大增。当然，只有陶轮转速高达每分钟90周以上，才能够使得坯体迅速成型。如果将泥料放在转动的陶车上，当陶轮快速旋转时，轮盘上的黏土团由于离心力作用而具有向外离去的趋势，再把这种离心力加以利用和管制，用双手给出平稳而轻巧的力，就将泥料拉成陶器坯体。快轮制陶留下的痕迹使器体造型端正，器壁浑圆匀称，陶器底下留有偏旋痕迹。

在仰韶文化遗址、龙山文化（公元前2350年—公元前1950年）遗址，都发现了许多器形规则、轴线对称的陶器。这些轴线对称的陶器表明：当时的陶器制作已经有慢轮修整技术，并发展到了快轮的高速旋转轮制技术。虽然考古学界迄今还没有发现仰韶文化或龙山文化的陶轮遗物或者遗迹，但可以肯定当时已使用了陶轮，同时陶器大量生产，并且得到广泛使用。（史前陶器留下的不同制坯涡线纹理，是反推远古成型手段的客观证据。如图3–3）

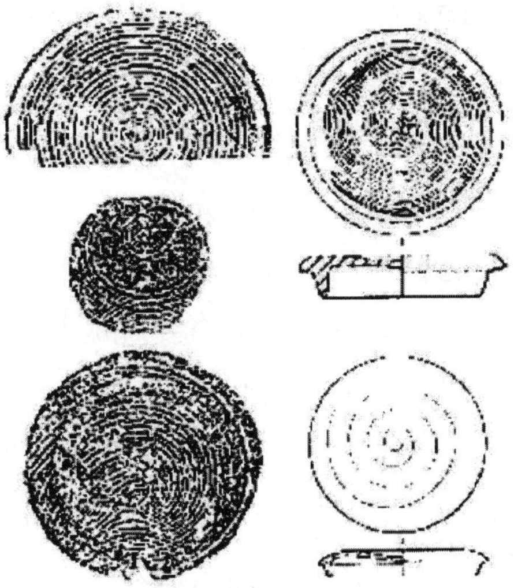
图 3-3　留在陶片上的手工制陶的涡线纹理

快轮拉坯法的发明，是制陶工艺的一大飞跃。在陶冶时代中晚期，古华夏很多地区制陶已采用此法。大汶口文化早期（约公元前 4200 年—公元前 3300 年）已有使用轮制（慢轮修整）成型的陶器，龙山文化（约公元前 2350 年—公元前 1950 年）已有匀而薄的黑陶，多是快轮制作的产物。

明宋应星《天工开物·陶埏》描述使用快轮制陶技术：“造此器坯，先制陶车。车竖直木一根，埋三尺入土内，使之安稳。上高二尺许，上下列圆盘，盘沿以短竹棍拨运旋转，盘顶正中用檀木刻成盔头，冒其上。凡造杯盘，无有定形模式，以两手捧泥盔冒之上，旋盘使转，拇指剪去甲，按定泥底，就大指薄旋而上，即成一杯碗之形。”

由此可见，后世的陶车由一水平圆盘和轮轴组成，使用时由一人转动轮盘使其急速旋转，由另一人借助陶轮转动形成离心力，配以双手灵巧的动作，将陶土塑成需要的器皿。用快轮陶车制坯，数量多，质量好。

（三）划时代的崧泽文化——开创了快轮技术

崧泽文化的制陶工艺（约公元前 4000 年—公元前 3300 年）在中国木–石器时期诸文化中具有划时代的成就，它上承马家浜文化，下接良渚文化，是长江下游太湖流域的重要文化阶段。上海青浦区发现崧泽文化遗址 4 处（崧泽遗址、福泉山遗址、金山坟遗址、寺前村遗址），出土各类文物 800 余件，属木–石器时期母系社会向父系社会过渡阶段。它开创了轮制陶器，并使用还原焰烧制。

在开创轮制陶器方面，崧泽文化前期已采用泥条盘叠再加慢轮整修的制陶方法。陶器的器壁比较匀称，可见到不很挺直的轮纹。从崧泽文化中期（约公元前 3500 年）开始，已运用陶轮快速旋轮、捏泥坯成形的制造技术，器型规整，器壁匀薄，但往往在内壁和内底遗留手指头拉坯的旋痕。

崧泽文化时期使用了还原焰烧制陶器。陶器中的铁元素是在充分供给空气的环境下，充分氧化为三价铁，然后使陶器变红。崧泽文化早期陶器的特色是以红陶炊器（夹砂陶）为主，其他器物多以灰陶为主，红陶偶见。当陶器在窑中将要烧成时，将陶窑封闭使窑内形成高温和缺氧，陶土中的铁元素就还原为二价铁，这样就出现了灰陶。伴随灰陶的烧制，还出现了一种灰胎黑衣陶。当陶器在窑中即将烧成时，不但封窑，还塞入浸水的湿柴，使之在窑内闷烧冒烟，让黑烟渗入陶器的器表，这样就出现了黑陶。这类黑陶，由于器表微小的孔隙为黑烟所渗填，具有不渗水的特点。需要说明的是，以往只知道乌黑发亮的泥质黑衣灰胎陶为良渚文化陶器的一大特色，现根据考古资料得知黑衣灰胎陶器在崧泽文化时期就已出现了。

（四）大汶口文化后期与龙山文化时期的制陶业——典型的快轮技术

大汶口文化经历了近两千年的历程，陶器的生产表现出明显的阶段性。早期的陶器均为手制，砂质陶器火候较低，种类也不多，造型简单。中期的陶器开始使用轮制技术，有了少量轮制（慢轮修整）的小件器物。到了大汶口文化后期（约公元前 3300 年—公元前 2300 年），已能用陶车生产大件陶器，如大汶口文化墓地中就出土了轮制的大陶盆。（如图 3–4）

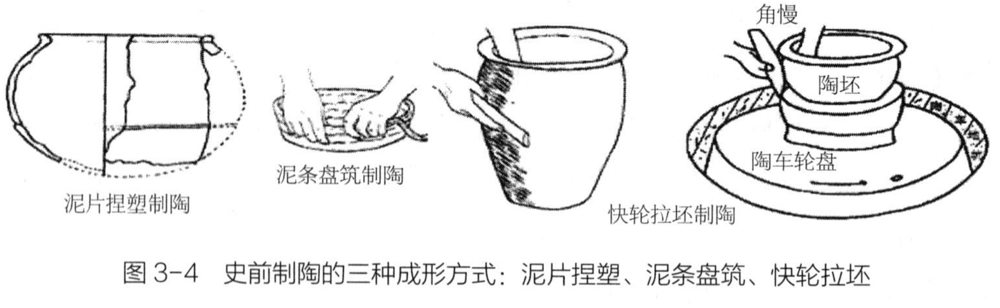

图 3–4　史前制陶的三种成形方式：泥片捏塑、泥条盘筑、快轮拉坯

快轮制陶技术，包括在快速运转的陶轮上拉坯成形和修整定型两个方面，不仅极大地提高了劳动效率，而且制作出来的陶器外形规整，厚薄

均匀，棱角分明，纹饰简洁流畅，显得十分优美典雅。①

龙山文化时期（约公元前 2350 年—公元前 1950 年），陶器早已用快轮来制作。良渚文化时期（约公元前 2700 年—公元前 1900 年）的陶器也已经普遍采取快轮成形的方法，各种陶器造型优美，胎质细腻，器壁厚薄均匀，火候较高。

快轮制陶业兴起，不仅要有专门制作的机具才能实现轮盘的惯性高速旋转，还要有专门的操作技艺才能把软泥拉坯成形，劳动的专业性大为提高，这就需要长期固定的制陶人员，并有相当一部分人专门从事这项专门技术以积累经验。于是，制陶业就逐渐由氏族中妇女和老人的共同工作，转变为氏族内部一些富有经验的家族掌握的手工业部门，从而使大批陶器成为家族的私有产品。他们用陶器与其他家族或氏族、部落交换各种物品，使得一部分陶器具有了商品的属性，商品交换不但增加了社会财富，也进一步增加了有特殊技艺家族的财富。

二、铜器与陶器技术的相互促进——“模·范”

制陶技术构成冶铜和铸铜技术的基础。青铜器的形制来源于陶器，商周绝大多数青铜器的原型乃是仿制陶器，或由陶器形制发展而来。商周青铜礼器的原型乃是仿制黑陶和白陶礼器，青铜器制品、陶制品、木–石制品等长期并行使用。历史上，陶器使用的时间跨度覆盖了青铜时期，甚至比青铜器还要久远。

（一）陶土配比为冶金炉具耐火材料提供了先期基础

木–石器时代，先民在制陶时就已懂得制造普通的容器可用纯净的黏土（陶土），而制作用于加热做饭的釜（锅）鬲鼎则要往陶土里掺加砂子，以增强陶器的耐火性，这就是考古学里所称的“夹砂陶”。夹砂陶成为后

①高广仁:《大汶口文化的分期》,《考古学报》1978 年第 4 期。

世的炼铜坩埚、铜液包的耐火材料工艺基础。要熔炼青铜，需用坩埚来容纳铜矿石原料，接受加热并承载熔化的铜液，还必须把炼好的铜水送到浇铸地点才能铸造青铜器皿。炼铜的坩埚和承载铜液的铜液包，其实两者都是陶器——耐火的特殊陶器。

（二）陶窑技术为冶金炉技术提供了先期基础

熔炼青铜是先民驯火技术、加热技术的一个新的历史里程碑。在最初烧制陶器时，用陶釜（锅）做饭时就知道了陶坯或陶釜不能直接放在燃料上，于是进一步出现了带腿的鬲和鼎，再进一步出现了灶——就是以釜（锅）为加热对象的燃烧器，而在西方则出现了以烘烤面包为加热对象的燃烧器——面包炉。由于灶与炉的发展，出现了以陶坯为加热对象的燃烧器——陶窑，再由窑技术发展出以加热矿石获得铜块的冶铜炉。因此，现代工业加热与保温技术往往把窑、炉并列。

青铜器制造过程中的许多工艺就是在制陶技术的基础上发展起来的。中国古代冶金史表明，制陶技术是陶冶体系火技术、造型技术、铸造技术的基础；反过来，金属冶炼和熔铸技术的发展又把先进工艺反馈给制陶技术。金属技术的出现，淘汰了旧时的石器工具制造技术，而金属工具的出现却加强了传统的制陶技术，这是石器技术与制陶技术的本质差别，也是笔者主张史前史应独立划分出陶冶时代的重要理由之一。

【附记】据《史记·封禅书》记载："禹收九牧之金，铸九鼎。皆尝亨（烹）鬺上帝鬼神。遭圣则兴，鼎迁于夏商。"《越绝书》："禹穴之时，以铜为兵。"又见于《左传·昭公六年》："夏有乱政而作《禹刑》。"当代有学者认为：伴随偃师二里头遗址的发掘，证实了传说中禹时代"以铜为兵"。有些历史书籍写道："约公元前22世纪，夏禹开启夏朝。禹会诸侯于涂山，以铜为兵，铸九鼎，画九州，作禹刑。"这种说法不可信。公元前22世纪，中国尚未能制造青铜兵器，也无法铸造铜鼎，更还没有"画九州，作禹刑"的史实。这样的"传说"大多出自后世战国时期的编造附会，并没有确切的可以考证的史实。

（三）陶器技术提供了青铜器的“模”与“范”

商周的青铜礼器与同时期的陶器形状非常相近，有力地说明了青铜器形制继承了先期的陶器形制。要制造青铜器皿，必须要事先制作“模”（未来青铜器的形状）与“范”，范的空腔承受铜液，凝固后成为器皿。这就是词语“模范”的来源。各种模型的制作，就是把黏土塑造成形的制陶工艺。范，可以是泥范、陶范、砂范，而以陶范为主流。陶范则先要把泥范烧制成为陶质，因为陶范能可靠地承受铜液的高温、铜液浇铸时的冲刷力、铜液静置冷却时对范腔的挤胀力（铜的比重是水的 9 倍）。一件青铜重器的出世，其必须经过一套完整的制陶工艺流程。所以，若没有制陶工艺，就不会有青铜器制造工艺。

有了待铸铜器形状的“模”，还必须再次翻制成“范”，目的是用“范”所围成的空腔来承接熔融的铜液，冷却以后成为实在的铜器。用模型来翻制“范”，仍然应用了陶器技艺。

铜器模（泥型）和铜器范的使用性质不同，工作条件也各不相同。“模”是在常温下使用，只需要泥土有良好的塑性和充分表现未来铜器细节的能力，要求泥型在随后的翻范工艺过程里不要变形和开裂。对于“范”，则除了有上述模子泥料的性能外，还要求能承受铜液的极高温而不裂、不炸、不化（融），更要能承受浇注铜液时的冲刷和对范腔的挤胀力，不破损，不跑铜液。于是，泥模的配料与泥范的配料有很大区别，这些都出于长期制陶实践所积累的经验。

制作陶器的黏土的强度比金属低得多，所以史前陶器尺寸都比较小，长、宽、高在 30 厘米以内。例如，炊器鬲所煮的饭或米汤只够一个人吃一顿，因而农夫需要每人携带一个鬲去野外炊煮，于是古代文献里用“鬲”来计数劳动力。铜器的强度和刚度都比陶器大，于是制作大型青铜器物有了新的材料基础，产生了以商代司母辛鼎（高 0.8 米，重 128 公斤。如图 3–5）、司母戊鼎（高 1.3 米，重 875 公斤）为代表的特大型青铜器铸件。同时，大型器的制作技术反过来又促进了大型陶器的制作，而有了大型陶器的制作技术基础才促成了后世秦始皇兵马俑那种大型陶塑群的创造。

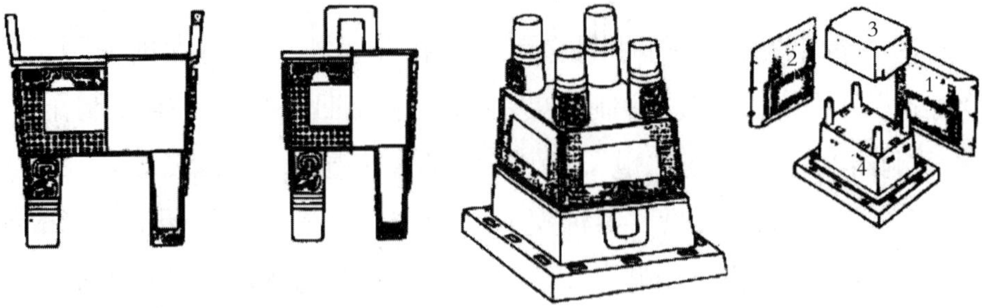

图 3-5 司母辛鼎的范芯体系复原图

（四）“范”的干燥与烘烤、焙烧

在二里头文化遗址的青铜器作坊墟里，集中发掘出大量的陶范。①

考古发掘表明，商代青铜器的制造已大量采用了陶范。用于浇注青铜器的范具不能含有水分，否则高温的铜液会使水分迅速气化撑坏型范，特别是一些大型的青铜重器更是先要把泥范烧成陶范后再用于浇注。

形状复杂的青铜器要用复合范来铸造，也就是用多个范块（包括范芯）来组装成整体范。显而易见，陶范比泥范更能胜任复合范的组合要求。烧制好的陶范不一定马上就用于铜器浇注，这既要服从于青铜熔铸炉的时间安排，也必须对陶范的烧制质量作最后的铸前仔细检查。总之，在浇注之前，为了减少铜液与陶范之间的温度差，也为了驱除陶范存放时吸收的潮气，都需要对陶范作临铸前的预热。烧制陶范和预热陶范的技术与陶窑装备，显然都是制陶技术对铸铜技术的转移与应用。冶金史专家华觉明在复制商代青铜觚等一系列的试验里，就把泥范的焙烧温度定在900℃～950℃，并获得了很好的青铜器仿制品。同时，在900℃～950℃这种焙烧温度下的较长时间保温，泥范烧成了陶范。所以，华觉明在其主

①陈国梁:《二里头文化铜器研究》。参见中国社会科学院考古研究所编:《中国早期青铜文化——二里头文化专题研究》，北京．科学出版社，2008 年，第 161 页。

撰的《中国冶铸史论集》里始终采用“陶范”这个术语。[①]

（五）青铜的冶炼及温度水平

史前的先民为了改善制陶的黏土原料的工艺性能，有意识地往黏土里加入砂子、稻壳、贝壳粉屑等羼和料。这些羼和料在陶坯干燥收缩和烧成收缩中，起着降低陶坯变形与开裂的作用。砂子（石英颗粒）较一般黏土耐高温，因此砂质陶器又常用作炊具。

史前先民在往陶土里加入羼和料时，在铜矿石产地会有加入含铜矿石粉的事件发生。这种羼和料有含铜矿石粉的陶器坯，在随后的烧陶高温还原气氛里会有少量的铜被还原出来。这是铜矿区的先民认识铜矿石的可能之一，给先民从矿石中炼铜以启示。

远古人类在寻找石器的过程里认识了矿石，并在烧陶生产中发展出了冶金技术。

在仰韶文化阶段，烧制陶器的烧成温度多半在 800℃～1000℃[②]，已经为青铜器的出现准备了火技术的基础。在仰韶文化多处遗址里，都分别发现了青铜器遗物。

在龙山文化阶段，烧制白陶等火候较高的硬质陶器的烧成温度已达到 1050℃～1100℃；相应地在龙山文化遗址也出土了更多的青铜器。现代考古发掘获得的二里头文化遗址的铅青铜刀，其合金的成分为铜（Cu）81.31%、铅（Pb）18.34%、锌（Zn）0.35%。[③]从相关的二元相图可查得，该合金在 1000℃的温度时就可以全部呈液体状态。

二里头文化遗址的锡青铜刀成分为铜（Cu）94.43%、铅（Pb）1.16%、锡（Sn）4.41%，该合金由于锡含量比较低、铅量更低，要接近纯铜熔点

---

①华觉明:《殷墟出土商代青铜觚铸造工艺的复原研究》。参见华觉明等:《中国冶铸史论集》，北京.文物出版社，1986 年，第 81—84 页。华觉明、卢本珊:《长江中下游铜矿带的早期开发和中国青铜文明》，《自然科学史研究》1998 年第 1 期。

②冯先铭主编:《中国陶瓷》，上海古籍出版社，2001 年，第 4 页。

③陈国梁:《二里头文化铜器研究》。参见中国社会科学院考古研究所编:《中国早期青铜文化——二里头文化专题研究》，北京.科学出版社，2008 年，第 168 页。

1084℃才能全部熔融。当锡的含量在25%时，只要加热到800℃就可以获得全液态的青铜合金。

实际工艺中，铸造青铜器的铜液温度并不是仅只达到相图上的液相线温度就能浇注器物，熔炼温度需要比液相线的温度高200℃左右。因为这里有一个铜液出炉到浇进范腔的转移过程，这个过程是在不断散热降温的，所以青铜的熔炼温度要达到1200℃以上。炼铸青铜器所获得的高温技术，又反过来帮助制陶技术获得更高的窑温，提高了陶坯烧成器的火候，烧制出了更多的硬陶。就是说，冶铜技术所获得的高温与制陶技术所获得的高温相互促进，这是一种良性循环的技术发展模式。

在古代的冶炼设备方面，最早使用了陶制的容器，从外面加热或者直接埋入木炭里燃烧加热以得到高温和还原气氛，后来发展成为带有风嘴的地炉。在我国，早期使用陶尊，外部涂草拌泥，起到绝热保温作用；内面涂有耐火泥层，铜矿石和木炭直接放入陶尊内。这一装置不同于从外部加热的“坩埚”熔炼，可以使炉内温度提高，而这种内热式陶尊发展成为泥砌或者预制陶圈叠成的竖炉，下部有可以直接出渣、出铜的孔，如山西侯马春秋冶铸遗址的炉子①。显然，从矿石冶炼金属的火技术与装备，都是在陶器技术的基础上发展起来的。

（六）炼铜造渣的助熔剂对陶釉的催生

从矿石熔炼出有用的金属，矿石里的杂质遂熔成炉渣，炼好了炉渣也就炼成了金属。此前，陶冶考古都未讨论炉渣，但从冶炼技术角度来看，炉渣值得重视。

在湖北大冶铜绿山古矿冶遗址，用竖炉冶炼铜矿石，附近遗留有流动性良好的玻璃质炉渣约40万吨，渣中含铜量平均0.7%。根据炉渣成分和炉旁赤铁矿石推测，冶炼时使用了熔剂，以调整炉渣成分，提高炉渣的流动性，说明冶炼时铜液与炼渣之间的反应很充分。在此，笔者讨论一下炉渣的玻璃质，以及使用熔剂生成低熔点的炉渣技术。若添加了比铜熔点

①路迪民、王大业:《中国古代冶金与金属文物》，西安.陕西科技出版社，1998年，第64页。

低的锡、铅，可以得到比纯铜容易熔化的合金。从相关的二元相图可查得，当锡的含量在25%时，只要加热到800℃就可以获得全液态的青铜合金。

在铜合金的矿冶炼和铸造熔化过程里，还发现添加一些助熔剂可以降低炼铜渣的熔点，增强炉渣的流动性，便于排渣。冶炼铜的这种经验反馈到制陶技术，就促使先民探索某些陶坯涂料，可以像铜渣玻璃质那样低熔点且表面光洁的涂料，来充实彩陶的装饰性陶衣。这种探索发现了低温的釉。陶釉的出现，是从冶炼炉里添加助熔剂（石灰石等）造成低熔点的玻璃质炉渣，从而受启发得到早期的低温石灰釉。

在西安半坡遗址和河南陕县庙底沟遗址，分别发现了在细砂质陶器碎片外表敷有一层厚约0.02厘米的陶衣，光亮而坚硬，是加有深红成分的陶土制作的。这层薄薄的深红色陶衣，可说是陶釉的萌芽。先民从炼铜炉渣的助熔剂受到启发，催生了陶釉，发明了最早的釉陶器。

三、青铜器时期铜制品、陶制品、木-石制品等并行使用

中原地区跟商王朝都邑相关的遗址迄今已知有5处，即河南郑州商城、洛阳偃师商城、郑州小双桥遗址、安阳洹北商城和安阳殷墟遗址。以郑州到安阳这样重大的都邑迁徙活动为契机，有关商王朝的总体文化态势发生了重大变化。

河南郑州商城遗址距离偃师商城遗址约110公里，而偃师商城遗址西南距二里头遗址仅有6公里。据考古专家李维明先生最新验算：郑州商城外郭城及手工业作坊、墓葬区等重要遗存分布范围面积约15平方公里，而郑州商文化遗址相对集中分布范围约160平方公里。①

有人研究二里头文化遗址注意到，“铜器集中出土的地区为二里头遗

①许宏:《夏商考古（五）：殷墟遗址群的发现及其认识》《夏商考古（三）：郑州商城的发现及其认识》《夏商考古（四）：偃师商城的发现及其认识》（http://blog.sina.com.cn/xuhong63），2013年12月11—13日。李维明:《郑州商代（城）遗址分布范围与“二十五平方公里”数值检讨》,《中国文物报》2012年5月11日。

址的铜器作坊，可见所谓工具类产品也是与青铜加工和生产密切相关，而很少用于农业或其他经济生产中。这说明该时期铜制品仍然是稀缺的自然资源和社会资源，较少直接用于农业生产……”。①

二里头遗址出土的早商（或先商）青铜器数量并不多，但同时期却出土了极大数量的陶器和木-石制、骨-蚌制农具，以用木柄、木杆铜兵器等。这说明当时青铜器使用并不广泛（主要供给社会上层的王公贵族作为铜制或陶制礼器等），日常大量的生活用具仍以陶制器皿为主，而生产工具仍以木-石制、骨制、蚌制农具和陶纺轮的纺织机、陶网坠的渔网、陶刀具等为主。

整个中原地区进入青铜时期的时间，至多不早于二里头文化第二期。依最新的系列测年结果，二里头文化第二期的上限不早于公元前1680年；第四期的年代为公元前1565年—公元前1530年。2005—2007年，测年专家张雪莲、仇士华等正式公布了关于新砦—二里头—二里岗文化系列年代测定结果——“新砦早期的年代约为公元前1870年—公元前1790年，新砦晚期的年代约为公元前1790年—公元前1720年；二里头第一期的年代约为公元前1735年—公元前1705年，二里头第二期不早于公元前1680年，二里头第四期的年代约为公元前1565年—公元前1530年”。这一测定结果是得到国内外三家测年机构相互认可且测定结果高度一致的数值，颇为难得。

根据近年来对郑州商城和洛阳偃师商城两地分别用高精度系列样品方法做的碳14年代测定表明，郑州商城的年代约为公元前1500年，而偃师商城一期的年代要比郑州商城的年代早，但仍未到公元前1600年。②

笔者认为，华夏陶冶时代青铜器时期先后有两大源头：一个较早的源头，来自西亚—中亚—新疆—河西走廊四坝等地区，特征是砷白铜大量

①陈国梁：《二里头文化铜器研究》。参见中国社会科学科学院考古研究所编：《中国早期青铜文化——二里头文化专题研究》，北京.科学出版社，2008年，第156页。

②张雪莲、仇士华、蔡莲珍：《郑州商城和偃师商城的碳14年代分析》，《中原文物》2005年第1期；张雪莲、仇士华、蔡莲珍等：《新砦—二里头—二里岗文化考古年代序列的建立与完善》，《考古》2007年第8期。

存在；另一个稍晚的源头，来自山东龙山—岳石文化—中原地区，缺乏砷铜矿，所以不曾经历砷白铜阶段，两者之间不断有交流互动与彼此影响、相互融汇。

四、陶器的礼制组合是青铜礼器的前驱

陶冶时代早期，祭祀与随葬品主要使用陶器。“礼（禮）”是华夏文化的主要特点之一，其起源于陶器时代。“礼”是随着原始社会解体、阶级出现而萌芽的，其最初表现为尊重死者的随葬品和人际关系出现等级观念。

仰韶半坡文化随葬品多为尖底瓶和陶钵、陶罐、陶壶等（如图3-6）。在大溪文化晚期，随葬品开始不平等，出现“礼”的萌芽；个别大型墓出现了较多的礼器。

图 3-6　仰韶半坡文化的随葬陶器组合形式

古华夏号称“礼仪之邦”，所谓“礼以酒成”，无酒不成礼。“礼（禮）”字的本义就是以“醴（酒）”举行的仪式。在古代社交礼仪中伴有饮酒礼，所以有学者把肇始于龙山时代、兴盛于夏商时代的礼制概括为“酒礼”。有酒则必有酒器，酒器是礼仪制度的重要载体。

陶冶时代，黑陶和白陶经常作为礼器使用。

黑陶的特点是纯黑、精致、薄、轻、光亮、尊贵，一般不作日用，而成为专门的礼器。在河姆渡文化遗址（公元前5000年—公元前4000年）、良渚文化（公元前2700年—公元前1900年）遗址中，都发现了黑

陶礼器。

公元前4400年—公元前3300年的大溪文化遗址就出现了白陶。白陶是火候较高的白色陶土器皿，属于硬陶，比红陶、灰陶的质地都优秀。考古发掘的白陶遗物显示，白陶器物颜色洁白，制作精美，品味高于其他陶器。

在大汶口文化早期（约公元前4200年—公元前3600年）和后期（约公元前3300年—公元前2300年）遗址的制陶业中，也发现了两个新品种——黑陶和白陶，表现了当时制陶工艺的显著进步。山东泰安和宁阳一带的大汶口文化墓葬里，出土的白陶器皿有数十件之多，在龙山文化（公元前2350年—公元前1950年）及二里头文化（最新碳14测年为公元前1750年—公元前1530年）的多处遗址里都有发现白陶。

在陶制礼器出现后的相当长时期内，还没有出现青铜礼器。

青铜酒器出现于二里头文化晚期（不早于公元前1700年）。青铜礼器的制作与白陶器的器形有极大关系，白陶器的烧成温度较高，是后来瓷器的先驱。

白陶与青铜礼器和玉器构成了二里头文化的独特器物组合。①

在二里头文化遗存中，陶制酒器有温酒和注酒用的陶盉、陶爵，以及饮酒用的陶觚等。这些酒器当时用于神圣的祭祀仪式，因此都是用经过淘洗的黏土精心制作而成的，有的用白陶，有的用黑陶。它们很少出土于日常生活场所，而大多随葬于墓中。

五、青铜器的“血腥文明”

（一）商周青铜兵器的严重后果：大规模杀戮

1935年，中央研究院殷墟考古团在安阳侯家庄西北冈经两次发掘了

①陈国梁:《二里头铜器研究》。参见中国社会科学院考古研究所编:《中国早期青铜文化——二里头文化专题研究》，北京．科学出版社，2008年，第199页、第209页。

若干殷代陵墓。据《燕京学报》所刊报告记载，初步揭露了“杀人殉葬有证于殷代”的史实。

商周的青铜很少制作农具（当时农具仍以木-石器为主），而绝大多数用于铸造青铜礼器饮器与致命的兵器。《左传·成公十三年》：“国之大事，在祀与戎。”原指的是国家的大事情在于祀礼与军礼，现泛指祭祀与战争。在 3000 年后大量出土文物中，青铜刀枪、戈矛、箭矢等凶器占据很大比重。众所周知，木-石体系的石刀、石斧之类杀伤力是有限的，即使如食肉动物的争斗也多限于异类个体之间，弱肉强食的丛林法则却极少同类撕咬相害，而人类发明的青铜锐利刃器在械斗时则可利于斩首、断肢，以至自相残杀或大规模集体屠戮。几千年间，人类战争的惨剧愈演愈烈，令人痛心疾首；但若追根问底，则不可不溯源于初期的青铜兵器。

木-石器体系的复合木-石器时代，如仰韶半坡等氏族公社，由于生产力不够发达，石斧、石斤等武器虽可用于氏族间的械斗复仇，但限于个体的肉身死伤或者将成百人的村落“砍尽杀绝”，最终净伤亡数量有限。不过，在人类发明了金属武器之后，征战的程度就起了根本的巨变。

杀人殉葬，最初在殷商时代获得实证。①

自盘庚迁殷止于帝辛，凡十二王，除了帝辛之外，还有十一王可能都葬在殷墟。盘庚迁殷前后，杀戮殉祭制度约始于商代早中期，但殉葬数量较少。经过多次考古发掘证实，殷墟东区两个大墓，殉葬规模最大；西区八个大墓，以第一个亚形王墓殉葬器物最丰，殉人最多。随着殷商王朝进入鼎盛期，杀戮殉祭数量达到高峰，武丁之后逐渐有所减少。据 20 世纪 70 年代胡厚宣《中国奴隶社会的人殉和人祭》一文统计，当时已初步发掘整理的商代墓葬中约殉葬 4000 余人。②

考古证实，殷商王朝有以人殉葬之习惯。“在西区大墓道口，出土发现排列放置整齐之无肢体人头，以及无头之肢体骨；在东区之小墓中，发现专埋人头骨之墓，以及专埋肢体骨之墓，皆为殉葬之牺牲者。……一次

①郭保钧：《记殷周殉人之史实》，《光明日报》1950 年 3 月 19 日。
②胡厚宣：《中国奴隶社会的人殉和人祭》，《文物》1974 年第 7—8 期。

殉葬的兵士，至少500人以至千人。”经研究测定颅骨后发现，殉葬者都是20～30岁的青壮年。殷商朝是当时世界少有的大国，其拥有众多奴隶，而奴隶们大多来自征伐的俘虏。在1928—1937年的殷墟历次发掘中，从商王陵附近的祭祀坑里出土了大批人头骨，仅西北岗祭祀坑就发现利用青铜刀器砍杀屠戮人头骨398颗。

1976年春夏，在武官村北地商王陵附近又发掘出大批屠杀殉葬祭祀坑，其中绝大部分是集体屠杀殉葬后埋葬的无头祭祀坑。这与上述西北岗的人头祭祀坑是相应的。殷墟甲骨文卜辞所见屠杀祭祀的记录，更令人震惊。在迄今出土的甲骨文资料中，残存着大量殉葬人祭的卜辞。仅商王武丁时期的卜辞里，记录屠杀人祭的甲骨673片，卜辞1006条，至少屠杀9021人，另有531条未记屠杀人数，最多一次屠杀殉葬500奴仆作祭祀。

在迄今已发现的殷墟甲骨文记录中，杀戮殉祭者达数万人。

在殷商王朝的“人殉人祭”制度下，用于祭祀的“人牲”和用于殉葬的“人殉”性质是有所不同的，“牲人”的身份主要是战俘、虏奴，“殉人”的身份则为宠幸妻妾、臣仆近侍，而杀戮丧命的结局都终归于“死路一条”。羌方是武丁等时期的主要征伐对象，掳获的羌人为当时奴隶的重要来源，他们常与牛羊一起作为祭祀的牺牲，且用羌俘数超过用牲畜数。当时，祭祀的范围很广，包括天神、地祇、人鬼，而以祭祀祖先最常见。青铜刀具砍头的伐祭和篝火焚烧的尞（燎）祭是最常用的祭祀法，此外还有血祭、剐碎、活埋等。①

（二）青铜器既做了礼器又做了史无前例的杀人凶器

郭沫若曾发表《读了记殷周殉人之史实》《申述一下关于殷代殉人的问题》《关于周代社会的商讨》等论文，以论证自己提出的“商代及西周为奴隶社会”的观点。②

①黄展岳:《殷商墓葬中人殉人牲的再考察——附论殉牲祭牲》,《考古》1983年第10期。

②郭沫若:《奴隶制时代》，北京．人民出版社，1973年，第63—66页、第67—77页、第78—91页。中国科学院考古研究所安阳发掘队:《安阳殷墟奴隶祭祀坑的发掘》,《考古》1977年第1期。胡谦盈:《郭沫若论商、周人殉的基本观点》,《郭沫若研究》1986年第2期。

到了周代，人殉之风依旧盛行。《墨子·节丧》：“天子杀殉，众者数十，寡者数人；将军、大夫杀殉，众者数十，寡者数人。”两周继续流行“人殉人祭”制度。

据《史记》《左传》等史籍记载，周武王伐纣、鲁季平子伐莒、楚公子弃疾灭蔡都用人祭；秦武公、秦穆公、齐桓公、宋文公、晋景公、楚灵王、郲庄公等诸侯死后都用人殉，少则数人、数十人，最多至177人。考古发现，两周殉人墓有80多座，共殉死200多人。诸侯、王和高级贵族墓一般都有殉人，一墓殉死一人至数人。殉人通常是少女和少年儿童，多数全躯入葬，有的有木棺并有少量随葬品和佩饰，但仍有少数杀殉入葬的，不过总趋势是逐渐减少的。春秋以后，这种野蛮习俗已遭到孔子等儒者以及社会舆论的反对。

西汉中期以后，“人殉人祭”作为一种制度逐渐被废除。但在封建礼教的倡导下，“奴仆殉主，妻妾殉夫”被视为最高美德而得以长期残存下来，特别是表彰烈女殉夫的事迹史不绝书。明代皇室甚至公开推行人殉制。虽然封建社会的殉死与殷周奴隶社会盛行的“人殉人祭”制度性质有所不同，但作为一种凶暴残酷的阶级压迫手段则是一样的。

中国考古学之父李济（1896—1979）认为，所有伟大文明都是文化接触的结果。殷商文化是一个多方面的综合体，融汇了很多不同的文化源流。他在1979年最后一次公开演讲时谨慎提出：“商人的殉葬习惯，恐怕不是中国自己的习惯，我疑惑这是与两河流域接触的结果。两河流域远在比商朝早二千年就有杀人殉葬的情形，并且所有铜器时代的文化都有杀人殉葬的事，例如墨西哥如此，早期希腊如此，米索不达米亚如此，埃及也如此。……假如青铜器没有发明，我怀疑杀人殉葬有这么大的规模，因为人们那个时候有了青铜刀，砍人容易，结果杀人就如杀猪或杀羊一样，杀人殉葬也就是人类发明了利器以后也发明了自己杀自己。”[①]例如，在战国燕下都（今河北易县）遗址，考古发掘人头丛葬墓，并排14座人头坑，每坑清理出人头2000多颗，上下叠压，共计约3万颗人头。

①李济:《中国文明的开始》，万家保译，北京．商务印书馆，1980年。李济:《殷文化的渊源及其演变》，李光周记录整理，《考古人类学学刊》1981年第42期。

世界体系的初步形成

——现代系统论与世界体系之四

【内容提要】从科学系统论的观点看来，每个时代的世界体系（World-System），各自呈现出不同特色的层次结构，以及整体和部分之间的复杂关联。现代考古学的理论基础“三分期学说”，是百多年前丹麦学者汤姆森（C.J.Thomsen，1788—1865）等人奠定的。从20世纪后期开始，笔者多年以来经过反复实证与深入思考，对“三分期学说”产生质疑，并提出相应的修正意见：火技术的“陶冶时代”即“火技术陶-铜器时代”。相对于传统所谓“打制石器”“磨制石器”等常温技术，火技术是更加高级的高热加工技术。对于“陶冶时代”的新概念，过去学术界忽视了制陶技术跟冶铜、铸铜技术密不可分的关联，割裂了陶器时期与铜器时期的同一性。同时，笔者还进一步对“一源说”还是“多源说”，“西来说（外来传播说）”还是“本土说（土著自主说）”提出了自己的看法，强调“具体情况必须具体分析，不能一概而论”的原则态度。世界体系的形成，是特定环境特定条件下各时代、各地区（各民族或各国）逐步互动的结果，并各有其自身的历史发展规律，而“积极互动说”比“外来传播说”或“土著自主说”能更好地解释各时代文化源流的形成与发展。

一、怎样理解“世界体系”

1992年，美国历史学家弗兰克（A.G.Frank）与吉尔斯（B.K.Gills）合作发表《五千年世界体系导论》。1993年，两人又合作主编了论文集《世界体系：五百年还是五千年》，对美国社会学家伊曼纽尔·沃勒斯坦（I.Wallerstein）的《现代世界体系》提出犀利的挑战。弗兰克认为，沃勒斯坦所谓的“现代世界体系论”完全是“欧洲中心论”的神话，只是早已存在的世界体系的自然发展而已，而在过去千年中亚洲（唐宋皇朝、印度教与德里苏丹国、阿拉伯与穆斯林、蒙古大帝国等）曾是这世界体系的中心，欧洲不过是边缘地区。①

（一）自然环境的变化决定人类祖先的生存状态

实际上，世界体系（World-System）的逐步形成是有一个漫长复杂的演变过程的。

多年以来，“现代人源于非洲（东非）说”得到国际大多数学者的支持。由此看来，人类祖先从东非向世界各地扩散、迁移有几次大浪潮，每一次都覆盖了前一次。其中，最后一次大约是15万年或10万年前从东非出发走向欧亚大陆的，并逐渐散布到各地。②

千百万年来，自然环境（特别是全球性冰川活动）的变化对于人类祖先的生存状态产生了决定性作用。在地质史的第四纪大冰期，全球性冰川活动从距今200万年前开始普遍降温，严寒的气候不利于人类生存。全新世与更新世的界限，以第四纪大冰期一次亚冰期结束、气候转暖为标志，因此又称为“冰后期”。在东亚，第四纪大冰期包括鄱阳亚冰期（137万年—150万年前）、大姑亚冰期（105万年—120万年前）、庐山

①[美]安德烈·冈德·弗兰克（A.G.Frank）、巴里·K.吉尔斯（B.K.Gills）主编:《世界体系：五百年还是五千年》，北京.社会科学文献出版社，2004年。

②盛桂莲、赖旭龙、王颇:《分子人类学与现代人的起源》，《遗传》2004年第5期。陈淳:《人类探源的新进展》，《中国文物报》2006年11月17日。

亚冰期（20 万年—32 万年前）和大理亚冰期（1 万年—11 万年前）4 个亚冰期。距今 1.8 万年前的第四纪冰川最盛时期，年平均气温比现在低 10℃～15℃。

到 1.65 万年前，全球冰川开始融化。大约在 1 万年前，东亚的大理亚冰期（相当于欧洲的武木亚冰期）消退，冰川运动结束；北半球自然条件基本上形成现代的特点，气候转暖，生机蓬勃。到 1.2 万年前全新世，人类已进入现代人阶段。

几十万年的演化，有声语言和劳动工具一起促进类人猿的生理和心理上的突变，逐步形成为“真人”。只有大脑产生了语言和抽象思维系统，才成为真正的人（Real Human）。这个定义跟史前考古学的“晚期智人”是有关联且有原则性区别的。

笔者从分子生物学的角度探讨语言起源的问题，认为有声语言的初步萌发大约在 10 万年—5 万年前，此后再不断进化与分化，到 1 万年前滋生出各种原始语言，到几千年前逐步形成现代语言（闪含语系、印欧语系、汉藏语系，等等）。成千上万年以来，人类经由蒙昧阶段、野蛮（半开化）阶段一步步向文明社会进化。

距今 1.2 万年进入地质史的“全新世”为人类从野蛮走向文明的转折点。由于远古时期受到自然环境及各种条件的制约，到公元前 4 千纪—公元前 2 千纪原初时期仅能在北温带如西亚、爱琴海、北非（两河流域、古埃及、腓尼基、巴尔干半岛等）富饶地区，通过运输、贸易、移民乃至战争、殖民等方式形成初具规模的“世界体系”，并逐步向四面八方伸展扩散；而在当时的西欧、北欧、中亚、北亚、东亚等地，因受高寒气候、广袤沙漠、资源匮乏、交通阻塞及种种不利条件的限制，难以展开群体的种族、物产与贸易交流。各地、各民族的文化交流是社会发展的主要前提，封闭屏障则是阻碍历史进步的祸害。例如，美洲大陆以及太平洋诸岛屿等，长时期内被大洋封闭屏障，基本游离于 15 世纪以前的世界体系之外。

公元前 10 世纪—公元 15 世纪，欧亚非世界体系主要存在 5 个相对固定的核心，即华夏、天竺、西亚、埃及和爱琴海地区（以及后来的南欧），有时甚至产生多重核心。

德国地理学家李希霍芬 1877 年命名的“丝绸之路（Silk Road）”，即西汉张骞通西域后正式开拓、延伸的中西方干线，曾担负过中西方文化交流的枢纽重任。丝绸之路，从东亚开始，经中亚、西亚进而联结北非、东南欧（希腊、东罗马，但未达中欧、西欧、北欧）的交通要道，不仅是连接亚欧大陆的命脉，而且是中国、印度、希腊三大主要文明交汇的桥梁。千百年来，华夏在欧亚大陆主要通过“丝绸之路”进入了世界体系（另外还有一条海上航线）。

世界体系是开放的、交流的互动系统。

若要真正深入地认识远古中国史，我们必须把古华夏各民族的“天下”如实地看作世界体系的有机组成部分，而不应将其视为孤立的、“大一统”的、闭塞且游离于世界之外的“中央域（国）”。也就是说，必须从各时代世界体系的新视角来观察、研讨“上古三代”。

按现代系统论的观点，各时代的世界体系都各自呈现出不同特色的层次结构，以及整体和部分之间的复杂关联。每一个世界体系的形成，都是各时代、各地区（各民族或各国）交流与互动的结果，并各有其自身的历史发展规律。[①]

（二）从世界体系的视野反思“三分期学说”

19—20 世纪，西方学者首先从欧洲本位的视野出发，一步一步逐渐转向从全球本位的视野出发来研究世界文化。这个过程曲折、反复，迄今仍处于过渡、演进的状态。新兴的人类学、考古学是典型的例子。1836 年之后的百余年间，考古学创始人汤姆森提出并发展“三分期学说”，把史前史分为三个时代：石器时代、铜器时代和铁器时代。此后，欧洲历史考古学家们发表了一系列论著，重点阐明石器时代、铜器时代的原理和方

①[美]伊曼纽尔·沃勒斯坦（I. Wallerstein）:《现代世界体系》（第一卷），郭方、刘新成、张文刚译，北京.高等教育出版社，1988 年。参见菲利普·博雅尔:《全球史的新视角——16 世纪之前的印度洋和欧亚非世界体系》，李大伟译，《南洋资料译丛》2012 年第 4 期。

法，为欧洲近代的考古学体系奠定了基本框架，得到了普遍认同，并且传播和扩展成为现代考古学的传统观念和指导思想。20 世纪，“三分期学说”写进了大中学校的教科书，通过学校教育成为全社会对史前历史的常识性知识。

稍后，学术界有人从另外的视野去审视、考察人类史前时代及其划分。1847 年，美国学者摩尔根（L.H.Morgan）深入到北美洲印第安诸部落，了解考察尚处于原始状态的易洛魁族群，并在 1877 年出版了《古代社会》一书对人类史前史提出了另一种分期原则。摩尔根认为：“如果我们将人类文化划分为若干阶段，那么，讨论上述种种事项就会方便得多了。每一个阶段代表一种不同的社会状态，并由于它本身所特有的生活方式而得以互相区别。丹麦考古学者所提出的‘石器时代’、‘青铜时代’和‘铁器时代’等名称，从某些目的来看一直非常有用，并且对古代技术工具的分类仍有用处。但是，由于知识的进步，就必须提出与此不同的、更进一步的分期法了。”摩尔根提出将史前社会划分为蒙昧、野蛮和文明三大阶段，前两个阶段又进一步划分出低级、中级、高级三个小阶段，并对每个小阶段提出具体标志。例如，“高级蒙昧社会”的标志是弓箭的发明，终结于制陶术的发明；“低级野蛮社会”以“制陶术的发明或制陶业的流行作为划分蒙昧社会和野蛮社会的界限”。①

摩尔根基于人类学、民族学视角，采用实地考察获得的资料来阐述古代社会。摩尔根学说在历史考古界没有汤姆森“三分期学说”那样的考古学实证，因而“三分期学说”的框架在考古学和历史学界更受到重视。但摩尔根学说作为一种新观点，也表明可以从另外的角度去考察史前社会及其历史分期。

笔者经过多年探索、思考、搜集资料和实地考察，认为陶器是史前社会发展到一定阶段的决定性标志物，而传统观念在石器时代里只不过含混地叙述陶器，忽视了陶器与火技术的密切关系，也就忽视了具体论述火

①[美]路易斯·亨利·摩尔根（L.H.Morgan）:《古代社会》，杨东莼、马雍、马巨译，北京.商务印书馆，1977 年，第 13 页。

技术乃至整个历史进程突出的关键。在很长时期内，笔者认为考古学界应当非常重视陶冶概念对史前历史分期的关键作用，由此展开了对传统“三分期学说”全面修正的思考与研讨。

（三）提出“新三分期”

笔者认为，对于“三分期学说”必须做出如下的全面修正：

（1）人类历史的第一个时代，不是石器时代（Stone Age），而应该修正为木–石器时代（Wood-Stone Age）。

木–石器时代实现了农业革命，史前人类从采集渔猎的“攫取型”经济进步到“生产型”经济。传统学说的“打制石器”“细石器”“磨制石器”等观点，在新的木–石器时代视角之下本质就是木–石复合工具的结构性进化，木质构件和石质构件的各种结合性状表现出历史各阶段的差别与发展。

（2）人类历史的第二个时代，应该修正为火技术（Fire technology）的“陶冶时代”（Pottery-Copper Age），即“高温技术陶–铜时代”。

摩尔根指出：“在人类的进步过程中，制陶术的出现对改善生活、便利家务开辟了一个新纪元。”

陶器与初民定居成为相互关联的物质基础，还成为史前初民早期的“身外物”即私有器皿。除了衣服和装饰品这种随身的私物外，陶器是最早的私有器物，其大量表现在墓葬里的陶器上。在古汉字里，甲骨文“宝（寶）”（）的构形元素里就有“贝（贝币）”（）；金文“宝（寶）”（）的构形元素里就有陶器“缶”（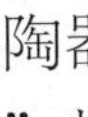），代表着财富的积累。尽管这时仍然沿袭磨制的“新石器”材料，但石质部件并不具备陶器那样的社会功能——促进定居生活并供私人日常使用和大量随葬，更重要的是为“锡青铜器”的普及打下了扎实的技术基础。在火技术的陶冶时代里，出现了被称为“第二次革命”的“城镇（市）革命”。

（3）人类历史的第三个时代，更应该如实地修正为“木–铁器时代（Wood-Iron Age）”。

笔者特别提出了“木–铁器时代（Wood-Iron Age）”的新课题，有待今后进一步深入的全面展开研讨。

那么，人们要问：为什么汤姆森等学者制定出了石器时代、铜器时代和铁器时代的“三分期”分类，而没有领悟进展到木–石器时代、火技术的陶冶时代和木–铁器时代的“新三分期”呢？

这是历史条件的局限性导致的，因为汤姆森等学者都局限于当时西方所能获取的一部分史前考古的石器、锡青铜器和铁器局部资料，他们没有来得及看到后来世界上一系列重大考古发掘和研究成果。特别必须指出，在北欧、西欧史前考古的发现中陶器很少，当时当地绝大多数出土文物是石器、锡青铜器和铁器。所以，汤姆森等学者只能以他们当时所掌握的欧洲、非洲等考古资料作为依据来进行并不完善的系统分类。如果当时汤姆森等学者能够看到如今世界各地出土这样众多的木–石器、陶器、木–铁器遗存，能按照考古分期原则“通过历史上生产工具和生活用具质料的演变，说明原始社会的发展过程”[①]，那么他们肯定会实事求是地把木–石器时代、火技术的陶–铜时代、木–铁器时代列为史前史的三大新型分期。

现在，我们不能以西欧、北欧及“使用雅利安语”的各民族史作为人类史前史、文明史的唯一标准参照系，而必须“从全球的大视野看各地万物”。所以，汤姆森等学者对于史前史的“三分期”并不符合目前我们所了解的“全球视野世界体系”的全部历史真相。

按照考古学创始人汤姆森最初的定义，铜器时代应从红铜时期开始，年代大约在公元前 1 万年，即所谓“新石器时代”之前。应该注意到，许多地区的红铜时期几乎与彩陶文化共生，但这并不是偶然现象，而是有力地说明陶冶时代的铜器技术与陶器技术密切相关。

铜器包括红铜、砷白铜、锡青铜。与此类似，陶器包括红陶、彩陶、黑陶等，若把铜器时代局限在锡青铜时期是不全面的，正如陶器时代不能

---

①关于汤姆森“通过生产工具和生活用具质料的演变，说明了原始社会的发展过程”的观点。参见夏鼐主编:《中国大百科全书》(考古学卷)，“C. J. 汤姆森”条，1986 年，第 514 页。

局限在彩陶时期一样。

古华夏的陶冶时代（Pottery-Copper Age）的铜器技术发展史，应划分为三大阶段：

（1）原初陶器与红铜时期（Pottery and Copper Period），红铜与彩陶同时共存。

（2）砷白铜时期（Arsenic Copper Period），在中亚、新疆—甘肃地区盛行，而在古华夏中原地区没有出现（因缺乏砷铜矿石）。

（3）锡青铜时期（Bronze Age）华夏的锡青铜器与白陶、黑陶等同时共存。

以上三个阶段，在陶冶时代大系统时空结构内各为一个从属的单元子系统。

（四）木–铁器时代

木–铁器时代是极为重要的时代。摩尔根《古代社会》指出："冶铁术的发明在文化史上开辟了一个新纪元。"

古人类最早知道的"铁"来自流星雨中的陨石，古埃及人将太空降落的"陨石铁"奉为神物。先民在火技术的陶冶时代基础上逐渐摸索并掌握了冶炼铁的技术。现代考古研究表明，在一部分文明发源地，锡青铜器时期已接近或初步进入文明社会，然而"冶炼铁器"在全球的许多情况下（如欧洲大陆）还是从野蛮到文明的过渡关键。直到木–铁器时代前后，世界才算正式跨进文明社会。

据史料记载，最早发明冶铁术的是古代赫梯人（The Hittites）。

大约在公元前 1400 年，赫梯人领先掌握了炼铁技术的秘密，这是有史记载为"铁证"的。公元前 12 世纪，赫梯帝国败亡，原有冶铁工匠散落各地，冶铁术才得以公开。

赫梯文明的历史功绩，不仅限于发明冶铁术、使用铁制工具，更重要的是它充当了两河流域同西亚、北非、埃及等地文化交流的中介。许多文化成果（包括冶铁术），通过赫梯的中介经由亚述、巴比伦传给迦南人和喜克索斯人，以及古希腊及爱琴海诸岛。赫梯文明是埃及文明、两河流域文明、西亚北非文明和爱琴海地区诸文明之间的一个重要联系环节。

实际上，古印度文化圈的犍陀罗（今属巴基斯坦国）墓葬文化已经进入了早期铁器时代。又，南亚次大陆北部早期木-铁器时代文化——彩绘灰陶文化（Painted Grey Ware Culture）铁器制作水平已很高。

“冶铁术经小亚细亚和爱琴海西传到欧洲，然后经由古希腊吸收了赫梯帝国的冶铁术后流行开来。公元前1000年左右，东欧出现了铁制工具。意大利伊托鲁里亚文明，被认为是因冶铁术创始的文明。”

古代新疆属于中亚文化圈的一部分，地理地貌与中亚类似。跟中亚其他地区一样，古代新疆在公元前14世纪—公元前10世纪之交进入了早期铁器时代，并很快普及。

中国开始使用铁器的年代，目前尚无定论。目前，一些学者认为古华夏中原地区人工冶铁初创于西周中晚期，而考古发现古华夏最早人工冶炼的铁器属于春秋时期。战国时期，古华夏已经掌握了块炼渗碳钢及其淬火工艺，大为提高了冶铁术的实用性能。

特别强调的是，木-铁器技术的木质部件的重要性。因为不仅铁或钢制武器必须装置木柄，而且木-铁器时代的各类工具、房屋、车辆、船舶、纺织机、传动机和种种器械中的木质材料都是必不可少的重要部分。

所以，人类考古学的主要划分应该是：（1）木-石器时代；（2）火技术的陶冶时代，即陶-铜时代（包括陶器和锡青铜器两部分）；（3）木-铁器时代。

在许多情况下，许多民族直到木-铁器时代才完全地真正实现了文明。在使用铁器以后，许多地区（西欧、北欧等）还有相当长的一段时间未能完全脱离野蛮阶段。

（五）从世界体系的新视角来研讨木-石器时代

大约250万年前，即地质史的格拉司期（258.8万年—180.6万年前），非洲诞生了最早的人类，即“能人”。大约180万年前，即地质史的早更新期（180.6 万年—78.1 万年前），出现了“直立人”，它的化石在非洲、欧洲和亚洲都有发现。

直立人的起源地很可能还是非洲，但他们出现不久就逐渐走出非洲向欧亚大陆扩散，一直到达太平洋西部的爪哇等岛屿。迄今，发现的东亚最早的人类属于直立人，比它更早的“能人”尚未发现。关于东亚早期人类及其文化还存在着许多争论，迄今很少有定论。直立人带着相同的石器文化离开非洲并扩散到欧亚大陆各地，因此东亚的早期石器文化与西方有着明显的共性。后来，东西方逐渐形成了自己的文化传统，并沿着不同的方向发展。现在，流行的观点认为，旧石器人类文化可分为五种技术模式。①

二、追根溯源：“一源说”还是“多源说”

有关追根溯源的问题，牵涉非常广泛，如“石器的起源为一源还是多源”“锡青铜器的起源为一源还是多源”“陶器的起源为一源还是多源”“马车的起源为一源还是多源”“弓箭的起源为一源还是多源”等，基本上可以一直上溯到“人类的祖先为一源还是多源”。

此外，又如“中国彩陶西来说（外来传播说）还是本土说（土著自主说）”“中国锡青铜器西来说还是本土说”等，这又可概括为抽象的哲学性命题——“一源说”还是“多源说”。

这些问题是由著名的“安特生疑团”引发的，即“仰韶彩陶究竟是从哪里来”的争论。

瑞典地质学家、考古学家安特生（J.G.Andersson，1874—1960）是中国史前考古学和近代田野考古学的开拓者。1914 年，安特生由中国地质

①［南非］P.V. 托拜厄斯：《直立人及其在人类演化上的位置——纪念中国科学院古脊椎动物与古人类研究所建所 65 周年》，张银运译，《人类学学报》1995 年第 4 期。吴汝康：《对人类进化全过程的思索》，《人类学学报》1995 年第 4 期。侯亚梅、黄慰文：《东亚和早期人类第一次大迁徙浪潮》，《人类学学报》1998 年第 4 期。

调查所所长丁文江推荐，受当时的农商总长张謇聘请担任中央政府矿政司顾问，此后又在地质调查所受聘。当时，在山西大学任教的瑞典地质学者埃略克·奈斯特罗姆也支持安特生来华。丁文江所长推荐安特生博士来华的理由是，“瑞典为较少帝国主义野心的国家，与其他列强相比，在历史上对中国无何侵害，因而聘用他们的专家显得较为安全”。这一建议遂被中国政府采纳。[1]

安特生受聘于中央政府矿政司顾问后得到了施展抱负的机会，使得他先是在地质学、继而在史前考古学的研讨上开辟新天地。1921 年，安特生首次发现了河南渑池仰韶村等文化遗址。由于出土彩陶片的黑红彩纹饰过于精美，安特生产生了“如此美丽的陶片是否是史前时期的产物”的疑问。（如图 4–1）

图 4–1　安特生发现的仰韶遗址彩陶

直到安特生从仰韶回到北京后，在地质调查所的图书馆里他读到了美国考古学家彭北来（Raphael Pumpelly，1837—1923）对土库曼安诺文化遗址（Anau Culture）的考古发掘报告，才认识到仰韶遗址的彩陶片确实也属于史前的文物。安特生把这个发现告诉了他的中国朋友丁文江，并希望得到帮助。在中国政府农商部、中国地质调查所和河南省及渑池县两级地方政府协助下，安特生重返仰韶，与袁复礼、师丹斯基等学者一起，从 1921 年 10 月 27 日开始在仰韶村进行了长达 30 天的考古发掘，把新出土的彩陶文化揭示了出来，引起了国际学术界的广泛重视。

彩陶图案，是在钵的口沿外绘画一周紫色、红色宽带纹，在盆的内外绘画人面、鱼、鹿、植物等象生性花纹与三角形、圆点组成的几何形图案（在圜底盘口沿的宽带纹上，发现有 20 多种不同的刻画符号，可能为古代文字的渊源）。（如图 4–2）

①沈辰:《安特生与丁文江的早期中外考古合作及其影响》,《华夏考古》2007 年第 3 期。

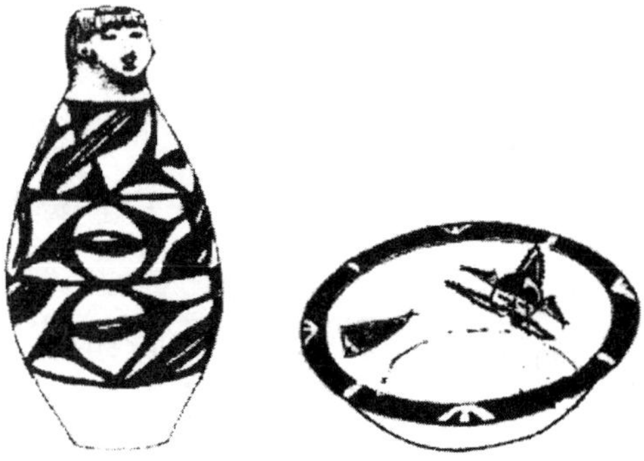

图 4-2 仰韶文化的彩陶图案

这一划时代的考古发现，标志着现代田野考古学在中国获得成果。同时，这一考古发现也驳斥了西方世界流传的德国耶稣会教士基尔什尔在 17 世纪中叶曾提出的“中国文明来自埃及”的假说。安特生在仰韶遗址还发掘了大量与彩陶共存的石器文物，并对各地发现的石器进行整理，撰写了论文《中国新时期类型的石器》，证明石器文化也是古华夏经历过的史前阶段，从而使“中国没有石器时代”的说法不攻自破。

安特生将河南与甘肃发现的彩陶同中亚土库曼的安诺文化彩陶进行比较研究，认为两者有密切的联系，提出了“仰韶文化西来说”的观点。同时，他根据英国考古学家、大英博物馆郝伯森（R.L.Hobson）的意见，认为彩陶技术的始源地是巴比伦，仰韶彩陶技术是由中东传来的。他还据此推定仰韶文化的年代在公元前 3000 年左右，早于夏代而晚于近东最早出现彩陶的公元前 3500 年。①

仰韶文化遗址的发掘工作，揭开了中国田野考古学的序幕。此外，1918 年安特生博士和吉伯（J.Megregor Gibb）教授首次在北京周口店的洞穴挖掘出土远古生物化石，促成了北京猿人遗址的发现。后来，他又亲临甘肃、青海进行考古调查，发现遗址近 50 处，如后世学术界熟知的马家窑遗址、齐家遗址、辛店遗址、沙井遗址等史前文化遗址。归国后，安特生任瑞典远东古物博物馆馆长，著有《中国远古之文化》（An Early Chinese Culture, 1923）、《黄河的儿女：中国史前史研究》（Children of the Yellow Earth：Studies in Prehistoric China, 1934）等书。②

---

①［瑞典］安特生（J.G.Andersson）:《中华远古之文化》，袁复礼节译，北京．文物出版社，2011 年。另，《中华远古之文化》初版于 1923 年发表在《地质汇报》（第五号）。

②陈星灿:《安特生与中国史前考古学的早期研究》,《华夏考古》1991 年第 4 期。

（一）所谓“彩陶西来说”并非“欧洲中心论”

安特生将仰韶文化的彩陶纹饰同中亚安诺遗址的彩陶纹饰进行比较、对照，发现两者非常相近，从而决定继续西行寻找彩陶。关于安诺文化（Anau Culture）的起源，一说源于伊朗高原，一说系在哲通文化（Dzheytun Culture，公元前6000年—公元前5000年）基础上吸收伊朗高原文化因素形成。在其发展过程中，安诺文化曾与阿富汗、伊朗、两河流域等地发生密切的文化联系。

由此，安特生提出中原“彩陶西来”的假说，而这里的“西来”指的是“中亚”“西域”。可见，安特生所指并不是“中国文化由西方（欧洲）传播而来”的观点，也并非“欧洲中心论”。当时，受掌握材料不完备的局限，安特生认为彩陶很可能是从中亚传来，后来他自己有所纠正。

不过，多年以来，许多西方学者曾把古华夏文化的起源引向中国以外的西方核心，如古埃及、西亚两河流域等。在20世纪初，除安特生外，许多欧美汉学家曾多次宣称中国文化是外来文化，如石器文化是由西向东传播的，彩陶文化也是由西向东传播的，甚至古华夏文明的许多因素都是从西方传来的。安特生在发现仰韶文化遗址以后，便一头扎到了中国西北，他认为仰韶文化最近的源头在那里，而那里应当是中东彩陶东传的必经之路。经过几次田野考察，安特生在甘青一带发现了许多彩陶遗址，同时也发现了彩陶较少的现象，所以他以为真的找到了仰韶文化的源头。1925年，安特生在所撰的《甘肃考古记》中根据自己的调查对甘肃史前文化提出了所谓仰韶文化“六期”说，即齐家、仰韶、马厂、辛店、寺洼和沙井。①

可惜的是，安特生把远古世界的年轮弄颠倒了，结果得到的是本末倒置的结论。当时，中国学者就对安特生提出的仰韶文化年代表有着各不相同的看法。1931年，梁思永发现了安阳后岗“三叠层”，在依据地层证据研究仰韶文化与龙山文化相对年代关系的基础上，在仰韶期之前增加了

---

①［瑞典］安特生（J.G.Andersson）:《甘肃考古记》，乐森玥译，北京．文物出版社，2011年。［瑞典］安特生:《中国史前史研究》，伦敦．KEGAN PAUL，1934年。

一个后岗期。①

中国学者通过自己的实践一步步否定了安特生的结论，当时取得的最重要的研究成果是将齐家期从仰韶中分离出来，独立命名为齐家文化，而且从地层关系上明确它的年代晚于仰韶文化，彻底否定了安特生的“六期说”。②

实际上，原初史的古华夏是相对独立自主的文化体系，但并非孤立的，它是欧亚世界体系中的半分离的东亚成员。考古学家柴尔德（V.G.Childe）和布雷伍德（Robert Braidwood）曾先后指出：史前农耕的发明是“农业革命（或新石器时期革命）”。③这场技术革命同时出现于古华夏，从而改变了东亚的文化面貌。

20 世纪 20 年代，柴尔德学派认为“新石器时期”特征有三：（1）农畜业出现；（2）陶器发明；（3）磨制石器开始制造和使用。但实际上，陶器的发明与新石器之间并没有多少关系，农业革命与新石器之间在本质上也没有太多的关系。农业革命所摸索和最终形成的垦殖及耕种生产模式，需要史前人类付出更多的预先劳动量。木-石复合工具比单独的石头工具使用更顺手、更安全，更能充分和稳妥地发挥人的体力体能，而农业革命主要依靠“木-石复合工具”的技术革命。当时，农具的基本部件并非石质而为木质，而且在复合工具结构上木制成分越来越重要，越来越多样化，产生了众多组成结构、外观形状，以及使用方式、使用功能都各不相同的复合工具，并一直演变、进化为“木-铜复合工具”“木-铁复合工具”，从而使石器逐渐被历史淘汰。所以，柴尔德不过是按习惯沿袭了“新石器时期”的词语。④

①梁思永：《小屯龙山与仰韶》。参见中国科学院考古研究所编：《梁思永考古论文集》，北京．科学出版社，1959 年。

②夏鼐：《临洮寺洼山发掘记》，《考古学报》1949 年第 4 期。夏鼐：《齐家期墓葬的发现及其年代的改定》，《考古学报》1948 年第 3 期。

③［英］柴尔德（V.G.Childe）：《远古文化史》，周进凯译，上海三联书店，2012 年，第 53 页、第 64 页。

④陈明远、金岷彬：《历史观的新突破：史前史三分期学说的重大修正》，太原．山西人民出版社，2014 年，第 22—32 页、第 40 页。

很多学者特别强调农业起源的意义，因为随着农业的发展，人类文明才得以在某些地区（包括东亚的古华夏）出现，并最终传播、扩散到全世界，而东亚、古华夏本土对于农业革命和文化、文明演进的贡献不可低估。

由此，20 世纪三四十年代以来的外国学者多采用折中的说法，即“中国本土有人长期居住，但远在史前时代就受了西方文明的影响而产生文化的进展”。

对于如此折中的说法，张光直先生举了几个例子说明——

日本学者滨田耕作《东亚文明の黎明》（1930 年初版）一书中，评介了安特生根据彩陶而主张的外来传播说：“彩陶发现者安特生氏早就立说，谓这大约是具有和生产彩陶的西方各地一样文化的原初中国人（Proto Chinese），当新石器时代从土库曼斯坦移动到新疆，进入甘肃而终于深入河南及其他各地，留下了那些陶器。同时，瑞典汉学家高本汉（Klas Bernhard Johannes Karlgren ，1889—1978）则取折中的态度：在产生彩陶文化之前，中国人早已居住中土，制造了三袋鬲式陶器；至于彩陶文化和它的民族，是后来从西方流入的。……”滨田耕作也觉得“高本汉折中的说法较善”，他认为：“华夏族在新石器时代，早已住在中土；及其末期乃有彩陶文化，随同新人种侵进来。”①

任何人的认识都是一个逐渐发展的过程，由如此折中的看法也就可能一步步萌生并倾向于“接纳传播及互动”的新观点。我们着力依据中国本土的新近考古资料来充分说明史前华夏的粟作农业、稻作农业的起源，以及麦类作物的外来交流。

（二）青铜器的起源为一源还是多源

关于殷墟时代发达极盛的锡青铜文化，日本学者滨田耕作进一步相信也是由西方输入的。

滨田耕作认为：“铜或青铜的使用……至少在旧大陆，是发生于小亚

①张光直：《论“中国文明的起源”》，《文物》2004 年第 1 期。

细亚的一个中心，传播到各地的。……关于铜和青铜的知识，就说是从西方传到中国，也是大可以有的事。”换言之，中国文明史在当时考古学上最显要的两个元素即彩陶与锡青铜，都是从西方传来的，因而可由此来解释中国文明的起源。

美国学者毕士博在1939年发表的《东亚文明的开始》一文中讨论了中国文明的各项特质以后，发现它们都是外来的：彩陶、锡青铜器、大麦、战车、文字、牛、羊、马、鸡、水牛、小米、大米、高粱等，他认为它们不是来自近东便是来自印度。

毕士博认为：“文明最早出现于近东，在那里若干动物被驯养，若干作物被栽培；也是在那里各种基本的发明被创造，城市生活产生。这些成就需要很长的时间，可能好几千年。在东亚，我们发现当时情形纯然不同。上述文化特质中有许多在这里也有出现，但它们都出现得晚得多，并且表现出一个比较进步的发展阶段，没有任何证据能说明它们是在这里独立发生的，而在若干例子中我们可以找到它们自西方起源的确凿证据……因此，后来在东亚建立起来的文明，其起源与基本类型必须归因于从古代近东引进的文化传播所致的刺激。”①

上述日本学者滨田耕作《东亚文明の黎明》（1930年初版）一书，以及美国学者毕士博1939年发表的《东亚文明的开始》等的内容，与中国学者易华2005年以来再三重复的叙述似曾相识。

易华主张：“现在该是中国学者坦率承认锡青铜与游牧文化是东亚新文化来源于中亚或西亚的时候了。考古发掘和研究表明，大约从夏代开始出现了一系列新文化因素：锡青铜、黄牛、家马、山羊、绵羊、小麦、砖、火葬，以及金崇拜、天帝崇拜，游牧文化和尚武好战之风席卷东亚。这正是中国进入锡青铜时代的标志。”在《青铜之路：上古西东文化交流概说》一文里，易华引证了锡青铜游牧文化的西来。②

①张光直：《论“中国文明的起源”》，《文物》2004年第1期。

②易华：《青铜之路：上古西东文化交流概说》。参见南京师范大学文博系编：《东亚古物》（A卷），北京．文物出版社，2004年。

两千多年以来，华夏文明（以儒道精神为主流传统）和印度文明（以印度教为主流传统）具有共同特点，就是都具有强大坚韧、以柔克刚的生命力、消化力和同化力。印度历史表明：历代入侵印度的雅利安人、希腊人、塞格人、匈奴人、蒙古人等尽管在军事暴力上取得了胜利，但在文化上却不得不甘受同化，依附于印度本土文明。与此类似，华夏历史表明：入侵华夏的突厥人、鲜卑人、女真人、蒙古人、满洲人等尽管在军事暴力上取得胜利，在文化上也不得不甘受同化，依附于华夏本土文明。

我们并不笼统地固持“一源说”或“多源说”，更不愿单打一固持“西来说（外来传播说）”或“本土说（土著自主说）”，而是强调具体情况必须具体分析，不能一概而论。

世界体系的形成，是各时代各地区（各民族或各国）逐步交流、积极互动的结果，并各有其自身的历史发展规律。“积极互动”就是相互交流、彼此融合促进和再创造。有的情况是由一地一时即“一源”首创发明后，经过传播扩散到各地，受到接纳、消化，也可能加以改进、再创造，从而进一步反馈；还有的情况是多处几乎同时独立发明后，又通过交流相互理解、对比、补充，取长补短，精益求精，进一步再创造，走向新的更先进的文明。互动可分为“积极”（主动的）和“消极”（被动的）两大类 ——“积极互动”就是相互交流、彼此理解、主动促进，而不是被动被迫接受。总之，“积极互动说”前提是交流、容纳、领会、促进，融会贯通，而不止于片面的、单向的传播。由此可见，“积极互动说”比“外来传播说”或“土著自主说”可能更好地解释了各时代文化源流的形成与发展。

许多学术界文史研究者认为，作为政治实体的中国，可追溯到距今3700年前后的二里头文明，即“商文明”。在这之前，作为广域王权国家概念的“中国”还没有形成，而考古学者类似的研究成果则将华夏文明史的开端限定于3700年前。[①]

①许宏:《最早的中国》,《金融博览》2015年第2期。

陶冶时代青铜器与陶器并行发展
——现代系统论与世界体系之五

【内容提要】没有制陶技术就没有青铜器铸造技术。陶冶时代（Pottery-Copper Age）前后长达万年，陶器的许多特点被青铜器继承下来。陶器工艺、形制从根本上影响了青铜器工艺和形制，而青铜器的冶炼、铸造并没有接受石器的多少影响。陶冶时代，铜制品、陶制品、木-石制品等并行使用。大多数青铜器的原型乃是仿制陶器，或由陶器形制发展而来。例如，豆（）、盂（）、盆（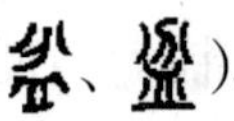）、盘（盤）（）、杯（）、罐（）、爵（）、鬲（）、鼎（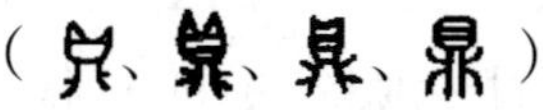）、尊（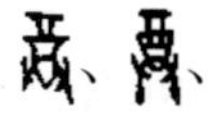）、簋（）、甗（）、盉、斝（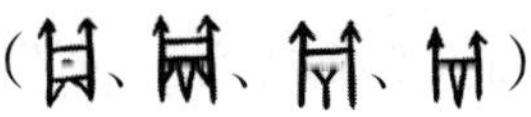）、罍（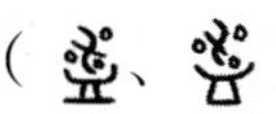）、觚、觯等从陶器到青铜器的演化。秦汉以来，随着社会不断进步，石器首先被淘汰，并退出历史舞台。火技术的陶冶时代，陶器、铜器逐步罕见，陶器进化为瓷器，铜器进化为铁、钢等各种金属制品。近代以来，一方面鼎、爵、尊、簋、甑、甗、盉、斝、罍、觚、觯、盂等陶器和铜器的古典产品变成博物馆的古董，另一方面陶瓷碗和陶瓷杯、壶、盆、盘、罐等日用品却逐渐兴盛发达。因此，笔者认为，在木-石器时代之后，必须划分出第二个关键的火技术的陶冶时代，然后再进化到第三个时代——木-铁器时代。

一、铜器与陶器难以分割的关系

陶器与铜器出现时间略有先后，但同为火技术的产物。特别要指出的是：到了青铜器时期，陶器与青铜器的联系格外紧密，没有制陶技术就没有青铜器铸造技术。

本书列举大量史实，阐明了青铜器与陶器之间千丝万缕、难以分割的关系。古华夏先民冶炼和使用铜铁等金属的历史明显落后于西亚诸国上千年，却依靠自己的聪明和实践开拓了独特的陶冶时代。

（一）制陶技术是青铜器技术的基础

没有制陶技术就没有青铜器铸造技术。制陶技术中的高温经验和还原气氛，使铜矿石的冶炼成为可能；铸铜陶范的制作工艺本质上就是制陶工艺，制陶技术中所采用的“拼接法”启发了青铜器的“拼铸法”技术。更为重要的是，制陶技术中的“模制法”最终致使青铜容器铸造成功。原始制陶中的“模制法”技术是商周青铜容器“复合范铸造”的直接技术来源，“模制法”制陶中使用模具制作陶器胎壁的工艺流程直接影响了“复合范铸造”中利用模型翻制外范、刮模制芯、铸型组装以及纹饰的制作等工艺。①

在史前根本没有金属工具的时期，先民能用于冶铜的可以经受火烧的冶炼工具是什么呢？史前时代不怕火烧的工具只有石块和陶器。要冶铜，必须先期一步先制作出冶炼的陶质坩埚；要熔铸铜器，必须先期一步制作出熔化铜的坩埚陶尊，能容纳铜水冷却成形的陶范，能盛装和运载铜水去浇铸的陶质铜水包；要烧制和烘烤坩埚、陶范，则需要陶窑。冶铜和铸铜必须先期制作出工具性质的陶器，这是最早的冶铜技术链条。先期一步制作工具陶器再制铜是史前时代的生产实况，遂在古文献里留下了“陶冶”这个词汇。二里头遗址和郑州商城遗址考古发现，冶铸铜作坊和制陶作坊总是紧邻在一处。在世界范围内，冶铜铸铜都是从工具陶器冶铜起步的。

---

①倪玉湛：《论制陶技术对青铜器铸造技术的影响》，《中国陶瓷》2013 年第 3 期。倪玉湛：《论“模制法”制陶对青铜容器铸造技术的影响》，《艺术设计研究》2013 年第 1 期。

（二）陶冶时代陶器的重要性不亚于青铜器

根据碳 14 测年结果，二里头遗址年代分布约为公元前 1750 年—公元前 1500 年（一说为公元前 1730 年—公元前 1520 年）。

多年来的大量考古发现表明：二里头文化二期（上限不早于公元前 1680 年），我国中原地带刚开始进入陶冶时代的青铜时期。

二里头文化三期（约公元前 1600 年）之前尚未发现青铜容器，只发现铜铃、铜牌饰等少量、小型的制品。当然，根据二里头遗址铸铜作坊的考古发掘资料，青铜爵的产生也有可能上推至二里头文化二期，但作为殷周王朝礼仪制度的核心用具，一直到二里头文化三期之前，礼器系列还是陶质酒礼器（陶爵、陶觚、陶盉等）的组合。最早的青铜爵是大约公元前 1600 年在偃师二里头遗址出土的。

陶冶时代，铜制品、陶制品、木–石制品等并行使用。直到公元前 1600 年左右的青铜时期，陶器在先民日常生活中仍占有极重要的地位，其数量和日用程度不比青铜器差，甚至多于青铜器。

二里头遗址出土的早商（或先商）青铜器数量并不多，而同时期出土了极大数量的陶器和木–石制、骨制、蚌制农具，以用木柄、木杆铜兵器等。这说明早期的青铜器使用并不广泛，主要供给社会上层的王公贵族作为铜制或陶制礼器等，日常大量生活用具仍以陶制器皿为主，而生产工具仍以木–石制、骨制、蚌制农具和陶纺轮的纺织机、陶网坠的渔网、陶刀具等为主。这为“陶冶时代铜制品、陶制品、木–石制品等并行使用”的观点提供了强有力的证据。

殷商王朝对青铜礼器的铸造和使用权基本集中于王都，有很强的独占性，可见礼器是权力和地位的象征物。在青铜礼器之外，二里头典型陶器中有一部分陶礼器，包括陶爵、陶觚、陶盉等也是社会和政治象征的器物，它们在贵族的礼仪活动中非常重要，并以统治者赐予的方式从王朝扩散到各地的“方国”，可见铜制与陶制礼器的作用非同小可。

同时，多年来的考古发掘也验证了陶冶时期的各种陶器仍在普遍使用。

我们特别注意到一个重要事实：二里头青铜器文化的分期，并非依照青铜器遗物为证据，而是依照同时期大量典型陶器的遗物为证据。整个殷商时代，包括洹北商城、安阳殷墟、郑州二里岗商城（公元前 1500 年左右）、偃师二里头和偃师商城遗址（洛达庙中期和二里头三期的年代均在公元前 1600 年左右，二里头四期的年代约为公元前 1565 年—公元前 1530 年），近 600 年间都是将陶制品、铜制品、木-石制品等并行使用的。①

二、华夏最初的青铜器考古地理

随着陶冶时代青铜器时期的几百年发展，殷商青铜文明逐渐形成特色标志，除大量陶器继续生产以外，是愈来愈多的精美青铜礼器、兵器的铸造。祭祀和礼仪，反映了古人对天地神明的敬畏、对祖先的崇敬和统治者崇尚征伐的思想。

然而，在商王朝的政治文化中心安阳殷墟及近畿地区，都没有发现大的铜矿资源。商朝统治的中心区域（主要在殷墟）缺少铜冶金原料铜锡铅矿石，铸器用的铜锭也来自周边。二里头、二里岗和殷墟只是青铜铸造中心，迄今殷墟一带只发现了 6 处铸铜遗址（洹北商城、小屯东北地、苗圃北地、孝民屯、二里头遗址、二里岗商城遗址），而未发现任何开采和冶炼铜矿、生产铜锭铜料的遗址。

铜矿在中原（主要是黄河中游陕豫鲁一带）非常欠缺。已出土的商朝和西周时期铸有铭文的青铜器达上万件之多，没有铭文的铜器更数倍于此数。可见，若无发达的采矿与冶炼业是不可能提供如此大量的青铜原料的。

那么，铸造所用的大批铜锭及矿料究竟从何而来？这个问题在学术界长期成为一大悬案。

前辈学者曾对此有过种种推测，如根据《诗经·商颂·殷武》（“挞彼殷武，奋伐荆楚”）、《诗经·泮水》（“憬彼淮夷，来献其琛，元龟象齿，

①张雪莲、仇士华:《关于夏商周碳 14 年代框架》,《华夏考古》2001 年第 3 期。张雪莲、仇士华、蔡莲珍:《郑州商城和偃师商城的碳十四年代分析》,《中原文物》2005 第 1 期。张雪莲、仇士华、蔡莲珍、薄官成、王金霞、钟建:《新砦—二里头—二里岗文化考古年代序列的建立与完善》,《考古》2007 年第 8 期。

大赂南金”）等古文献记载得到一些线索，但在甲骨文卜辞（如有关武丁南征的片言只语）及青铜器铭文里面未能获得确切、详尽的解答。多年来，又有学者做过调查研究后提出种种假说，认为铸铜原料可能来自长江流域及河北等地，或来自山西中条山和四川等地。①

殷墟铸铜遗址就出土过铜锭原料，可能主要是从长江流域青铜冶炼基地（经过初步冶炼）运送大量铜锭到殷墟来，然后在殷墟铸造青铜器鼎、爵等礼器、酒器、食器。

古华夏铜器文化，初期集中分布于西北和中原两大地区，各有特色。新疆—河西走廊一带存在较多的砷白铜器，但在古华夏其他地区很少见到。中原地区也发现年代稍晚的红铜器，此外还出现了黄铜器，但罕见砷白铜器，大约到公元前 1600 年以后锡青铜器成为主流。显然，西北和中原两大地区的早期铜器时期各自为不同的体系，同时逐步互动。②

（一）铅同位素示踪方法可能解开殷商青铜器谜团

近来，化学家应用铅同位素示踪方法对陶冶时代青铜器进行研究，在殷商遗址出土的青铜器中发现了很多器物含有高放射成因铅，若将黄河、长江流域殷商遗址中含有高放射成因铅的青铜器串联起来，可画出一条“殷商青铜之路”——青铜业所需矿料及青铜制品的流通路线。从铅同位素示踪分析可以看出，殷商王朝铸青铜器所需的粗铜有许多来自湖北大冶铜绿山和江西瑞昌铜岭等地。长江中游沿岸的湖北盘龙城遗址、江西新干遗址等地，可能是殷商时代的军事文化重镇（一说为“方国”）。这一地区的古铜矿采冶遗址，形成了一条绵延数百公里的古铜采冶地带。③

湖北武汉北约 5 公里的黄陂盘龙城遗址，自 1963 年以来发现了墓葬

①李延祥：《中条山古铜矿遗址的初步考察研究》，《文物世界》1993 年第 2 期。彭子成、刘永刚、刘诗中、华觉明：《赣鄂豫地区商代青铜器和部分铜铅矿来源的初探》，《自然科学史研究》1999 年第 3 期。刘莉、陈星灿：《城：夏商时期对自然资源的控制问题》，《东南文化》2000 年第 3 期。

②白云翔：《中国的早期铜器与青铜器的起源》，《东南文化》2002 年第 5 期（总第 157 期）。

③李晓岑：《从铅同位素比值试析商周时期青铜器的矿料来源》，《考古与文物》2002 年第 2 期。常向阳、朱炳权、金正耀：《殷商青铜器矿料来源与铅同位素示踪应用》，《广州大学学报》2003 年第 4 期。

50 余座，出土了大量精美的青铜器、陶器、玉器等 3000 余件。

黄陂盘龙城（约公元前 1500 年—公元前 1300 年）遗址，是迄今长江中游唯一发现的较大商代都城。1963 年，考古人员在盘龙城楼子湾出土了几座铜器墓葬，这对此前“商文化不过长江”的观点提出了新思考：商文化进入盘龙城后在长江流域扩展，盘龙城是商族向南及长江流域扩展或移民的一个重要中心。

盘龙城遗址由夯土城址及其周围的若干一般遗址组成，总面积超过 1 平方公里。自 1963 年发掘以来，盘龙城遗址陆续出土了大量精美青铜器。考古人员在盘龙城城垣西部的小嘴遗址，首次发现了铸造青铜工具的 6 件石范，且是用于铸造斧、斤之类。同时，还发现有一圈圈红烧土遗迹，附近有大陶缸残片，都与青铜冶炼有关。

经铅同位素示踪方法分析，盘龙城出土的青铜制品，如铜鼎、铜爵、铜盘、铜尊、铜鬲、铜簋、铜罍、铜甗、铜觚、铜斝、铜卣等器皿，其形制和工艺特点都与殷商王朝郑州商城同时期同类型器皿类似。①

1989 年，在江西新干大洋洲遗址发掘商代大墓，考古出土青铜器 486 件、陶器 300 余件、玉器 100 余件。②经铅同位素示踪方法分析，新干商代大墓遗址出土青铜器多带有商文化二里岗时期（约公元前 1500 年左右）的特点，还有一些青铜器则有殷墟早期（约公元前 1300 年）的特点。另外，相离不远的新干牛城遗址距大洋洲商墓仅 5 公里，附近的樟树吴城文化遗址距牛城只有 20 公里。这些遗址出土的陶鼎、陶鬲等已修复成型的达 50 多件，其他陶片有几万块，同时其出土的陶鼎、陶鬲等遗物与商代大墓出土的陶器形制基本一样。可见，它们属于同一文化类型。

此后，又有科学家采用铅同位素示踪技术测定了 35 件赣鄂豫地区商代青铜器和 22 个商周、春秋及现代的铜铅矿料样品。经对比发现，具有铅同位素中等比值的青铜器，其铜矿源主要来自江西瑞昌铜岭和湖北大冶

①南普恒、秦颍、李桃元、董亚巍：《湖北盘龙城出土部分商代青铜器铸造地的分析》，《文物》2008 年第 8 期。彭子成、王兆荣、孙卫东等：《盘龙城商代青铜器铅同位素示踪研究》，《考古与文物》2001 年第 8 期。

②金正耀、W.T.Chase、平尾良光等：《江西新干大洋洲商墓青铜器的比值研究》，《考古》1994 年第 8 期。

铜绿山，而出土地点相距较远的殷商青铜器则具有相似的铅同位素组成特征，却与周代以后的青铜器存在明显的差异。①

【附记】在河南出现的周代及春秋时期的铅同位素高比值的青铜器，其矿源可能来自北方地区，如河北—辽宁一带，史料称为古方。

（二）先秦大型古铜矿区

迄今，中国已发现的先秦时期大型古铜矿有三处主要矿区：湖北大冶铜绿山一带、江西瑞昌铜岭一带、安徽铜陵—南陵一带。

湖北大冶

大冶铜绿山古铜矿遗址，出土有青铜斧、木臿（铲、镢）、木棰、木辘轳、船形木斗等古铜矿生产工具，以及大量陶器、木质生活用具等，共计1000余件。在铜绿山Ⅺ号矿体冶炼场出土的石砧与木柄石锤相配，用于开采矿石破碎整粒。商代及两周墓葬随葬品多为日常用器，有36座墓葬随葬陶器，陶器以陶鬲、陶盂、陶豆为组合的5座，其他以陶鬲、陶豆、陶罐，或陶鼎、陶鬲、陶豆，或铜鼎、陶盂、陶豆等组合，多数商周墓随葬其中的2件或1件。②

江西瑞昌

1988—1991年，铜岭商周铜矿矿冶遗址发掘队在江西瑞昌铜岭村进行了大规模考古发掘，揭露遗址采矿区面积1800平方米、冶炼区面积600平方米，发现102口古矿井、18条巷道、2座冶炼炉、7处采坑等遗迹，以及一批采矿工具和生活用具。铜岭遗址是迄今中国所见最早的铜矿冶炼遗址，开采于商代中期，一直延续到春秋战国，既有露天开采遗址，又有地下开采系统，而且采矿与冶炼在同一地带进行。2014年，铜岭遗址又出土

---

①彭子成、刘永刚、刘诗中、华觉明：《赣鄂豫地区商代青铜器和部分铜铅矿料来源的初探》，《自然科学史研究》1999年第3期。

②胡永炎、胡静：《铜绿山古铜矿遗址》，《湖北文史资料》1997年第3期。龚长根、胡新生：《大冶之火——铜绿山古铜矿遗址》，武汉.湖北人民出版社，2008年，第188页。黄又平：《大冶铜绿山古铜矿遗址》，《前进论坛》2002年第10期。

了大量商周文物，有石斧、木耒、木耜、木斗、木桶、木扁担、木臿、木斧、木勺、木棰、木辘轳、竹筐、竹盘、竹篮、竹签，陶鬲、陶鼎、陶豆、陶罐，陶纺轮铜斧、铜斤（锛）、铜凿等，其中冶炼区揭露炼炉2座、储水井18口。同时，出土的西周木臿、木斧亦为中国境内所见最早最完整的木工具实物。可见，从木-石体系到陶冶体系青铜器时期漫长的历史岁月中，木-石、木-陶、木-铜复合工具一直是生产工具的主流。又，在江西九江荞麦岭遗址距今3500年的地层中发现了青铜冶炼遗迹——铜矿石、坩埚上粘连的青铜炼渣，证明当时这里是青铜器的冶炼和铸造场所。荞麦岭遗址与瑞昌铜岭遗址直线距离仅40公里，附近河流是水上运输通道。①

安徽铜陵—南陵

自1982年以来，在安徽铜陵凤凰山—南陵大工山铜矿遗址，先后发现和发掘出古采矿点8处、采矿井3处、冶炼遗址25处，其中炼铜竖炉19座、矿石焙烧窑4座，为西周至春秋时期遗存（但"冶炼遗址""炼铜竖炉"等尚无法判断为商代遗存）。出土文物包括工匠们的采矿工具和生活用具，有铜钻、石球、木棒、木履、青瓷碗、夹砂陶炊器、几何印纹陶器、原始青瓷器等。②

（三）殷商青铜器出土文物的分布

湖北盘龙城

黄陂盘龙城遗址位于湖北武汉北约5公里的黄陂区摄口镇，是长江流域一处十分重要的商代遗址。在公元前1600年以后的盘龙城遗址中，考古发现了宫殿遗址。对此，学者比较一致的意见是盘龙城遗址第一期的

①木子:《江西瑞昌铜岭商周矿冶遗址新发现》,《中国科技史料》1992年第4期。郁鑫鹏:《九江发现3500年前商代聚落，青铜冶炼比瑞昌铜矿还早》,《江西日报》2014年6月8日。

②杨立新、叶波、卢本珊:《安徽铜陵金牛洞铜矿古采矿遗址清理简报》,《考古》1989年第10期。杨立新:《皖南古代铜矿的发现及其历史价值》,《东南文化》1991年第2期。王浩清:《安徽南陵古铜矿采冶遗址》,《地球》1993年第2期。秦颖、王昌燧、冯敏、刘平生:《安徽省南陵县江木冲古铜矿冶炼遗址自然科学研究及意义》,《东南文化》2002年第1期。

上限应在二里头文化晚期。考古表明，这一时期盘龙城的聚落规模极小，尚无城垣，遗物仅见有陶器、石器和个别小件铜器。盘龙城城垣营筑及使用年代，上限相当于二里岗文化时期（约公元前1500年）即商代中期，其时代早于殷墟（约公元前1300年），与郑州商城大体一致。①

盘龙城遗址出土的陶器很多，以夹砂或泥质灰陶为主，也有一些黑皮陶和褐红陶。

江西新干大洋洲

江西新干大洋洲程家村涝背沙丘遗址是长江中下游及江南出土文物最丰富的先秦时期的遗存。1989年秋，江西新干大洋洲乡程家村发现一座处于沙丘之下的大型商代墓葬。在新干大洋洲遗址不到40平方公里的范围内，共出土各类随葬器物1900余件，包括48件青铜礼乐器、273件青铜兵器，356件陶器，以及1072件玉器。在新干大洋洲商代大墓出土的青铜礼器48件（一说50件）中，青铜食器有青铜鼎、青铜鬲、青铜甗、青铜簋、青铜豆、青铜匕等，青铜酒器有青铜罍、青铜瓿、青铜卣、青铜壶、青铜瓒、青铜勺等，青铜乐器（4件）有青铜镈、青铜大铙等，青铜兵器有木柄铜矛、木柄铜戈、木柄铜戟、木柄铜钺、木柄铜剑、木柄长铜刀、木柄铜匕首、青铜矢镞、青铜甲胄等。同时，出土的不少青铜农具、工具也是一大特色。其中，青铜农具有木柄铜耒、木柄铜耜、木柄铜臿（铲）、木柄铜镰、木柄铜铚、木柄铜镢、木柄铜镰、木柄铜犁铧等，青铜工具有木柄铜斧、木柄铜斤（锛）、木柄铜凿、木柄铜刻刀、木柄铜锥、木柄铜钻等，共127件。一些农具铸造精良，纹饰华美，可能已从农具转化为典礼用器。青铜矢镞的种类更多，显然各有特殊的用途。此外，还有木柄铜杖首、木柄铜炭箕、木柄铜厨刀等。

从出土的陶器看，新干大洋洲商代大墓相当于江西樟树吴城文化二期（商代晚期）。在新干大洋洲商墓中，不少青铜器带有商文化二里岗时

①蒋刚：《湖北盘龙城遗址群商代墓葬再探讨》，《四川文物》2005年第3期。李丽娜：《试析湖北盘龙城遗址第一至第三期文化遗存的年代和性质》，《江汉考古》2008年第1期。向桃初：《二里头文化向南方的传播》，《考古》2011年第10期。王震中：《关于盘龙城建城时间》，《中国社会科学报》2014年8月21日。

期（约前 1400 年）的特点，如大方鼎的形制纹饰及制作工艺都跟河南郑州商城出土青铜器类似，木柄大铜钺花纹布局类似湖北黄陂盘龙城的木柄铜钺；还有一些青铜器则有商代殷墟早期的特点，如青铜方卣很像殷墟小屯 YM331 的卣，青铜豆很像小屯 YM388 的白陶豆。有人认为，这种新旧因素并存的现象跟殷墟早期某些青铜器墓类似，由此推断新大洋洲商墓也相当这一时期。但学术界经过多年探讨后认为，新干大洋洲青铜器既没有商代二里岗上层期的铜器，也没有商代殷墟二期（以妇好墓为代表）以后的铜器。因此，也有学者认为新干大洋洲商墓应再晚一些。①

江西新干大洋洲商代遗址出土的众多青铜礼乐器反映了其身受中原礼制文化的影响，然而新干出土的大量木柄青铜兵器与木柄铜农具则显示出它与古越文化相近的文化传统。墓中出土的木柄铜工具和木柄铜兵器形制奇异，其在中原器型的基础上进行了不同程度的加工、改造，使其造型和纹样具有鲜明的地域特色，成为新干大洋洲出土文物中最耐人寻味的现象，也反映了南北文化的交融。

以河南安阳为中心的殷商王朝，其统治阶层的王公贵族的信仰遵从“国之大事，在祀与戎”，多把有限青铜资源用来铸造礼器祭祀神明，铸造酒器、饮食器、乐器提供享受，铸造兵器以供征伐作战。同时，他们虽然很重视财源——农业生产，但将农业的丰收寄希望于天地神灵，有一些铸造精良、纹饰华美的青铜农具已从农具转化为祈求丰收的典礼用器。

商代出土木柄青铜农具的地域仅限于江西、云南等盛产铜矿原料和冶铜业较发达的少数南方地区，而当时的中原很少发现青铜农具。远离中原的东南和西南为我国传统的铜锡产地，而青铜农具采用的多寡与当地是否盛产铜锡有密切关系。所以，东南地区出土青铜农具较多，也不能说明当时商周王朝已广泛大量使用木柄青铜农具。同时，江西、云南并非商周

---

①彭适凡、刘林、詹开逊:《关于新干大洋洲商墓年代问题的探讨》,《文物》1991 年第 10 期。许智范:《江西新干大洋洲青铜器群及有关问题》,《故宫博物院院刊》1994 年第 3 期。陈旭、李友谋:《新干大洋洲商墓的年代和性质》,《南方文物》1994 年第 1 期。张昌平:《新干大洋洲铜器群的年代上限问题》,《南方文物》2007 年第 4 期。[日] 林巳奈夫:《新干大洋洲出土青铜器的年代刍议》，徐朝龙译,《南方文物》1994 年第 1 期。彭建新:《江西新干新大洋洲商代大墓》,《光明日报》2014 年 8 月 23 日。

的中心地区，而铜矿资源丰富的边远地区较多使用木柄青铜农具也并不等于统治中心也一定大量使用木柄青铜农具。

江西新干大洋洲青铜兵器的大量出土，可能与当地文明发展的进程和周邻强大的敌国有关。①

豫西河北安徽等地

国内出土了几批在郑州二里岗商城（公元前 1500 年左右）和殷墟文化时期（公元前 1300 年左右）之间的青铜器，这些器物具备商代早期特点但有较多演变，也有某些殷墟时期青铜器特点的肇始。其中，比较典型的是豫西灵宝东桥出土青铜器、河北藁城台西下层墓葬出土青铜器、北京平谷刘家河商代墓葬出土青铜器、安徽阜南和肥西地区出土青铜器。

陕西子洲

2010 年 11 月，陕西子洲裴家湾镇关王岔村出土了一批商代铜器，全部为典型的中原礼容器，包括鼎、卣、觚、尊、瓿、盘各 1 件。陕西子洲位于黄河西岸晋陕高原，在商代为方国属地，文化面貌既包含了中原文化元素，又显示出与欧亚草原文化有着密切联系。陕西子洲及其周边地区，出土了大量商代晚期铜器。②

四川广汉三星堆与成都金沙遗址

四川广汉地处川西平原（成都平原）北部，南距成都 40 公里。三星堆遗址，位于广汉市城西约 8 公里的南兴镇三星村，是三个各长数十米至百米、宽 20～30 米、高约 5～8 米的土堆连接成一线的。1980 年以来，考

①孙华:《商代长江中游地区考古的新认识——读〈新干商代大墓〉》,《南方文物》2000 年第 1 期。彭明瀚:《吴城文化研究三十年的回顾与前瞻》,《殷都学刊》2005 年第 4 期。彭明瀚:《江西新干大洋洲青铜器三题》,《四川大学学报（哲学社会科学版）》2004 年第 1 期。李建民:《论新干商代大墓出土的青铜戈、矛及其相关问题》,《考古》2001 年第 5 期。赵寅:《新干大洋洲商代大墓出土器物审美特征与文化研究》,《湖北师范学院》2012 年研究生专刊。张会安:《浅析新干大洋洲商代大墓陶瓷器的工艺特征》,《传承》2009 年第 22 期。

②刘建宇、陈坤龙、梅建军等:《陕西子洲出土商代铜器的科学分析及其相关问题》,《文物》2015 年第 1 期。榆林市文物保护研究所:《陕西子洲出土商代铜器》,《文物》2015 年第 1 期。

古人员多次在此进行考古试掘。1986年七八月，出土了一批珍贵遗物，先后两个埋藏坑以它们特有的青铜人像、青铜器、陶器和玉器等闻名于世，包括古铜器470件以上，但这些出土铜器未发现铭文。考古人员根据地层关系与出土铜器、陶器的分类比较和测定：一、二号埋藏坑的时代为殷商后期中前段，即殷墟文化第一期和第二期（约公元前12世纪）。在四川三星堆、湖南长沙宁乡等地，这些青铜容器往往内装货贝、玉器等珍物，且常与祭祀有关。三星堆一号坑中的青铜尊不仅证明了三星堆的器物坑确实在安阳早期，而且证明了此时成都平原的青铜文化与其东部顺长江而下的地区之间一定有着深远的联系——这种联系也有二号坑中的青铜容器可为明证。三星堆青铜器证明了其制作者对楚国文化因素的借用。为此，有学者对比了同期中原、江淮出土的青铜器，但得出的结论是配方差异很大。

关于三星堆一、二号坑的年代，应由其中最晚的遗物来判定，大概可与殷墟期相当。但是，对于坑中所埋文物的年代不能仅靠遗物的形制来判断，还应该结合使用地层关系以及放射性碳元素年代测定等自然科学方法从而得出最终的结论。

三星堆文化中包含着非常复杂的文化因素。有人认为，三星堆文化是以本土文化为主的复合文化，但也有人持相反的观点。就三星堆文化与夏、商文化的关系而言，由于过去的认识建立在“中国文明一元起源论”的基础上，所以多认为三星堆文化是夏文化或商文化的传播和分支。近年来，由于“中国文明多元起源论”“多元一体发展格局理论”的创立和扩充，学术界多在这种理论指导下研究古文化和古文明，对于三星堆文化的研究也不例外。李学勤则认为，史籍记载了黄帝与蜀山氏的关系，这在三星堆文化中有所反映，古蜀的某些陶器形制和玉器形制便与中原二里头文化（夏文化）有关，证明“蜀国君主确与古史传说中的颛顼有关”。不过，笔者认为这种观点缺乏可信程度。

三星堆文化一部分是来自殷商文明的，但它具有特别重要的意义，包含着复杂的外来成分。因篇幅限制，这里不作全面阐述。

成都金沙遗址发现于2001年，位于成都市区西北部，是商周时期的古蜀文化遗址（约公元前 1200 年—公元前 600 年，即商代晚期至春秋）。金沙遗址分布面积约为 5 平方公里，遗址内已发现祭祀区、宫殿区、墓葬区、居民生活区等。据考证，金沙遗址是继三星堆文明之后古蜀文化又一都邑，可能是 3000 多年前的古蜀文化中心。① 考古发现，除了青铜器、陶器等之外，金沙遗址不仅出土了祭祀活动用具——金面具，还出土了 12 件跪石像，以及大量的象牙等。

通过铅同位素的测定表明，金沙青铜器取材于彭州大宝铜矿的可能性很小；又根据区域地质资料和前人对多金属矿床的研究结果，认为金沙青铜器的铜矿石极有可能来自于距离较近的会理拉拉厂铜矿。

（四）三星堆—金沙青铜文化的特殊意义

成都平原发现的最早古文化是宝墩文化（公元前 20 世纪）和三星堆文化一期。它们的典型文化因素，如陶器流行花边口沿作风，器物装饰盛行绳纹和附加堆纹，石器以小型磨制斤（锛）斧、凿为主等，都在布瓦遗址中有所出现。2009 年，在修复地震毁坏的汶川县布瓦碉群时发现了布瓦遗址，碳 14 测定年代距今 4800 年，被认为可能是三星堆文化源头。

成都金沙古蜀文化（约公元前 1250 年—公元前 650 年，在前 1000 年较为繁荣）与广汉三星堆文化的文物有相似性，但是没有城墙，相当于三星堆文化的最后一期。金沙古蜀文化遗址出土文物达 3000 余件，最具特色的是 30 多件金器，其中又以“四鸟绕日”金饰（金箔）最为独特。

金沙古蜀文化遗址出土了 12 件跪石像（约为西周时期）。这些跪石像一丝不挂，男性身上也涂着艳丽的朱砂，双手都被反缚在身后，手指残缺，有的 9 根，有的 7 根，最少的只有 5 根。在中原地区的远古遗址中，

①陈德安、陈显丹:《广汉三星堆遗址一号祭祀坑发掘简报》,《文物》1987 年第 10 期。陈德安、陈显丹:《广汉三星堆遗址二号祭祀坑发掘简报》,《文物》1989 年第 5 期。曾中懋:《广汉三星堆一、二号祭祀坑出土铜器成分的分析》,《四川文物》1989 年专辑。段渝:《巴蜀是华夏文明的又一个起源地》,《社会科学报》1989 年 10 月 19 日。李学勤:《帝系传说与蜀文化》,《四川文物》1992 年专辑。王宇信:《三星堆遗址研究展望》,《中国文物报》2000 年 9 月 6 日。刘兴诗:《三星堆文明与古地理环境》,《成都理工大学学报（社会科学版）》2005 年第 1 期。 段渝:《三星堆文化研究的回顾与展望》,《中国史研究动态》2007 年第 1 期。张学君、张缪斯:《彭州铜矿资源与古蜀青铜文化》,《文史杂志》2009 年第 3 期。张曦:《三星堆金杖外来文化因素蠡测》,《四川文物》2008 年第 1 期。

虽然也时常有跪玉像的出土，但他们都有衣帽蔽体且身份高贵，而像金沙遗址出土的这种赤裸的石像在中原文明中却从没有发现过。

在金沙遗址出土的大量遗物中，还有数以吨计的象牙，以及大片的野猪獠牙、鹿角等。这些数以吨计的象牙成为考古界关注的焦点之一，因为迄今象牙仍是极为珍贵的艺术品，而金沙遗址却在3000年前就已经有了这么多象牙。那么，它们是从哪里来的呢?

古蜀人是什么种族?根据成都古蜀文化遗址（约东周时期）出土的人骨鉴定，其4个人头骨有典型的蒙古利亚种族南支的特点。

有学者认为，金沙—三星堆文明在文字、城市、青铜器等文明三要素方面，以及在国家政体方面，均与中原夏、商文化有较大差别，有着其自身的生长点。①

（五）“殷商青铜之路”有四条运输铜绿山粗铜路线

《诗经·商颂·殷武》:“挞彼殷武，奋伐荆楚。深入其阻，裒荆之旅。”这是有关殷商王朝武丁进攻南方荆楚的史诗记载，描写了商王武丁兴师讨伐荆楚，深入险阻，扫荡荆楚的军队。武丁讨伐荆楚的目的，可能是为了获取荆楚地区（铜绿山一带）的青铜原料（粗铜、铜锭）资源。这也可作为旁证，阐明盘龙城就是殷商时代的军事文化重镇或方国。②

殷商时期，有四条运输铜绿山矿产粗铜的路线，分别经过大冶和盘龙城通往殷墟、中原、关中、吴越:

第一条路线：铜绿山经大冶——沿长江逆流而上——（武汉黄陂）盘龙城——陆路北上——河南信阳（桐柏山、大别山）——郑州商城（亳都?）;

第二条路线：铜绿山经大冶——沿长江逆流而上——盘龙城——

①李绍明:《笔谈三星堆——提高对三星堆文化认识的科学性》,《中华文化论坛》2001年第2期。李绍明:《三星堆文化与种族民族》,《贵州民族研究》2000年第2期。郭昱:《纪念三星堆遗址发现70周年暨殷商文明国际学术研讨会概述》,《殷都学刊》2000年第4期。刘道军:《从金沙“太阳神鸟”看金沙遗址文化》,《青海民族研究》2007年第1期。

②徐明波:《商王武丁征伐考——以殷墟YH127坑宾组卜辞为例》,《求索》2006年第11期。张永山:《武丁南征与江南“铜路”》,《南方文物》1994年第1期。

陆路北上 —— 南阳盆地 —— 抵达中原；①

第三条路线：铜绿山经大冶 —— 沿长江逆流而上 —— 盘龙城——沿汉水 —— 楚都郢 —— 溯汉水北上 —— 进入南阳盆地或入关中地区；

第四条路线：铜绿山经大冶 —— 沿长江顺游而下 —— 吴越 。

三、青铜器的形制来源于陶器

提起鼎、爵、尊、簋、甑、甗、盉、斝、罍、觚、觯、盂等，人们通常会立即联想到它们都是青铜器。殊不知，在火技术陶冶时代的华夏陶–青铜期以后，商周（公元前 1600 年—公元前 500 年左右）绝大多数青铜器的原型乃是仿制陶器，或由陶器形制发展而来。

一般情况下，商周青铜器往往是族群上层的礼器，或者王公贵族才可以使用的器具；而同一时期，相似形制的陶器则是社会平民百姓广泛使用的日用器具（有时也作为礼器），两者并行不悖。陶冶时代，青铜器制品、陶制品、木–石制品等并行使用。历史上，陶器使用的时间跨度甚至比青铜器还要长远。

陶制炊具三足器陶鬲、陶豆、陶甗、陶罍的袋足、鋬耳等，实为古华夏陶器的主要特征。袋足借鉴家畜乳房的形制，利于传热；鋬耳为扳手，便于端拿。青铜礼器的制作与白陶器的器形有极大关系。②

在公元前 1600 年左右进入陶冶时代的陶–青铜时期以后，白陶与青铜礼器和玉器构成了二里头文化的独特器物组合。白陶器的烧成温度较高，是后来瓷器的先驱。青铜器的造型继承了白陶器的造型，但没有仿造玉器的造型。③（如图 5–1）

---

①彭子成、孙卫东、黄允兰、张巽、刘诗中、卢本珊:《赣鄂皖诸地古代矿料去向的初步研究》,《考古》1997 年第 7 期。秦颍、魏国锋、罗武干、杨立新、张国茂、龚长根、曲艺、王昌燧:《长江中下游古铜矿及冶炼产物输出方向判别标志初步研究》,《江汉考古》2006 年第 1 期。

②陈国梁:《二里头铜器研究》。参见中国社会科学院考古研究所编:《中国早期青铜文化——二里头文化专题研究》，北京 . 科学出版社，2008 年，第 199 页、第 209 页。

③冯先铭主编:《中国陶瓷》，上海古籍出版社，2001 年，第 19 页。

图 5-1　白陶礼器——前瓷器时代的精品

白陶和黑陶的礼器乃是最初的礼器，它们跟青铜礼器一同逐渐成为从史前文化历殷商至两周的礼器主体。礼器是中华古代文明的重要标志，而外观和质料独特的白陶礼器与黑陶礼器则是华夏礼制文明起源的最初物质表现。

（一）仰韶文化时期陶器特征

仰韶文化是黄河中游最重要的木-石器时代文化。1921 年，河南三门峡渑池县仰韶村遗址被发现，并以其第一个发掘地命名为仰韶文化。

根据碳 14 测年，仰韶文化的持续时间约为公元前 5000 年—公元前 3000 年（一说公元前 4933 年—公元前 2923 年），前后延续约 2000 年，分布于黄河中游今甘肃至河南之间，东起豫东，西至甘肃、青海，北至河套内蒙古长城一线，南抵江汉，中心地区在豫西、晋南、陕东一带。

从 1921 年渑池仰韶村遗址发现，迄今全国有统计的仰韶文化遗址共 5013 处。其中，仰韶文化遗址以陕西最多，共计 2040 处，占全国仰韶文化遗址数量的 40%，是仰韶文化的中心地带。

据先秦文献记载，远古华夏先民生存空间主要在黄河中下游，大致西起陇山，东至泰山。仰韶文化和龙山文化这两个类型的木-石器文化，被学术界认为是远古先民的主要文化遗存。

仰韶文化的典型特征是彩陶。日用彩陶器以细泥红陶和夹砂红褐陶为主，红黑相间，常有彩绘几何形图案或动物形花纹。其中，彩陶器皿种类有钵、罐、盆、碗、细颈壶、小口尖底瓶与粗陶瓮等。（如图 5-2）

图 5-2　仰韶文化彩陶钵、彩陶罐、彩陶盆、彩陶碗、彩陶瓶

仰韶文化早期，黄河中游各部落的采集和渔猎经济占有比较重要的地位，主要采用刀耕火种和土地轮休耕作方式，生产水平仍比较低下。早期农业使用尖木棒和木-石复合农具，而各氏族营地附近都有大小河流和比较宽阔的水域，水产丰富，利于捕渔业。在仰韶文化遗址中，普遍发现有陶制网坠和鱼钩、鱼叉等渔具，而且出土的彩绘陶器上也描画了渔网。半坡类型的彩陶盆及其他彩陶器皿常绘有渔网纹和鱼纹，显然是长期捕渔业的真实写照。[①]（如图 5-3）

图 5-3　仰韶文化彩陶“人面鱼纹”及各种渔猎图案

①朱丽萍:《论原始彩陶纹饰的文化语义》,《艺术与设计理论》2009 年第 1 期。陈昊:《浅析中国原始彩陶纹样对于现代设计的启示》,《艺术与设计理论》2013 年第 3 期。

仰韶时期，平民日常生活中家用的粗陶水器以细泥陶和夹砂陶为主，多用手制法，先用泥条盘成器形，然后将器壁拍平制作。日用陶制水器有陶盆、陶罐、陶瓮，炊煮器有陶釜灶、陶鼎、陶甑，餐食器有陶碗、陶杯等。（如图 5–4）

图 5–4　仰韶文化陶盆、陶罐、陶瓮、陶釜灶、陶瓶、陶鼎

（二）红山·夏家店文化时期陶器特征

在华北地区，火技术陶冶体系工艺的器形一脉相承。

红山文化（公元前 3500 年—公元前 2000 年）因首次发现于赤峰东北隅的红山遗址而得名。它是华北木–石器时代重要的文化类型，是兴隆洼文化（距今约 8000 年）的延续。红山文化距今 5500 年左右，延续约 1300 年。红山文化彩陶多为泥质，以红陶、黑陶见常，器型只有罐、盆、瓮等。

陶冶时代，赤峰夏家店文化（约公元前 2000 年—公元前 1500 年）的制陶业是在红山文化制陶技术的基础上发展起来的。夏家店文化受到中原龙山文化制陶工艺的影响，器形有陶鬲、陶豆、陶杯、陶罐、陶罍、陶甗等，黑陶器占多数。其中，深腹筒形陶鬲是夏家店文化的代表性器物。

夏家店文化彩陶的纹饰有饕餮纹、切曲纹、夔纹、云纹、二方连续的卷曲纹等，这些纹饰与商代青铜器的纹饰如出一辙。由此可见，商代青铜器上的纹饰明显地来源于夏家店文化的彩绘陶（2010 年发掘）。同时，夏家店文化的陶鬲、陶豆、陶杯、陶罐、陶罍、陶甗等都重现于商代青铜器，制作工艺上也同源相继。（如图 5-5、图 5-6）

图 5-5　夏家店文化遗址彩绘陶的纹饰

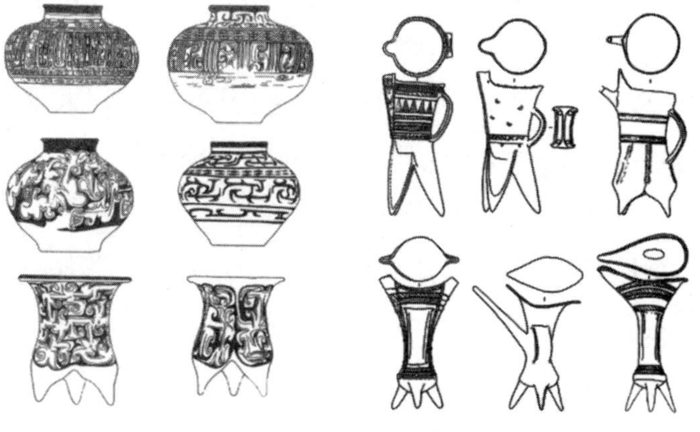

图 5-6　夏家店文化遗址陶器

夏家店文化虽已进入早期青铜时代，但日常使用的器物仍旧以陶器、木-石器等为主。它同龙山文化的器物群有许多相似之处，故其上限不会离龙山文化太远，是中国北方的早期青铜文化。夏家店文化出土的喇叭形浇口的椭圆形陶范和铜屑，说明当时已有粗糙的冶炼和浇铸技术能够制作铜杖首、铜耳环、铜指环及小型青铜礼器等。但是，细石器以刮削器为多，也有作为复合工具木柄刀的石条和石箭镞。

考古学家李延祥等对赤峰敖汉旗大甸子夏家店文化墓葬出土的 57 件铜

器中的46件进行初步研究，发现均为青铜，其量含锡量为2.2%~24.5%，含铅量低于6.0%，平均2.4%，具有早期青铜器的成分特征。其中，锻造与铸造铜器的含锡量有明显的差别，出土的含锡铅器以及含钨较高的赤铁矿颜料明显具有赤峰地区北部矿产特征。同时，出土的彩绘陶器和有中原二里头文化特征的酒器，显示出与中原有文化上的联系，以及辽河中游高台山文化因素的融入。①

夏家店、朱开沟、二里头发现了类似的青铜器，通过齐家文化可以追溯到遥远的西方。

（三）大汶口·龙山文化时期陶器特征

大汶口文化（公元前4500年—公元前2500年）处于木-石器时代晚期，因发现于山东泰安大汶口而得名。大汶口文化遗址分布东至黄海之滨，西至鲁西平原东部，北达渤海南岸，南至江苏淮北一带，同时在河南和皖北亦有发现。据碳14测年断代并校正后得出，大汶口文化距今约6500年—4500年，延续约2000年。根据地层叠压关系和遗物特征，大汶口文化可以区分为早、中、晚三期。

大汶口文化遗址出土的陶器群（如图5-7）主要有白陶背壶、白陶盉、白陶鬶、白陶鼎、白陶豆、黑陶杯、彩陶壶、彩陶盉、彩陶背壶、灰陶尊。可见，大汶口文化陶器以白陶为主，主要器形有豆、杯、壶、盉、鬶、鼎、尊等，尚未见爵、鬲等。

陶器生产有阶段性。早期，陶器均手制，砂质陶火候较低，陶器种类不多，造型简单，仅见觚形器、陶盆、陶钵、陶罐、陶杯、陶鼎、陶豆、大口陶尊等。中期，陶器始用轮制技术，出现了实足陶鬶、陶壶、篮形器等。晚期，大件陶器使用快轮生产，如大汶口墓随葬有轮制的大陶盆；始产白陶，细砂陶器有袋足陶鬶、三足陶盉、宽肩陶壶和筒形陶豆等。烧制的薄胎磨光黑陶高脚杯，是制陶工艺最高水平。

---

①李延祥、贾海新、朱延平:《对赤峰敖汉旗大甸子夏家店下层文化墓葬出土铜器初步研究》,《有色金属工程》2002年第4期。

图 5-7　大汶口文化陶器群

山东龙山文化（公元前 2350 年—公元前 1950 年）继承大汶口文化，主要分布于山东、江苏北部和辽东半岛等处，普遍使用轮制技术。

中原早期龙山文化（公元前 2350 年—公元前 2100 年）主要产灰陶，多为手制，烧成温度约为 840℃。其中，陶杯、敞口陶盆、折沿陶盆、敛口陶罐、尖底陶瓶等继承了仰韶文化的某些因素，如双耳陶盆、三耳陶盆、深腹陶盆、筒形陶罐。

晚期龙山文化（公元前 2100 年—公元前 1950 年）中红陶、黑陶增加，红陶烧成温度达 950℃，部分陶器采用模制成型。器形主要有陶杯、陶盘、陶碗、陶盆、陶罐、陶鼎、陶甑、陶盖、陶器座，还新出现了陶鬲等。

山东龙山文化晚期陶器以黑陶为主，灰陶不多，还有少量红陶、黄陶和白陶。黑陶的烧成温度达 1000℃，白陶 800℃～900℃。黑陶有细泥、泥质、夹砂三种，其中细泥乌黑发亮，学者们称为“蛋壳黑陶”。器形主要有陶碗、陶盆、陶罐、陶豆、陶鼎、陶鬲、陶瓮、单耳陶杯、高柄陶杯等。[①]（如图 5-8）

①范黛华、来丰实、方辉、于海广、蔡凤书、文德安:《山东日照市两城镇龙山文化陶器的初步研究》,《考古》2005 年第 8 期。又，山东大学根据碳 14 测年检测出龙山文化年代为距今约 4350 年—3950 年，即公元前 2350 年—公元前 1950 年。

图 5-8　龙山文化陶器群

由此可见，陶冶时代青铜器的青铜豆、青铜鼎、青铜鬲、青铜杯、青铜盘、青铜盆、青铜罐、青铜甑等，几乎全部继承了陶器（陶豆、陶鼎、陶鬲、陶杯、陶盘、陶盆、陶罐、陶甑等）的形制直接衍生而来的。

（四）二里头文化时期的陶器、青铜器特征

二里头文化处于青铜时期初期，因发现于河南洛阳偃师二里头得名。二里头文化主要分布在河南中西部的洛阳附近和伊、洛、颍、汝诸水流域以及山西南部的汾水下游一带，已发现的遗址有近百处。二里头文化第一期的年代约为公元前 1735 年—公元前 1705 年，第二期不早于公元前 1680 年，第三期约为公元前 1600 年，第四期约为公元前 1565 年—公元前 1530 年。

二里头遗址的陶器

二里头遗址出土的陶器有黑陶、灰陶与红陶，常见炊器有陶鼎、陶罐、陶甑，食器有陶豆、陶鬲、小陶罐等，酒器有陶觚、陶爵，陶盉等，另有长腹陶罐、大口陶尊、圈足陶盘、平底陶盆等。[1]

①肖女:《〈二里头陶器集粹〉简介》,《考古》1996 年第 2 期。

根据二里头遗址下层与典型器物所做的排比，二里头文化被分为四期：

第一期：陶器以褐陶为主，磨光黑陶占有一定比例；

第二期：陶器中黑陶的数量减少；

第三、四期：陶器颜色普遍变为浅灰。

在第一、二期遗存中，器形多折沿、鼓腹、小平底。在第三期遗存中，第一、二期常见的鼎、深腹盆、甑等继续沿用，同时出现了鬲、卷沿圜底盆、大口尊、小口高领瓮等与商代二里岗时期遗物十分接近的器物。在第四期中，第三期出现的这组新器形越来越多，并表现出融合第一、二期的趋势。

二里头文化东下冯（山西运城）类型也分为四期。

二里头遗址的青铜器

二里头遗址出土的青铜容器是迄今所知华夏最早的青铜容器。在二里头遗址的晚期堆积中，曾发掘出土过一些小件青铜器。1973 年，首次在第三期堆积层中出土了 1 件青铜容器爵，以后又陆续有所发现。

出土青铜爵和青铜斝两种礼器的胎质都很薄，整治不精，多无花纹，或有简单的乳钉纹，反映了早期青铜器的特点。

迄今发现的青铜器二里头遗址大部分属于第三期，即公元前 1600 年左右。除了两件礼器青铜爵和青铜斝外，出土的兵器有青铜戈、青铜戚、青铜矢，生产工具有青铜刀、青铜斤、青铜凿、青铜锥、青铜鱼钩等。

爵在二里头第三期以后多为铜质，形成青铜爵、陶盉的固定组合，并衍生一些变化。圆陶片成为铜器墓中必出之物，随葬圆陶片多的墓葬中随葬品也相对更为丰富，因此圆陶片数量的多寡可能代表着铜器墓内部等级的区分。

从已出土的 19 座墓看来，二里头时期墓葬中的礼器组合特点是：基本器物组合为盉、爵，体现为重酒礼器。其中，第三、四期墓葬基本以青铜爵、陶盉组合为主。

二里头遗址还发现了铸铜的坩埚、陶范、铜渣等，东下冯遗址发现有铸器的石范。工具多用单范和合范铸成，而爵和斝则用陶质块范铸造，工艺比较复杂。据测定，一件铜爵的合金成分为铜 92%、锡 7%，属于典型的锡青铜。

【附记】河南嵩山一带登封王城岗和新密新砦出土的铜容器残片都可判定为酒器，是当时陶质酒礼器的仿制品，同时与其后二里头文化以酒器为中心的青铜礼器群一脉相承。①

（五）洹北商城及殷墟的陶器、青铜器特征

洹北商城遗址位于殷墟遗址东北部，是商王朝中期的都城遗址。城址略呈方形，南北长 2.2 公里，东西宽 2.15 公里，总面积约 4.7 平方公里。殷墟王陵区遗址、宫殿宗庙区遗址、洹北商城遗址等组成了整个规模宏大的殷墟遗址。1999 年，在殷墟遗址范围内发现了洹北商城，其弥补了早商和晚商之间考古遗存的缺环。洹北花园庄晚期早于殷墟一期，而殷墟一期相当于武丁早期，洹北花园庄晚期则应大致相当于盘庚、小辛、小乙阶段。②

殷墟遗址的陶器

迄今，殷墟已发掘商代墓葬达万余座。陶器是殷墟居住遗址最常用的文化遗物，也是墓葬中最常见的随葬品。究其原因，一方面商代青铜器是王公贵族权位的表征，另一方面陶器就是殷人日常生活的最主要用具。殷墟洹北商城出土的陶器，常见器形有陶鬲、陶盆、陶豆、陶罐、陶尊、陶甑等。

洹北花园庄晚期陶鼎为数不少。常见器形炊具主要有三足陶鼎和三足砂质陶罐、陶鬲，饮食器主要有陶觚，食器主要为陶豆、陶簋、陶钵，

---

①许宏：《迈入青铜时代：资源视角下的文明扩张》，“考古人许宏的博客”2012 年 1 月 10 日（http://blog.sina.com.cn/s/blog_5729cae10102e6lp.html）。

②唐际根、刘忠伏：《安阳殷墟保护区外缘发现大型商代城址》，《中国文物报》2000 年 2 月 20 日。中国社会科学院考古研究所安阳工作队：《1998—1999 年安阳洹北商城花园庄东地发掘报告》。参见刘庆柱主编：《考古学集刊 15》，北京 . 文物出版社，2004 年。岳洪彬、何毓灵：《洹北商城花园庄东地商代遗存的认识》。参见王宇信、宋镇豪、孟宪武主编：《2004 年安阳殷商文明国际学术研讨会论文集》，北京 . 社会科学文献出版社，2004 年。

盛储器有陶瓮、陶盆、陶罐和陶缸等。

殷墟制陶业一期以陶鬲、陶簋、粗矮柄陶豆、带盖圆肩陶罍等为基本组合，从而又生产了大量日用品。①

殷墟遗址的青铜器

殷墟是商王朝晚期都城遗址，古称“北蒙”，而甲骨卜辞中又称为“商邑”“大邑商”，位于河南安阳小屯村周围。武丁以后，殷代的火技术陶冶体系和青铜制品空前发展，以青铜鼎、青铜爵、青铜簋、青铜觚、青铜斝，兵器青铜戈、青铜矛、青铜钺、青铜刀、青铜矢镞（箭头），工具青铜斤、青铜斧、青铜凿、青铜锯、青铜铲，乐器青铜铃、青铜铙、青铜钲等为代表的青铜礼器、兵器、乐器和其他器皿大量铸造加工，表明殷商中后期青铜文化已发展到最高阶段。早商的双耳簋和中商的凤鸟斝具有南方风格，可见是南方工匠发明了铸铆接分铸技术，并在小范围内将工艺流传，同时铸造了属于早商和中商的青铜器。商王朝晚期，强大的安阳政权毁弃了南方作坊，将工匠迁移到安阳王室作坊。在安阳，具有铸铆接工艺的工匠们设计铸造了青铜盂、甗和偶方彝，但末代徒弟未能将此技艺流传下去。

（六）郑州二里岗商城出土的青铜器特征

1952 年，今郑州老城区东南部开始发掘，陆续出土了二里岗商城，时代早于安阳殷墟小屯文化，约为商代前期、中期，是从二里头文化发展而来。郑州商城东北部，就是商代二里岗时期王公贵族的宫殿区，相继发现宫殿基址 20 多处，宫殿区范围约占城内总面积的一半。在商城外围，考古队还发现了多处商代青铜冶炼、陶器制作、骨器制作的作坊遗址，并有大量的墓葬区。同时，在城池内外，还发现了青铜窖藏和祭祀场地。

郑州商城出土墓葬几百座，大墓随葬品有铜器、陶器、原始瓷器、石器等。②

---

①胡洪琼：《殷墟墓葬陶器种类及其组合初探》，《农业考古》2011 年第 4 期。

②安金槐：《关于郑州商代二里岗期陶器分期问题的再探讨》，《华夏考古》1988 年第 4 期。

青铜容器有圆鼎、方鼎、鬲、斝、觚、爵、盉、尊、罍、盘等，器壁较薄，表面粗糙，器形多仿自陶器。青铜鼎、青铜鬲等三足食器，立耳，一耳与一足上下在同一条直线上（一耳当足）；青铜鼎、青铜斝等的锥状足上部中空与器腹相通；青铜觚、青铜尊、青铜罍、青铜簋等的圈足上都有十字形的镂空，觚体较粗，不分段。其中，青铜方鼎器壁较薄，容器部分作深斗状；青铜爵扁圆体；青铜簋多数无耳，圈足上有镂空，腹部相对较深。至二里岗文化末期，青铜鼎、青铜鬲等三足食器的两耳都不与三足相对称，同时出现柱足青铜鼎和丁字形足青铜斝，以及圆体青铜爵但仍为平底。

四、考古学文化同历史挂钩必须考虑科学的年代测定

郑州（二里岗）商城和偃师商城最早的年代均不早于公元前1560年—公元前1580年，而郑州商城的始建年代应在公元前1500年前后。①

数年后，测年专家对此又做了进一步阐释："二里岗下层一期前面增加了洛达庙中晚期的7个单位的样品，使得形成的系列加长，因而拟合结果更加明确、具体，误差范围相对更小。其结果比之《简本》中的年代上限下移71年，（两个商城最早的年代）为公元前1509年—公元前1465年。"②

与此相应的一个测年结果是，"洛达庙中期和二里头三期的年代均在公元前1600年左右"。另外，从新砦遗址的年代测定来看，二里头文化一期的年代仅处于公元前1700多年，这同二里头文化四期末的年代在公元前1500多年是相顺应的。虽然这样的年代框架不是没有误差，但足可以向考古学界提出：当考古学文化同历史挂钩的时候，既不能没有充分的证据，也不能不考虑现在的年代测定。③

---

①张雪莲、仇士华、蔡莲珍：《关于夏商周碳十四年代框架》，《华夏考古》2001年第3期。
②张雪莲、仇士华、蔡莲珍：《郑州商城和偃师商城的碳十四年代分析》，《中原文物》2005第1期。
③同上。

殷墟文化期青铜器主要特征：青铜器自成系列，器壁比较厚重；出现了青铜觥、青铜觯、青铜豆等新器形；方形青铜器比较流行，主要的酒器几乎都有方形的；青铜鼎、青铜鬲、青铜甗等三足器为柱足；开始出现铭文，一般是几个字，很少有几十字，内容多为族徽标记和人名。

青铜觚，体比较细，多呈三段式器体；青铜圆鼎，立耳，腹部变浅，与腹宽相当，圜底近平，柱足；青铜簋，腹部变浅，小于腹宽；青铜爵，多为圆体，流尾上翘，圜底，三足外撇。其中，鋬上端多有兽头型装饰，柱为菌状或伞帽状，纹饰繁缛，通常装饰满器物全身。①

在商代，随葬品的种类和数量是墓主人生前地位和身份的象征。迄今发现早商墓葬近半数以上没有随葬品，而已发现的随葬品种类有陶器、青铜器、玉器、石器、骨器、蚌器等。在随葬的陶容器中，陶鬲的数量最多，其次为陶盆、陶豆，再次为陶斝、陶罐、陶簋、陶爵，其他器形数量很少。随葬的青铜器有爵、斝、盉、鼎、觚、鬲、甗、簋、盘、罍、戈、刀、镞等。在级别较高的墓中，有些还随葬原始瓷器和印纹硬陶器，形制多为尊类器。

晚商时期，普通墓葬一般随葬陶器，规模较大的墓葬则以随葬铜器为主，墓葬越大，等级越高，所用铜器越多。常见的随葬陶器有陶觚、陶爵、陶鬲、陶豆、陶簋、陶罐和陶盘等，以陶觚、陶爵最常见，是核心组合。随葬的青铜器有铜觚、铜爵、铜鼎、铜甗、铜簋、铜斝、铜卣、铜罍和铜方彝等。

五、殷商时期青铜器形制

下面列举一些在博物馆常见展览的殷商时期青铜器形制为例，具体说明它们与相应的陶器形制的亲缘关系。（如图 5–9）

①杨善清、杜久明:《中国殷墟》，上海大学出版社，2006 年。严志斌、洪梅:《殷墟青铜器》，上海大学出版社，2008 年。

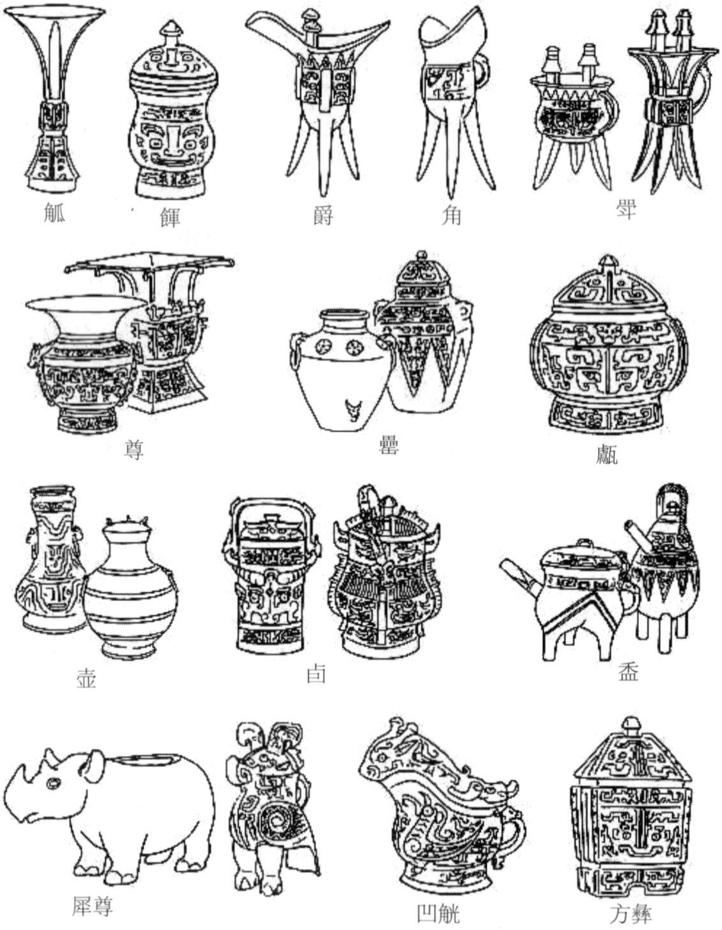

图 5-9　殷商时期青铜器形制图

（一）从陶豆到青铜器豆

甲骨文“豆”（），金文“豆”（）、篆文“豆”（），象形字，盛食器，也是祭祀的礼器。最初，豆指一种高脚木制器，形如盘子，后来有陶器豆（）。陶器豆最初是古代盛肉盛菜（副食）的器皿，常用以装酱、醋之类的有汁调味品，也用来盛酒。

既然在甲骨文、金文时代“豆”字的本义为“盛食物的高脚器皿”，那么历史上何时“豆”字转义为“粮食作物——豆子”呢？古籍假借“豆”为同音的“荳”，表示菽类粮食作物。“菽”，异体字“尗”，即“豆”。大豆在周代被称作菽，秦汉以来才称为豆。后魏贾思勰《齐民要术·种豆》：“四月时雨降，可种大小豆。”

甲骨文、金文“豆”

象形字“豆”（、）的甲骨文像高脚器皿，金文“豆”（）、篆文“豆”（）承续金文字形。《说文》：“豆，古食肉器也。从口，象形。”，古文“豆”的写法。又《说文》：“皿，饭食之用器也。象形。与豆同意。”《尔雅·释器》：“木豆谓之豆，竹豆谓之笾，瓦豆谓之登。”《孟子·告子上》：“一箪食，一豆羹，得之则生，弗得则死。”《诗经·大雅·生民》：“卬盛于豆，于豆于登。”“登”，是豆的一种，也是陶器。《郑玄笺注》解释：“祀天用瓦豆，陶器质也。”意即祀天用的瓦豆是陶制的礼器。《周礼·考工记》：“食一豆肉，饮一豆酒。”

仰韶文化遗址考古发掘已出现陶豆，只是形制古朴，无明显的柄。之后，陶豆出现高柄、浅盘者，与高圈足者并行。山东大汶口文化遗址出土了八角星纹彩陶豆，通高 28.4 厘米，口径 26 厘米，足径 14.5 厘米。河姆渡遗址也出土了陶豆，高 17.4 厘米，口径 26.4 厘米。

从出土情况看，彩陶豆多来自墓葬，豆盘内往往盛着猪蹄、猪头、颚骨等供品。不过，如此精美的彩陶在 5000 年前的原始社会不可能是日常普通用具，应该是先民最畏惧、最崇尚的祭祀活动中的礼仪用品。

常州新岗遗址考古发掘出土了陶豆、陶鼎等随葬器物。这些器物均小巧精致，带有大量纹饰，具有典型的崧泽文化时期明器（冥器）的特征。[①]（如图 5–10）

①彭辉：《常州新岗遗址又现崧泽文化大墓》，《常州日报》2018 年 12 月 29 日。

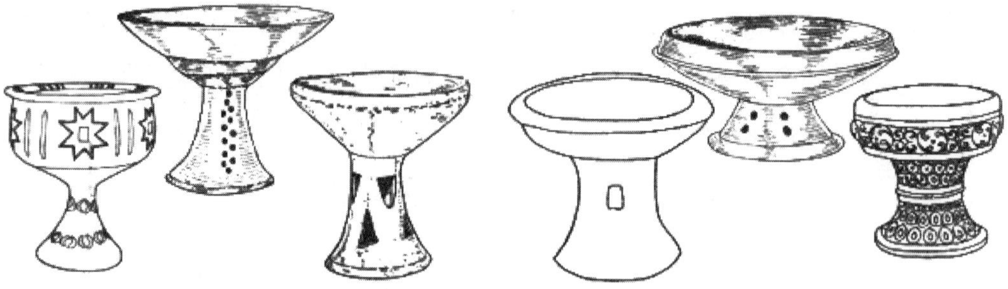

图 5-10 陶豆与青铜豆

整个陶冶时代，陶豆一直在民间广为使用，造型多为浅盘、浅钵形，高圈足。豆的形制，从陶豆开始到青铜豆始终保持它的基本造型，而且始终是祭祀礼器组合中的一员。东汉出土文物中还有陶器豆，这种泥质红陶酱色陶豆高 6.7 厘米，底径 7 厘米，口径 11.5 厘米，重 266 克。

山西保德出土的商代晚期青铜豆是目前所见最早的青铜豆。山东长清出土的青铜豆，大圈足，盘腹较深。西周时期，长江流域的釉陶豆大貌与前者相近，但有的豆盘则为敛口。春秋战国时期，礼器中的陶豆和青铜豆都很盛行，一般盘腹加深，形似小碗，而且高柄、有盖，甚至有的柄极高。战国燕下都（今河北易县东南）出土了圆柄方豆。

又，最初的灯（镫）就是在陶豆中盛膏油燃捻，后来才分离出独立的灯。

【附记】金文“头（頭）”（）＝（豆，圆鼓状的盛器）＋（页，首），圆鼓状的脑部，头颅。篆文“头（頭）”（）承续金文字形。隶书“头（頭）”（頭）将篆文的写成頁。简体楷书“头”（头）写成特殊指事字，在“大”（大）字的“人”上加两点符号，表示脑袋。《说文·页部》：“頭（头），首也。从頁（页），豆声。”《春秋·元命》：“苞頭（头）者，神所居。”《礼记·玉藻》：“頭（头）容直。”《仪礼·士相见礼》：“左頭（头）奉之。”《公羊传》注：“杀人者刎頭（头）。”《史记·项羽本纪》：“頭（头）发上指。”

（二）从陶盂到青铜盂

盂，是古代盛水或饭的器皿，侈口，深腹，圈足，有附耳（把手），很像有附耳的簋，但比簋大得多。（如图 5-11）

图 5-11 陶盂与青铜盂

甲骨文、金文“盂”

甲骨文“盂”（、）=（竽，吹奏竽）+（皿，敞口的盛器），本义为古人用陶盆放大竽的音效以在田猎时吓逐野兽。有的甲骨文“盂”（）将“竽”的字形简化成。金文“盂”（）承续甲骨文字形。篆文“盂”（）将金文“于”的字形写成，将金文“皿”的字形写成。隶书“盂”（）将篆文“皿”的字形写成。《说文》：“盂，饭器也。从皿，亏声。”

磁山文化遗址（公元前 5000 多年）曾出土陶盂。后来，到了商代和西周发展为青铜盂，还有个别方盂。临淄齐都镇河崖头村曾出土青铜盂，口径 62 厘米，高 43.5 厘米，重 35.5 公斤，侈口，深腹，腹部有横向的两耳。①

①徐龙国：《临淄青铜盂及年代》，《管子学刊》1986 年第 4 期。

（三）从陶盆到青铜盆

远古早期的陶器时代制作了大量的彩陶盆。公元前 4000 年的仰韶文化遗址出土的彩陶盆有人面纹彩陶盆、鹿纹彩陶盆、鱼蛙纹彩陶盆等。仰韶文化河南庙底沟遗址（约公元前 3500 年）出土了彩陶盆，大汶口文化早期（约公元前 4200 年—公元前 3600 年）的山东兖州王因遗址也出土了彩陶盆、彩陶钵。另外，陕西华县泉护村出土了彩陶，代表有彩陶花瓣纹盆、勾叶纹彩陶盆、植物纹彩陶盆、鱼鸟纹彩陶盆、漩涡纹曲腹盆等，风格挺秀饱满，轻盈而稳重。（如图 5-12）

图 5-12　陶盆与青铜盆

金文“盆”

金文“盆”（）= （分，展开）+ （皿，盛器），本义为敞口宽底的盛器。篆文“盆”（）承续金文字形。隶书“盆”（）将篆文的“皿”的字形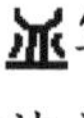写成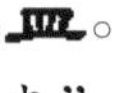。《说文》：“盆，盎也。从皿，分声。”古汉语中的“盆”就是“盎”。《周礼·牛人》：“与其盆簝。”《荀子》：“瓜桃枣李，一本数以盆鼓。”《周礼·考工记·陶人》：“盆，实二鬴，厚半寸，唇（唇）寸。”

青铜盆由陶器盆发展而来。湖北襄樊出土了商周青铜盆，口径 23.5 厘米，高 21 厘米。安庆大枫乡黄花村春秋墓出土了青铜盆，口径 20 厘米，底径 14.2 厘米，高 8.4 厘米，方唇略外侈，折腹，腹身纹饰分为三部分，平底，成对。山东魏家庄墓葬也出土了彩绘青铜盆。①

【附记】盎，篆文“盎”（）＝（央，中间）+（瓦，陶器），本义为中腹大、开口小的瓦制容器。有的篆文“盎”（）以“皿”的字形代“瓦”的字形，强调容器特征。《说文》：“盎，盆也。从皿，央声。盎，或从瓦。”

（四）从陶盘到青铜盘

盘（盤），是盛放物品的圆形用具，扁而浅。

甲骨文、金文“盘（盤）”

甲骨文“盘（盤）”（）＝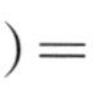（般，即搬、送）+（口，盛器），表示用来端送碗碟、杯子的宽口平底盛器。金文“盘（盤）”（）＝（般，搬运）+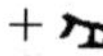（皿，盛器），用“皿”（）代替甲骨文的“口”（），明确“盘（盤）”的“器皿”性质。有的金文“盘”（）用“金”（）代替“皿”（），表示用金（铜）制成的铜盘。籀文“盘”（、）承续金文字形。篆文“盘”（）用“木”（）代替籀文字形中的“皿”（）或“金”（），表示用木板做成的“木盘”。隶书“盘”（）将籀文的“皿”（）写成。简体楷书“盘”（）省去正体字字形“盤”（）中的“殳”（）。根据瓷、铜、木的原料不同，“盘”可以分别写作“盤”“鎜”“槃”。《说文》：“槃，承槃也。从木，般声。鎜，古文从金。盤，从皿。”

仰韶文化遗址出土了大量的陶盘，大小不一。

山西陶寺遗址出土了彩绘陶盘，里面用彩色画了一条蛇形动物，无

---

①赵言民：《山东墓葬出土彩绘青铜盆》，《济南时报》2009 年 8 月 21 日。

足，头部形状凶猛，有牙，身有斑块，尾部卷曲。有人认为是“龙纹陶盘”（斑块可能象征龙身的鳞片），又有人认为是“鳄鱼”。淮北双块孜墓出土了釉陶盘，通高 8.5 厘米，口径 29 厘米，底径 5.6 厘米，敞口，平沿，斜弧腹，圈足。北京平谷刘家河出土了三鱼铜盘和双鸟柱龟鱼纹铜盘，其中三鱼铜盘通高 9.5 厘米，口径 25.5 厘米；双鸟柱龟鱼纹铜盘通高 20.5 厘米，口径 38.8 厘米。（如图 5-13）

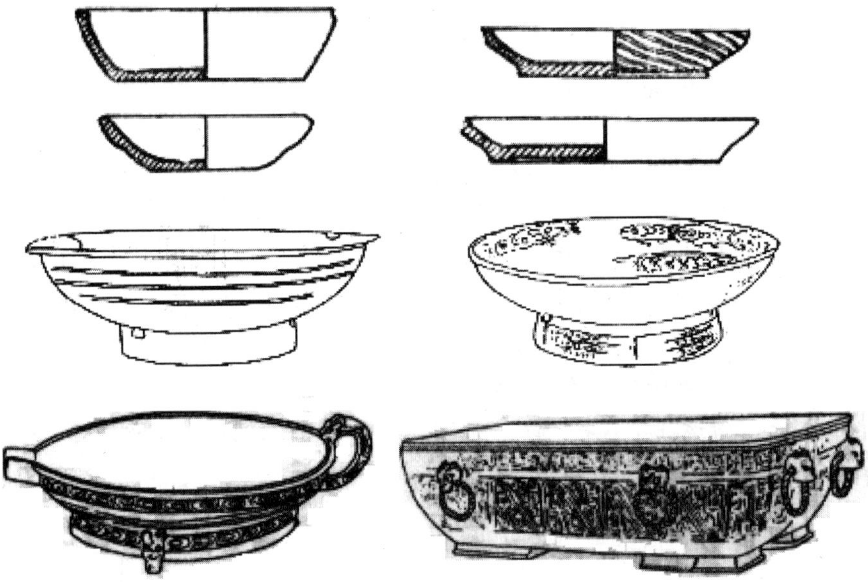

图 5-13　陶盘与青铜盘

（五）从陶杯到青铜杯

杯，也称“耳杯”，本是小型木制饮具的总称。

大汶口文化后期（约公元前 3300 年—公元前 2300 年）的黑陶高脚杯，出自较大型的墓葬，在墓中不与其他随葬品混杂，位置显要。黑陶高脚杯是龙山文化时期的高级随葬礼器。黑陶杯经快轮成型，杯壁厚度均匀，薄如蛋壳，最薄处仅为 0.2～0.3 毫米，但质地却极为细腻坚硬，黑如漆，亮如镜，薄如纸，硬如瓷，掂之飘忽若无，敲击铮铮有声，被称为“蛋壳陶”。（如图 5-14）

河姆渡文化四期遗址出土有陶杯，高 10.9 厘米，口径 6.0 厘米。（如图 5–15）

西周中期以后，实用、便利的青铜杯、陶瓷杯逐渐代替了爵、斝、罍、觯、盉等酒器。铜陵遗址出土的青铜杯，两边有耳，是耳杯的典型。

图 5–14　龙山文化的黑陶鼎及蛋壳高脚陶杯

图 5–15　陶杯与青铜杯

金文"杯（桮）"

金文"杯"（𠥾）＝匚（曲，表示竹品加工）+不（不、否，斜口竹筒，用于盛水），本义为用带竹节板的竹筒加工成的饮器。有的篆文"杯"（盃）用"皿"（皿）代替"曲"（匚），表示烧制的饮用器皿。有的篆文"杯"（𦈔、桮）加"口"（喝），强调盛器的饮用用途。𦈔的缶（缶，陶器）和桮的木（木，木器），分别代表制造杯的陶质材料和木质材料。隶书"杯"（桮）将篆文的"不"（不）变形成不。有的隶书"杯"（杯）又将早期隶书的"杯"（杯）简化成不。楷书"杯"（杯）则将隶书的不定型为不。《说文》："桮，䀀也。从木，否声。𠥾，籀文桮。"《大戴礼记·曾子事父母》："执觞觚杯豆而不醉。"注："杯，盘盎盆盏之总名也。"《史记·滑稽列传》："男女同席，履舄交错，杯盘狼藉。"《孟子·告子上》："犹以一杯水，救一车薪之火也。"《礼记·玉藻》："杯圈不能饮焉。"

由以上许多实例可以看出，夏、商、周绝大多数青铜器的原型是陶器，或由陶器形制发展而来。如今，我们的饮食器皿早已不用青铜制品了，然而陶瓷器的饮食器皿和炊具却流传了几千年，锅、碗、盘、盆作为经久耐用的日常生活必需品至今不衰。

（六）从陶罐到青铜罐

陶罐，是一种盛水、酒或食品的陶制容器。（如图 5–16）

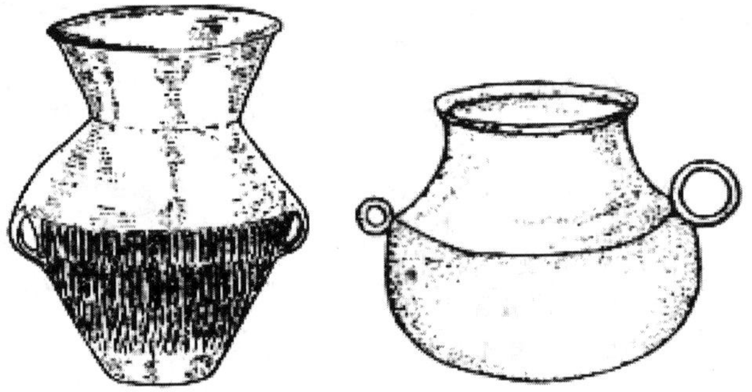

图 5–16　陶罐与青铜罐

篆文“罐”

篆文“罐”（ ）＝ （缶，陶器）＋ （雚，长喙鸟），比喻带长嘴且便于灌注的陶器。《说文》：“罐，器也。从缶，雚声。”

陕西省乾县灵源镇佛东村出土古陶罐，高约 110 厘米，口径宽而阔，直径大约 40 厘米（最粗处有 50 多厘米），底部尖而锥，直径大约只有 15 厘米。又，山东济宁出土的“任城陶罐”为泥质灰陶，口径 14 厘米，通高 33.8 厘米，敞口，平沿，方唇，短颈，广肩，圆腹，小平底。其中，肩部刻“任城厨酒器容十升，弟十，平”十一字，字体为隶书，为民间书写体。这件酒器有“十升”的容量，“弟十”同“第十”，“平”同“瓶”，为容器的编号。用量杯实测，测得陶罐容水 199.5 毫升 / 古升。据《汉书 · 律历志》载，汉代“一斛为十斗，一斗为十升”。长沙马王堆汉墓出土的容器，测得汉代容量每升约合今 200 毫升，与“任城陶罐”每古升合今 199.5 毫升接近。

青铜罐数量不多，其完全来自陶罐。考古出土商周时期的青铜罐，其中一件高 22 厘米，上口径 14.5 厘米，下口径 13 厘米，另一件高 22 厘米，直径 11.3 厘米。

（七）从陶爵到青铜器爵

爵，是三足、大腹、有把及饰有禾纹或鸟雀图形的敞口饮用器。后因君主、国王赐酒给臣下用，所以派生出“爵禄”“爵位”等名词。爵是一种典礼时常用的酒器，材质为陶瓷、青铜甚至金制、银制，或铭刻图纹浮雕、鎏金镀银，或镶有金银珠宝，为王公贵族习用。

甲骨文“爵”

> 象形字甲骨文“爵”（），像一个有盖（）、有嘴（）、有手把（）、有三足（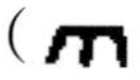）的酒器。《说文·鬯部》：“爵，礼器也。象爵之形，中有鬯酒，又持之也，所以饮。器象爵者，取其鸣节节足足也。”

礼器爵用以饮酒，兼可温酒。爵这种酒器的命名是由于它的造型像一只雀鸟，前面有“流”即饮用口（壶嘴）好像雀喙，后面有“尾”，腹下有细长的足。古代“爵”与“雀”同音互通。考古发掘的“爵”，开始是陶制的，后来才有青铜制的。（如图 5−17）

在二里头文化遗存中，陶制酒器有温酒的陶盉、温—注—饮酒的陶爵、饮酒的陶觚等，都是用经过淘洗的黏土精心制作而成，有的用白陶、黑陶，大多随葬于墓中。

关于陶爵的起源，考古界众说纷纭。二里头文化遗址出土的陶爵，极可能是从豫西王湾、三里桥类型和豫北后岗类型龙山文化晚期的一种原始陶爵（许多学者称为鬶）演化而得。陶爵作为酒器中的一种，商周时期仍然使用不衰，可见其在陶质礼器中具有重要的地位。①

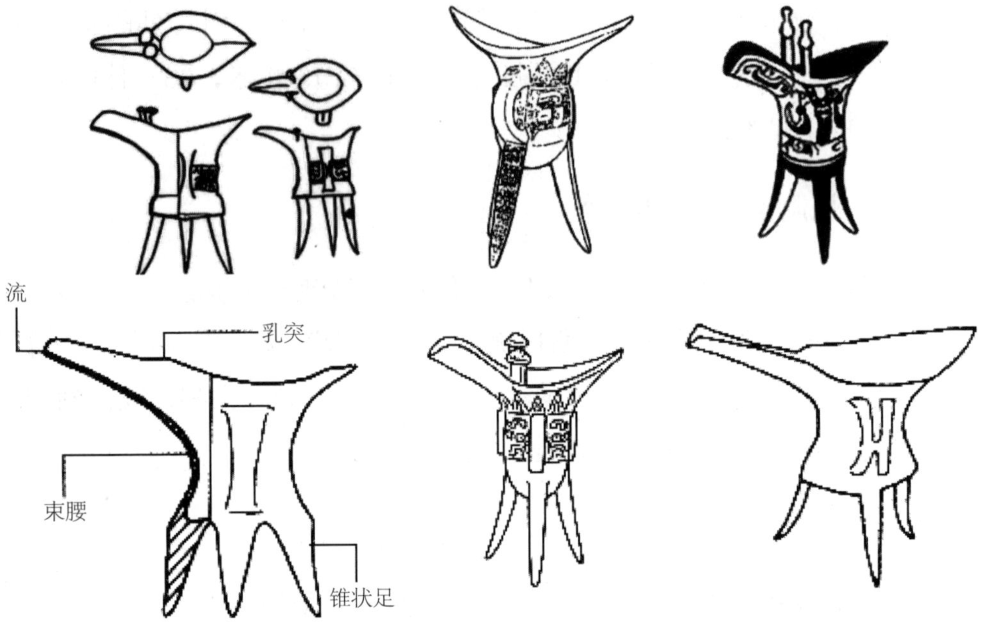

图 5-17　陶爵与青铜爵

显然，青铜爵是从陶爵直接模仿型制而来。

目前，发现最早的青铜爵是河南偃师二里头遗址出土的，它也是已知最早的青铜礼器。迄今，出土青铜器多属于第三期。在遗址的晚期堆积中，曾发现一些小件青铜器。1973 年，首次在二里头文化第三期堆积层中出土了第一件青铜容器爵。1984 年，二里头出土的青铜爵流长 14.5 厘米，高 13.5 厘米，重 0.75 千克，造型简单朴素，没有文字，没有纹饰，甚至还没有柱。二里头先后出土的礼器爵数量较多，皆为束腰、平底、锥足。其中，较早的素面无柱，具有浓重的陶爵特征，较晚的陶器特征显著减退，有小柱，有的施简单花纹或镂空。其形态与二里头的陶爵十分近似，但制作规整，壁厚均匀。《礼记・礼器》："贵者献以爵，贱者献以散

①杜金鹏：《陶爵研究——中国古代酒器研究之一》。参见杜金鹏：《夏商周考古学研究》，北京．科学出版社，2007 年。

（斝）。尊者举觯，卑者举角。”贵族使用酒杯，依身份高低有严格的区别，身份最高的贵族才能使用铜爵。当时用铜爵饮酒，并非专为饮食，更着重于“礼”。

铜爵的产生并不意味着陶爵退出了历史舞台。在商周相当长时间内，陶爵和铜爵相伴而生，同时并存。

商代早期的青铜爵，器身与足明显分段，流短而狭，无柱，腹底平。安徽肥西馆驿出土兽面纹铜爵，高 38.7 厘米，流至尾长 21.5 厘米。20 世纪 50 年代湘乡出土的兽面纹铜爵，腹径 11.5 厘米，口径 12～27 厘米。商代晚期，凸圜底的爵盛行，流长并宽于早期制品，多有柱。商代晚期的爵出土最多，其中一件青铜爵（首都博物馆藏）高 16.1 厘米，流至尾长 14 厘米，还有一件青铜爵高 24.6 厘米，长 20.7 厘米，长流短尾。到西周晚期，爵渐渐消失，被实用、便利的杯子代替。

（八）从陶鬲到青铜鬲

甲骨文就有“鬲”字，象形。陶鬲是最古老的一种炊煮器。

木–石器时代晚期已出现陶鬲，或有柄，或有耳，或有盖，侈口，圆腹，三个袋状足，有的颈部有双耳。使用时，在三个袋状足下直接燃火，可用来煮小米粥或烧水。陶鬲有实用器与明器之分。明器即冥器，是专为随葬而制作的器物。内蒙古赤峰夏家店下层文化墓葬出土的彩绘陶鬲，即是专门为死者制作的明器。商周时期，陶鬲继续流行。

安特生曾提出早期的陶鬲都是分裆鬲，由一个圆底器下面加三个尖底瓶式袋足而成。这是华夏陶器和青铜器的最重要特点。实用器多为夹砂陶，胎质较硬，器壁较厚；明器则多为泥质陶，火候较低，胎质疏松，表面打磨得很光滑，有的还用红、白两种颜色绘出各种纹饰。鬲的器形与鼎相近，区别在鼎有实足，鬲是袋形足。从其相似的功能与形状来看，鼎是由鬲发展衍生而来，而一般腿长裆深的陶鬲年代都久远，可直接支架于地上，便于填柴引火。后来，随着灶台的广泛使用，陶鬲的长腿逐渐淡化，遂成为锅釜。（如图 5–18）

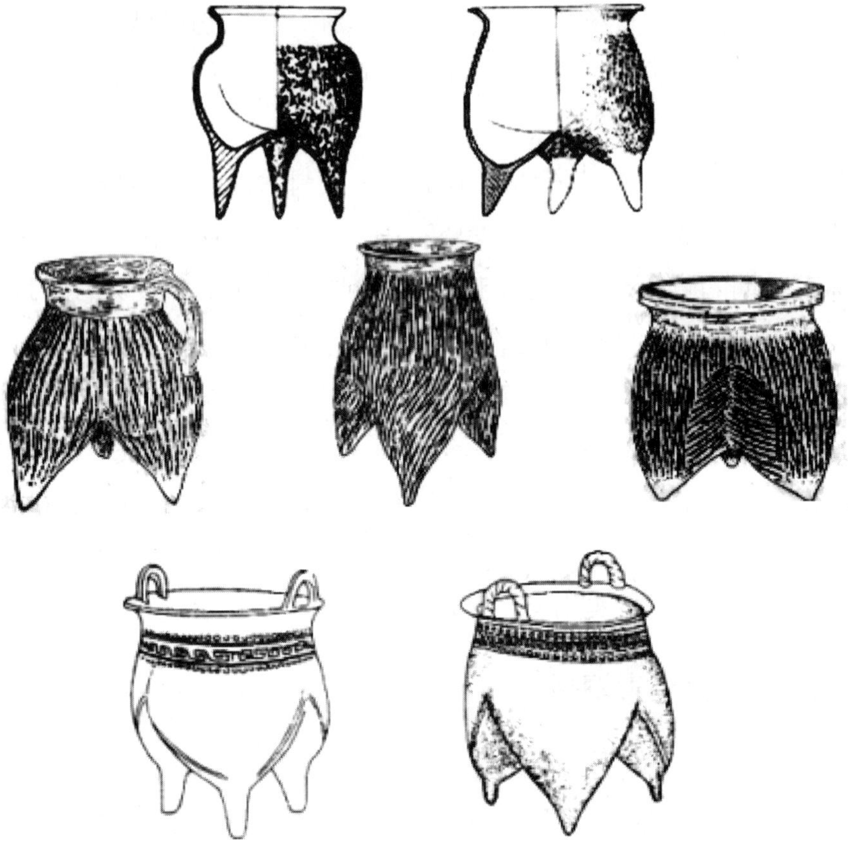

图 5-18 陶鬲与青铜鬲

火技术陶冶时代，华夏三鼓足（空心袋足）陶鬲仍很普遍。青铜鬲明显是由陶鬲演化而来，但陶鬲通常无耳或单耳，而青铜鬲多数有两耳。商周出现青铜鬲，并逐渐进入了礼器行列。商周出土文物中仍有大量日用的陶鬲，而陶鬲一直绵延到战国时代才消失。陶鬲是当时百姓及农民、奴隶都常备的炊器和食具，几乎“人手一鬲”。

商代早期的青铜鬲是模仿陶鬲制成，“其形似鼎，圆腹，两耳或无耳，三足，足中空”。因有三个袋足，青铜鬲炊煮时易于受热。

联裆鬲是区分商文化与周文化的重要考古学标志，直到西周以后才开始在中原地区流行。江西新干大洋洲遗址出土了许多联裆鬲，除联裆青铜鬲外，还有更多的联裆陶鬲。山西太原金胜村出土的联裆陶鬲，无耳，高 11 厘米，口径 14.4 厘米，为春秋晚期器物。

商、周两朝除使用陶鬲外，兼用青铜鬲，形式上亦有变化。商代云雷纹圆肩青铜鬲（联裆）高 10.1 厘米，口径 9.5 厘米。北京平谷刘家河出土的弦纹青铜鬲，通耳高 15.2 厘米，口径 17.1 厘米。西周时还有一种方形的青铜鬲，鬲体分上下两部分，下部有门可以开合，门内可放木炭。陕西扶风就曾出土过一件“刖人守门”方形鬲，又称为“鬲式鼎”，通高 17.7 厘米，口横 11.9 厘米，口纵 9.2 厘米，腹深 6.3 厘米，重 1.75 公斤。内蒙古赤峰宁城小黑石沟遗址出土了一个类似“刖人守门”方形鬲，通高 18.6 厘米，通宽 16.7 厘米。

甲骨文“鬲”

象形字甲骨文“鬲”（）像远古炊食器，上有圆口，腹下有三空心足，可供一人生火煮食（熬粥）或煮水。《说文》：“鬲，象腹交文，三足。鼎属。实五觳。斗二升觳。甂，鬲或从瓦。䥶，汉令鬲从瓦厤声。”《周礼·考工记》：“陶人为鬲，实五觳，厚半寸，脣寸。”“人鬲”，转义为奴隶。青铜器铭文“鬲百人”，指一百个奴隶。郭沫若认为：“鬲与‘人鬲’就是古书上的民仪与黎民，‘黎、仪、鬲’是同音字。鬲是后来的鼎锅……取其黑色。”其在《论古代社会》指出：“鬲字是象形字，就是砂锅。”又，其在《驳〈实庵字说〉》指出：“臣是家内奴隶，鬲是生产奴隶。”西周时期，“鬲”仍是对俘虏或奴隶的称呼。①

（九）从陶鼎到青铜鼎

鼎，是华夏最贵重的礼器，由炊食具发展而来。先秦文献有“夏铸九鼎”“禹铸九鼎”的传说，故多年来九鼎传说流传久远且深广，影响极大。但是，青铜鼎未见有所谓夏代的记载。关于九鼎的传说，最早出自《左传·宣公三年》：“昔夏之方有德也，远方图物，贡金九牧，铸鼎象

①郭沫若：《奴隶制时代》，北京．人民出版社，1973 年，第 18—19 页。

物……”西汉《史记·封禅书》：“黄帝作宝鼎三，象天地人。禹收九牧之金，铸九鼎，皆尝烹鬺上帝鬼神。”①

然而，现代考古学验证：古华夏青铜时期始于二里头文化第二期（不早于公元前 1680 年），所以不可能在神话传说中的“夏禹时代铸九鼎”。

远古祭祀时，鼎为炊煮牲肉（牛羊肉）及盛放牲肉的用具，后逐渐演变成为礼器。商朝中期，开始铸造大型的青铜鼎，形制来自陶鼎。鼎一般为圆腹、立耳、三足，少数为方形、四足，而鼎耳可以穿杠或搭钩。河南安阳后岗（公元前 4000 年）出土了折沿圆腹鼎。在仰韶文化遗址（约公元前 3000 年）中也出现了陶鼎，与殷周鼎的基本形制接近，一般为圆腹环底，三足两耳。（如图 5-19）

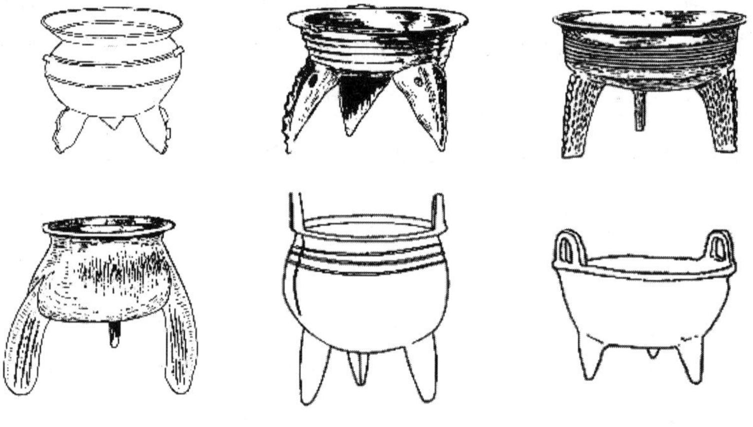

图 5-19　陶鼎与青铜鼎

①《左传·宣公三年》：“楚子伐陆浑之戎，遂至于洛，观兵于周疆。定王使王孙满劳楚子。楚子（楚庄王）问鼎之大小轻重焉。对：在德不在鼎。昔夏之方有德也，远方图物，贡金九牧，铸鼎象物，百物而为之备，使民知神、奸。故民入川泽山林，不逢不若。螭魅罔两，莫能逢之，用能协于上下以承天休。桀有昏德，鼎迁于商，载祀六百。商纣暴虐，鼎迁于周。德之休明，虽小，重也。其奸回昏乱，虽大，轻也。天祚明德，有所厎止。成王定鼎于郏鄏，卜世三十，卜年七百，天所命也。周德虽衰，天命未改，鼎之轻重，未可问也。”《史记·楚世家》有相同的记载，只是将“楚子”改称“楚王”。 类似神话传说有《墨子·耕柱》：“昔者夏后开（启）使蜚廉折金于山川，而陶铸之于昆吾；……九鼎既成，迁于三国。夏后氏失之，殷人受之；殷人失之，周人受之。夏后殷周之相受也，数百岁矣。”《史记·武帝纪》：“禹收九牧之金，铸九鼎，象九州。”《史记·封禅书》：“禹收九牧之金，铸九鼎，皆尝亨鬺上帝鬼神。”

通常使用的鼎的尺寸，一般高度在 20～30 厘米左右。例如，商早期的兽面纹扁足鼎，高 14 厘米，口径 13.1 厘米。商晚期王室使用的礼器鼎：徽号鼎，高 19.3 厘米，口径 15.7 厘米；邑鼎，高 21.9 厘米，口径 18 厘米；禺方鼎，高 23 厘米，口长 16.6 厘米，口宽 14.2 厘米；共鼎，高 24 厘米，口径 19.5 厘米；大禾方鼎，高 38.5 厘米，口长 29.8 厘米，宽 23.7 厘米。但是，极少数特别铸造的大鼎的高度也不超过 1.5 米。例如，商代晚期的青铜鼎司母戊大方鼎，长方，四足，高 133 厘米，重 875 公斤，是现存最大的商代青铜器。此外，郑州商城出土最大的青铜方鼎通高 100 厘米，湖北盘龙城出土最大的青铜圆鼎通高 55 厘米。（如图 5-20）

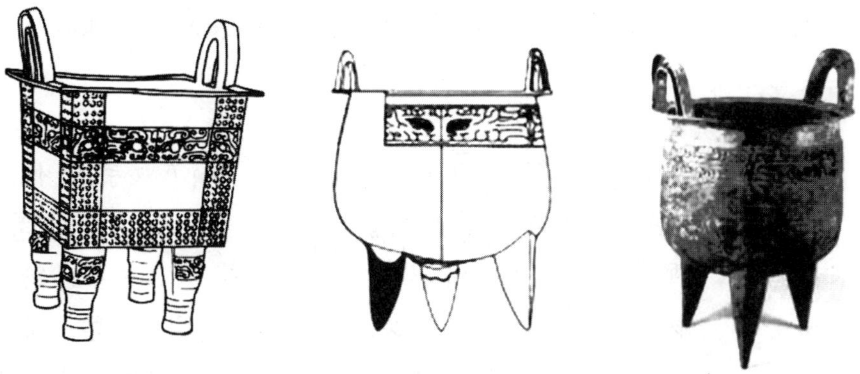

图 5-20　郑州商城出土青铜方鼎（左一）和湖北盘龙城出土青铜圆鼎

甲骨文“鼎”

象形字甲骨文“鼎”（、、、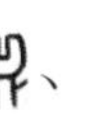、、）像有三足或四足（）、有提耳（）的青铜容器。鼎，既是青铜礼器，也是煮具，最早用于皇宫祭祀时熬制美食，盛行于商周时期。金文“鼎”写成，篆文“鼎”写成。《说文》：“鼎，三足两耳，和五味之宝器也。昔禹收九牧之金，铸鼎荆山之下，以协承天休。”

甲骨文、金文常见“鼎”字，跟“鬲”同为象形字。当时，以鼎为国家政权的象征。《周礼》规定贵族用鼎须遵照礼制，按等级使用不同数量的鼎，如天子九鼎、诸侯七鼎、大夫五鼎、士三鼎。其形制也有方形四足者，足为圆柱形或方形。鼎内铭文，商代较少，周代渐多。[①]

直到东周和汉代，还常用陶鼎作为随葬的明器（冥器）。古代明器一般用竹、木或陶土制成。《礼记·檀弓下》：“其明器，神明之也。涂车刍灵，自古有之，明器之道也。”

（十）从陶尊到青铜尊

火技术陶冶陶器时代很早就出现了陶尊，形制为大口，或兼有尖底。山东大汶口文化遗址中一些引人注目的刻画符号就出现在大口陶尊上，这种陶尊可能是用来酿酒的。尊，在礼器里跟鼎和簋类似，处在高端地位。

甲骨文“尊”

会意字甲骨文“尊”（）= （酉）+ （双手），像双手捧（）酒坛（）。金文“尊”写成，篆文“尊”写成。《说文》：“尊，酒器也。从酋、廾以奉之。”《周礼》：“六尊：牺尊、象尊、著尊、壶尊、太尊、山尊，以待祭祀宾客之礼。”尊，常见者为侈口（大口），高颈，鼓腹或筒腹，圈足。郑州二里岗商城和湖北盘龙城商代中期遗址中出土了迄今已知最早的釉陶尊。这种釉陶尊主要为敞口、折肩、深腹、凹底的形制，个别有圈足的。河南洛阳出土西周的白色陶尊高 23 厘米，其造型和装饰跟同时期的铜器相像。

商代以后的青铜尊，则为盛酒器。商末周初，有一种特大侈口、筒状的尊，学者称之为“觚形尊”。尊的尺寸基本上跟鼎相当。商代，饕餮龙纹青铜尊，直径 23 厘米；四羊方尊，高 58.3 厘米，口长 58.3 厘米，口宽 52.4 厘米，重 34.5 公斤。安徽阜南出土商青铜器龙虎尊，高 50.5 厘米，直径 44.9 厘米，重约 20 公斤。（如图 5−21）

古人说“决胜于尊俎之间”，就是指与谈判对方在饮酒食肉的酒宴上

① 俞伟超：《周代用鼎制度研究》。参见俞伟超：《先秦两汉考古学论文集》，北京．文物出版社，1985 年。

取胜。俎，是盛肉器。由于“尊俎”使用普遍，后人直接将“尊（樽）”作为酒杯的代称。陶尊还有一个更重要的技术用途，被后人称为“将军盔”的带蒂把大口陶尊，是冶炼铜的坩埚。

图 5-21 各地出土的青铜尊

（十一）从陶簋到青铜簋

簋，甲骨文写作“毁”，本义是远古的竹篮，发展为陶制或青铜制的盛食物（黍稷）的容器，圆口，双耳或四耳。《说文》：“簋，黍稷方器也。”青铜器铭文或作“毁（、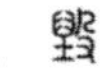）”。

陶簋或为瓷质，功能相当于大碗。早期陶簋一般为侈口、圆腹、圈足，有的有双耳。在大溪文化、良渚文化、昙石山文化以及商、西周遗址墓葬中，均有出土陶簋。商代中晚期开始，陶簋器形演变为敛口、折沿、深腹、圈底、圈足，也有敞口、卷沿、斜腹的。商代始见原始青瓷簋，三国至西晋浙江的青瓷窑依然烧制瓷簋。[①]（如图 5-22）

《仪礼·公食礼》：“宰夫设黍稷六簋。”《周礼·掌客》：“鼎簋十有二。”《周易·损》：“二簋可用享。”《诗经·秦风·权舆》：“每食四簋。”《诗经·小雅·伐

图 5-22 商代陶簋、铜簋

①高琳：《周代青铜簋与陶簋的造型异同点》，《现代装饰理论》2014 年第 11 期。

木》："陈馈八簋。"《韩非子·十过》："臣闻昔者尧有天下，饭于土簋，饮于土簠。"《史记·始皇纪》："饭土簋。"可见，从传说中的尧就有使用"土簋""土簠"等陶器，一直到秦始皇时代人们（尤其是农民和手工劳动者）还在普遍用陶簋来盛装饭食。

三门峡考古发现西周的陶簋（实用器），高 34 厘米，口径 21 厘米。同时，还出土有陶鬲和陶罐。这说明直到西周仍在使用陶簋等陶器。

远古陶簋是用来盛熟的黍、稻、稷、粱等食物，形体似大碗。陶簋在木–石器时代就出现了，青铜簋是在商代中期发展起来的。簋的形态变化最多，最早流行无耳簋，敞口，微束颈，腹部均匀膨出，下有圈足，后来在这一形制的基础上器侧出现了双耳。商代晚期盛行双耳青铜簋，西周至春秋晚期的青铜簋则多有盖和两耳。

"西周第一青铜器"利簋，簋高 28 厘米，口径 22 厘米，深腹，双耳有珥，作兽首口衔鸟头状，圈足下有方座。利簋器腹及方座饰兽面纹、龙纹，圈足饰龙纹，均以雷纹为地；方座平面四角饰蝉纹。利簋内底铸铭文 4 行 33 字，记述了甲子日清晨武王伐纣这一重大历史事件。（如图 5–23）

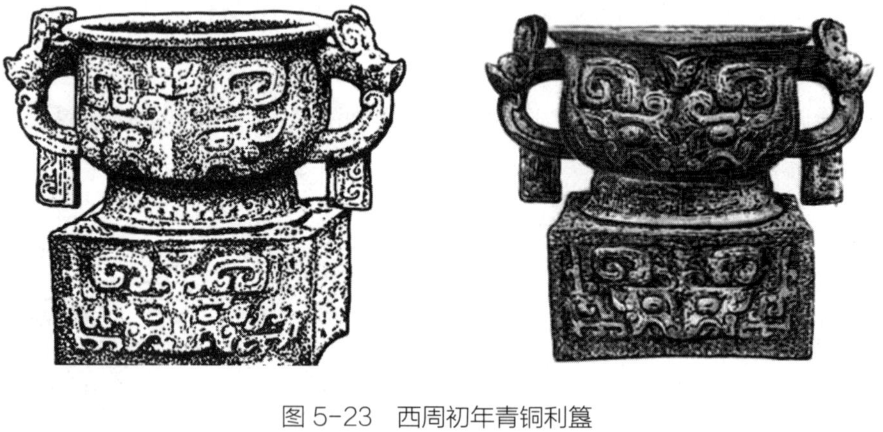

图 5–23　西周初年青铜利簋

此外，吉林辽源白泉镇出土小型陶簋（明器），高 9 厘米，直口圆唇，圆口直径 9 厘米，属于手制夹砂粗陶，表面抹光，呈黑褐色。

目前，已知最大的青铜簋是陕西扶风出土的周厉王礼器簋，重 60 公斤。三门峡虢国墓发掘出土明器青铜簋，其中重环纹簋高16厘米，口径13.6厘米，腹径19.1厘米，腹深7.8厘米，圈足径17厘米；素面簋的器盖与器身浑铸一体，高12.6厘米，腹径12.8厘米。明器青铜簋的尺寸与明器鼎相匹配并略小一些，而通常的实用器青铜簋的高、口径、腹径、腹深是明器青铜簋的2倍左右。（如图5-24）

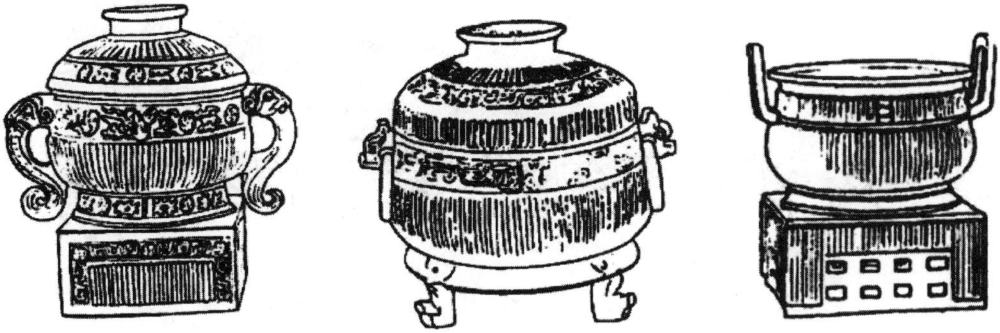

图5-24　青铜簋

（十二）从陶甗到青铜甗

甗（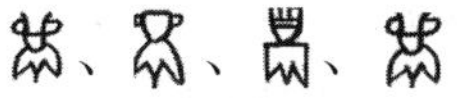），组合炊具，上部为甑，下部为鬲，或分体，或浑体，是两者结合的蒸食器。甗多为圆形、立耳，少数为方形，主要用途是上部蒸饭、下部煮水，蒸气通过中间的孔将上部的米蒸熟。所以，《陈公子甗》铭："用征用行，用羹稻粱。"甗，主要为日用器，亦兼作礼器，并与鼎、簋、盘、匜等配合使用。

陶甗，上部陶甑较大，下部陶鬲较小。山东胶县三里河出土的陶甗则相反，上部陶甑小，下部陶鬲大，且无明显的袋腹。

商代早期出现了青铜甗，但数量很少，到商代晚期有所增加。商代青铜甗多为甑鬲合铸，连为一体，铜甑上多立耳，甑体较深。这种青铜甗不仅见于中原，边远地区也有发现（如图5-25）。另外，还有上下两体分铸可以分合的青铜甗，一般为一甑一鬲。晚商时期出现了"一鬲三甑"的青铜甗，3件三甗联为一体，故名"三联甗"，如河南安阳殷墟妇好墓（商后期，约公元前 14 世纪—公元前 11 世纪）出土的“妇好甗”（如图 5-26）。

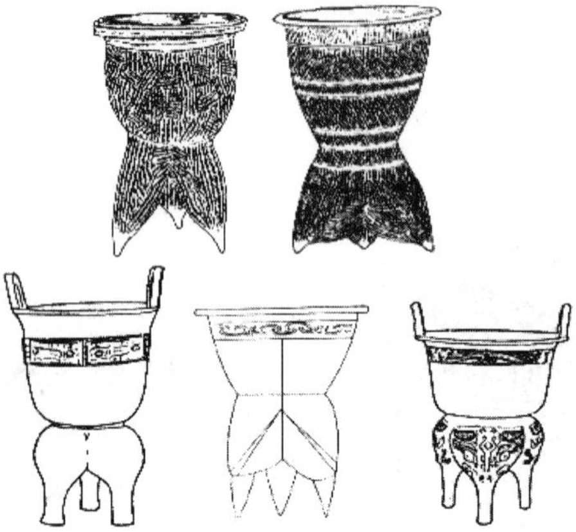
图 5-25　陶甗与青铜甗

图 5-26　妇好青铜三联甗

妇好青铜三联甗是目前所见唯一的甗复合炊具，通高 68 厘米，长 103.7 厘米，宽 27 厘米。甑高 26.2 厘米，口径 33 厘米，底径 15 厘米，重 138.2 公斤。它将三个甗的鬲合为一体，铸成一个长方形中空的案，案下有六条实足，案面上保留着三个下鬲口；上甑仍然是三个，分别套接于三个下鬲口内，形成一个下鬲加三个上甑的格局。使用时，鬲腔内的热蒸汽分别进入三个甑内，三个上甑中可分别放置不同的食品。妇好甗出土时案面有丝织物残痕，腹部、足部都有烟炱痕迹，可见其为实用器。这样的三联甗可以同时蒸煮几种食物，为后世制造的一灶数眼炊具打下了基础。

商周之际的青铜甗的铜甑部分降低，西周多浑体，东周多分体。铜陵顺安镇出土春秋中晚期青铜器兽足弦纹青铜甗，上甑下鬲连体，甑高 35 厘米，鬲高 26 厘米，口径 31 厘米，其形制与河南洛阳出土的青铜甗相似。

（十三）从陶盉到青铜盉

盉，远古一种盛酒的陶器，也用来调和酒与水，以节制浓淡。一般为弇口（口小腹大），有盖，大腹，管状流（饮用口），大鋬（把手），三或四个袋状足。

浙江余姚河姆渡遗址出土的陶器中就有盉，偃师二里头文化遗址也出现了陶制的盉。陶盉是三星堆遗址出土数量较多的一种陶器，高 47.9 厘米，宽 19.6 厘米，器顶有半圆形口，有三个中空的袋状足与器身相通。《说文》:“盉，调味也。从皿，禾声。”王国维《说盉》:“盉乃和水于酒之器，所以节酒之厚薄者也。”又说:“盉之为用，在受尊中之酒，与主酒而和之，而注之于爵。”[①]（如图 5-27）

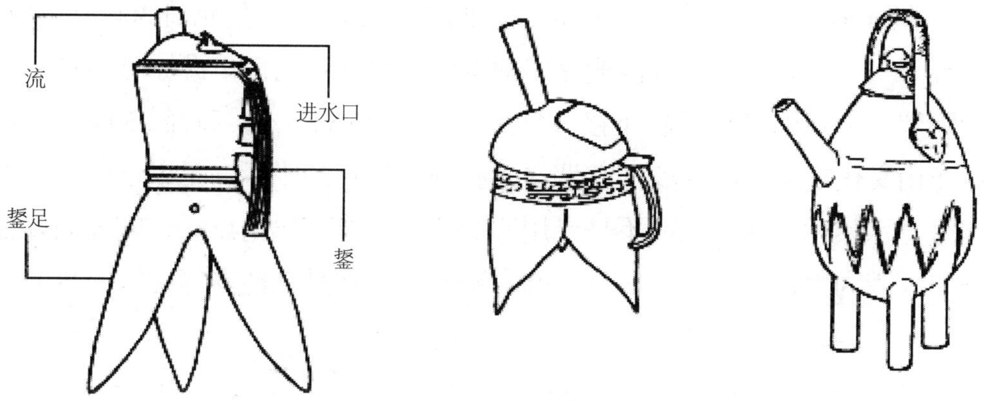

图 5-27　陶盉与青铜盉

商代，由陶制盉发展为青铜盉，形状较多。一般为深腹，圆口，有盖，前有长流（壶嘴），后有鋬（把手），有三足或四足。盉盛行于殷代及西周初期，如妇好盉、上士盉、祭侯盉等。商代前期，还有一种异形盉，流在顶上。宋刘松年《博古图》:“阜丁盉：三足，有流有鋬，盖与器铭共六字；执戈殳癸盉：缺盖，有流有鋬，铭三字，两面作饕餮，周以连珠，流有名，以上商盉。……三螭盉：三足，有提梁，无铭，有盖，立三螭以戏于旁，以上周盉。”北京琉璃河西周墓出土青铜盉，高 15 厘米，底径

①王国维:《说盉》。参见王国维:《观堂集林》（卷三），北京．中华书局，1959 年。

20 厘米，口径 9 厘米。安徽铜陵县钟鸣镇出土西周龙柄盉，上部盆形敞口，下部鬲形三袋足，器高 18.2 厘米，口径 12.6 厘米，柄长 18 厘米。

（十四）从陶斝到青铜斝

斝（），中国古代用于温酒的酒器，源于陶器。一般三足，或为袋足，或为实足，或为棱锥足，一鋬（耳），两柱，圆口呈喇叭形。王国维认为，《周礼》中称为“散”的礼器实际上与斝为一种器物。初为玉制，后世珍贵的玉制饮器往往亦称为“斝”。《诗经·大雅·行苇》：“或献或酢，洗爵奠斝。”《说文·斗部》：“斝，玉爵也。夏盏，殷斝，周爵。”

陶斝最早产生于龙山文化时期，而非自殷商始。公元前 3000 年就已出现了陶斝，如河南庙底沟遗存中就发现了很多。河南济源原城遗址出土的陶斝，形似圜底深腹盆下接三袋足，通高 20.5 厘米，口径 25 厘米。这件龙山文化晚期的陶斝底面有烟炱，腹内有残存的水垢，足以证明当时陶斝是煮水熬粥的炊具，而不是专用的酒器。但进入早商以后，陶斝渐以盛酒、温酒为主，而商代以后流行的青铜斝已无炊具功能。（如图 5–28）

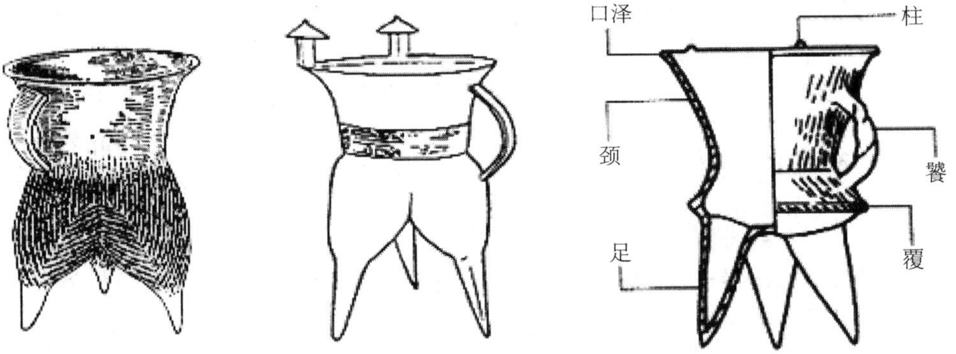

图 5–28　陶斝与青铜斝

青铜铸造的斝初见于先商时期，由陶斝发展而成，盛行于商朝。青铜斝的侈口（大口）较同类的爵要宽，口沿有柱，一侧置鋬，长足，有盖和无盖的形制并存。据说，商王太乙（汤）打败夏桀之后，青铜斝被定为御用的酒杯，诸侯则用青铜角（饮酒器）。商代以后，青铜斝由盛转衰，以至绝迹。

皖南铜陵狮子山出土青铜斝，平底，三角锥足，腹部上下各饰一周饕餮纹，高 33 厘米，口径 18.1 厘米，腹径 13.8 厘米。

（十五）从陶罍到青铜罍

罍（、），大型盛酒器，也用于盛水。罍是从陶罐分化出来的一种容器，形体大，容量多。使用时，罍是礼仪中的第一道酒具，即先要将罍中的酒分注于尊内，然后再用勺、枓挹入爵、觥等酒器。罍有高、扁两类，高者小敞口，口上有盖，肩有兽耳衔环，下腹前有鼻；扁者大口，口亦有盖，肩有兽形耳，但常无环。

龙山文化（公元前 2310 年—公元前 1810 年，一说约公元前 2350 年—公元前 1950 年）遗址出土了很多精美的陶酒器，如黑陶罍、高柄陶杯、白陶鬶等。制作如此精美的黑陶容器多出土在规格较高的墓葬中，其中黑陶罍为小口，鼓腹，与商代青铜罍酷似。山东龙山文化遗址出土的黑陶罍，高 22 厘米，口径 13.3 厘米。（如图 5–29）

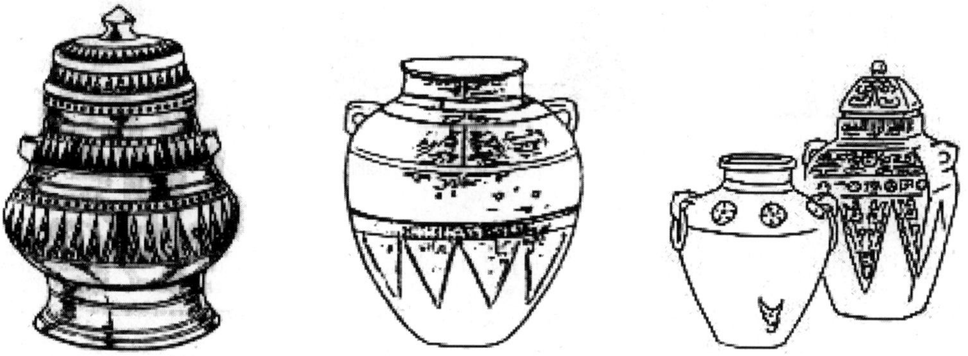

图 5–29　陶罍与青铜罍

《诗经·周南·卷耳》：“我姑酌彼金（铜）罍”。《仪礼·少牢馈食礼》：“司宫设罍水于洗东。”可以为证，罍多作生活用器，也有时作礼器用。《礼记·礼器》："庙堂之上，罍尊在阼，牺尊在西。"战国青铜罍，通身饰变形夔纹、重环纹、勾云纹等，制作精良，高 28 厘米，口径 20.5 厘米。

（十六）从陶觚到青铜觚

觚，一种酒器，侈口，细腰，高圈足。商代以前即有陶觚，如二里头早期遗存中就有陶盉、陶爵、陶觚的组合。考古发现，商代最基本的酒器组合也是觚和爵。陶觚的形状为小侈口，腰粗而短，平底。商代早期的青铜觚也大体如此。商代晚期，觚变为大侈口，腰细而短，也有方形的。西周中期以后，觚和相关的酒器（如爵、罍、觶、盉等）一同衰落了，渐渐被实用、便利的杯和壶所代替。①

考古出土的商代晚期兽面龙纹青铜觚，高 29.7 厘米，口径 16.7 厘米。河南安阳殷墟西区出土的兽面纹觚，高 15.1 厘米，宽 10.7 厘米，重 0.37 公斤。（如图 5–30）

图 5-30　陶觚与青铜觚

周朝时，对青铜酒器作了明确的规定：一升爵，二升觚，三升觶，四升角，五升散（斝），六升壶。汉代容量每升约合今 200 毫升，一升的爵，相当于今 4 两；二升的觚，合今 8 两；以此类推，五升的斝（散），合今 2 斤。这种青铜酒器的规格，一直沿袭到清朝。②

---

①容庚、张维持:《殷周青铜器通论》，北京．科学出版社，1958 年。

②张传玺主编:《中国古代史教学参考手册》，北京大学出版社，1985 年，第 523 页。

（十七）从陶觯到青铜觯

觯，饮酒器，形制像觚，用途与觚相同。《礼记·礼器》："尊者举觯，卑者举角。"觯，侈口，短颈，鼓腹，圈足，或有盖，似尊而小，状如小瓶，大多数有盖，多为椭圆形或圆形，个别有方形的，自身铭文称为"鍴"（如王义楚鍴）。

陶觯出现于公元前3000年之前；青铜觯盛行于商及周初，在春秋时演化为长身、侈口、圈足，但很少见。考古出土商代青铜觯，高23厘米。桓台史家遗址出土的商晚期青铜觯，高12.9厘米，口径8.3厘米。（如图5-31）

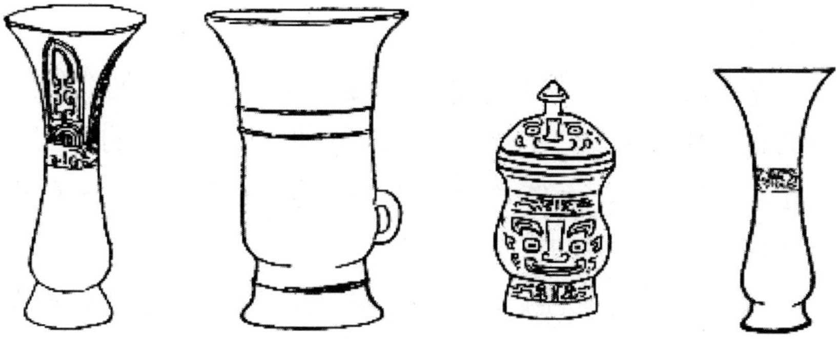

图5-31　陶觯与青铜觯

总而言之，制陶技术是青铜技术的起始与源泉。在木–石器时代进一步发展过程中，如果没有陶器技术的开创和积累，就不会有后来的青铜器时期。中国发现的木–石器时代遗址达6000多处，而这些文化遗址都有陶器的遗存。①

陶冶时代前后长达万年，陶器的许多特点为青铜器继承下来。一方面，若没有制陶工艺就没有青铜铸造工艺，陶器工艺、形制从根本上影响了青铜器工艺和形制，另一方面，青铜器的冶炼、铸造并没有接受石器的多少影响。因此，笔者认为在木–石器时代之后必须划分出关键的火技术

①李辉柄:《新石器时代的陶器》,《紫禁城》2004年第3期。

与陶–铜体系的“火技术陶冶时代”。

秦汉以后，随着社会不断进步，石器首先被淘汰，并逐渐退出历史舞台；陶器、铜器逐步罕见，但后世陶器进化为瓷器，铜器进化为铁、钢等各种金属制品；鼎、爵、尊、簋、甑、甗、盉、斝、罍、觚、觯、盂等陶器和铜器的古典产品变成古董。但是，陶瓷碗和陶瓷杯、壶、盆、盘、罐等日用品却逐渐兴盛发达，一直流行到今天。

商周王朝是青铜器与陶器共存的鼎盛期。《左传·成公十三年》：“国之大事，在祀与戎。”这反映了当时统治者对天地的敬畏、对祖先的崇敬和崇尚征伐的思想。由此可见，商周统治者非常重视青铜礼器与兵器的铸造，政权的重器“九鼎”，编钟（礼乐器），爵、盉等饮食器，以及戈矛等兵器都大量出现。

但是，商周时期的青铜材料很少用于农业，而广大民众仍然常用以木料为主的农具和各种复合工具从事生产劳动，日常生活的器皿仍然多为陶制品。千百年间，木–石体系与火技术陶冶体系共存，木–石器、陶器与青铜器共存，成为社会的常态。

从人类进化史看，在生产力方面，主要表现为“复合工具体系”的进化史；在材质方面，主要表现为使用自然材料和复合材料的进化史。其中，各种木、竹、铜、金属材料组成木–石体系 、木–铜体系、木–铁体系，呈现出源远流长的生命力，经久不衰。

由此，笔者再次重申，对于史前史“三分期学说”必须做出如下全面修正：

（1）人类历史的第一个时代，不是“石器时代”，而应该修正为“木–石体系”的“木–石器时代”。

（2）人类历史的第二个时代，应该修正为“火技术陶–铜体系”的“陶冶时代”。

（3）在火技术的陶冶时代以后的第三个时代，应该修正为“木–铁器时代”。

野蛮向文明的过渡

——现代系统论与世界体系之六

【内容提要】制陶技术的多种原料配方、高温调控、陶窑设备等，构成冶铜和铸铜的技术基础，陶窑发展为早期的炼铜设备小竖炉。与陶器制作过程相比，冶铜、铸铜的技术门槛需要以下新技术:（1）高于纯红铜熔点1084.5℃或青铜熔点950℃～995℃以上的冶炼温度;（2）强烈还原剂;（3）承接高温铜溶液的装置和夹具;（4）将铜溶液与炉渣分离的设施（催生了陶器釉的发明）。由此，笔者提出“陶冶时代（Pottery-Copper Age）”的新概念，作为史前史“木-石器时代”之后的第二个时代。其中，铜器包括红铜、砷白铜、锡青铜，陶器包括红陶、灰陶、彩陶、白陶、黑陶等，所以过去把铜器时代仅仅局限为“锡青铜时代”是不全面的，正如陶器时代不能局限为彩陶时代一样。进入火技术的陶冶时代后，铜器技术的发展史应划分为红铜时期（Copper Period）、砷白铜时期（Arsenic Copper Period）、锡青铜时期（Bronze Period）三大时期。必须注意的是，许多地区的红铜时期几乎都与彩陶文化共存，但这并不是偶然现象，而是有力地说明陶冶时代的铜器技术与陶器技术密切相关。历时1万多年的陶冶时代，也是综合工具和“后期智人”阶段，即野蛮向文明的过渡阶段。

一、陶冶时代——从野蛮走向文明

木-石器时代，从木质（包括竹质）工具与石质工具混合使用，经过简单的木-石器结合时期和木石复合工具时期——弓矢阶段，到早期智人即复杂工具时期。由此，再逐步从采集狩猎方式走向农业和畜养业。[①]

“铜器时代”这一专用术语，最初是由丹麦汤姆森所创，其给出的定义是：“以红铜（Copper）或锡青铜（Bronze）制成武器和切割器具的时代”[②]。由此，区分了“红铜时期（Copper Period）”和“锡青铜时期（Bronze Period）”两者的主要差别。—— 请注意：一开始考古界尚未发现砷白铜（Cu-As）的时期。

汤姆森定名的“铜器时代”是介于最早的“木-石器时代”和接续的“铁器时代”之间的一个考古学时代。这个时代并不算长久，甚至相对说来比较短暂（1万年左右），但它是人类从野蛮走向文明的关键过渡阶段。“铜器”是包括红铜（纯铜，pure copper）、黄铜（brass）、砷白铜（Cu-As）、锡青铜（Bronze）在内的各种铜制品，而“锡青铜器”则专指铜锡（Cu-Sn）、铜铅（Cu-Pb）及铜锡铅（Cu-Sn-Pb）合金的铜合金制品。

（一）铜器与陶器的交互与对应

“铜器时代”的第一时期“红铜时期”距今1万年左右，但世界各地进入红铜时期的年代参差不齐，地区差别很大；第二时期“砷白铜时期（Arsenic Copper Period）”约开始于公元前5000年—公元前4500年；第三时期“锡青铜时期（Bronze Period）”于公元前3000年左右流行。

按照丹麦汤姆森（C.J.Thomson）最初的定义，“铜器时代”应从红铜时期开始，年代大约在公元前1万年。陶器和铜器出现的年代相近，前

---

①陈明远、金岷彬：《历史考古的新观点（七）：野蛮社会、农业革命和三分期理论的修正》，《社会科学论坛》2014年第7期。

②C. J. Thomsen: Ledtraadtil Nordisk oldkyndighed, København, 1836. 转引自张光直：《中国锡青铜时代》，北京．生活·读书·新知三联书店，1999年，第2页。

者比后者稍早，但都持续了1万年左右；制陶技术与冶铜、铸铜技术之间具有密不可分的关联性，呈现出形态相关的层次结构。冰川时代结束后，从1.2万年前开始的全新世（Holocene）也就相当于陶器和铜器出现的年代。根据传统的地质学观点，全新世一直持续至今①，所以“火技术的陶冶时代”是有地质史全新世做大背景的。

我们注意到，许多地区的红铜时期几乎与彩陶文化共存，但这并不是偶然现象，而是有力地说明陶冶时代的铜器技术与陶器技术密切相关。

铜器包括红铜、砷白铜、锡青铜，与此类似的陶器包括红陶、彩陶、白陶、黑陶等。若把铜器时代局限在锡青铜时期是不全面的，正如陶器时代不能局限在彩陶时期一样。陶冶时代铜器技术的发展史，应划分为红铜（与彩陶时代相当）、砷白铜、锡青铜（与白陶、黑陶等时代相当）三大阶段。

（二）陶冶时代——从野蛮到文明的历程

笔者提出“陶冶时代”（Pottery-Copper Age，或“火技术的陶–铜器时代”）的概念，作为史前史“木–石器时代”之后的第二个时代。

摩尔根提出的蒙昧阶段，相当于笔者提出的“木–石器时代（Wood-Stone Age）”的前三个时期：（1）木器与石器混合使用的时期（Wood and Tone Period），相当于摩尔根《古代社会》的初级蒙昧社会；（2）简单的木–石器结合时期（Simple Wood-stone Period），绳索捆绑或胶结的木石长矛、木石投枪等木–石器结合工具，相当于摩尔根《古代社会》的中级蒙昧社会；（3）木–石复合工具时期（Wood-Stone Composite Tool Period），即弓矢阶段（Bow and Arrow Period），相当于摩尔根《古代社会》的高级蒙昧社会。

摩尔根提出的野蛮（半开化）初级阶段，相当于“早期智人”即复杂工具（Complex Wood-stone Tools Period）阶段。笔者提出的“陶冶时代”，包括“陶器–复杂工具时期”和“铜器–综合工具时期”，相

①全新世（Holocene）是地质史的最年轻时代，从1.17万年前开始。参见孙秀容、戴纯俊、刘志高等：《长江三角洲南翼晚更新世——全新世沉积物地球物理研究》，《物探与化探》2002年第3期。

当于摩尔根《古代社会》的中高级半开化社会，即综合工具和“后期智人”阶段。①

冶铜、铸铜与制陶相比，需要以下新技术：（1）950℃以上的冶炼温度（青铜合金熔点 950℃，纯铜熔点 1084.5℃）、冶金鼓风技术；（2）强烈还原的加热冶金气氛（木炭既是高热值燃料又是还原剂）；（3）高温下承接铜溶液的加热设备和搬运夹具（耐火陶，以及大口冶炼坩埚，如“将军盔”和竖炉等）；（4）将铜溶液与炉渣分离的冶金设施，辅助冶炼的熔剂（催生出陶器釉的发明）。

世界各种文明的起源都具有多样性，冶金技术发展的先后差异也很大，但在以西亚为中心，包括整个地中海和几大文明发源地，考古学家在旧大陆很多地方——从俄罗斯到大不列颠、从新疆—河西走廊到西北甘肃，陆续发现了数以万计的古代铜砷合金。

近来，一系列新的考古发现和科学分析确认，铜冶金经历了类似的发展道路：自然铜→人工冶炼红铜→铜的合金化（先是砷白铜，然后是锡青铜、锌黄铜），其中砷白铜（Cu-As，即 Arsenical Copper）是第一种被大规模使用的铜合金。同时，多数古文明一般都经过“红铜（Copper）→砷白铜（Cu-As）→青铜（Bronze）→锌黄铜（Zinc bronze）”四大环节的冶金技术发展历程，其分布范围之广、延续时间之长引起了国内外许多专家学者的关注和深入探讨，特别是从冶金学原理和机械工具史等方面继续开展开创性的研究。

（三）自然铜——纯铜

自然铜常以生姜状、树丫状、丝状或颗粒状出现，体积大小不一。

人类最初发现的铜金属是自然铜（纯铜），含铜品位可高达 90%以上，经过直接锤打就能成形。先民们捡拾到自然铜块以后，只要冷锻即能制成铜刀一类小工具，不过硬度较差，用途不大，数量和质量都不能推广。

---

①[美]路易斯·亨利·摩尔根（L.H.Morgan）:《古代社会》，杨东莼、马雍、马巨译，北京.商务印书馆，1977 年，第 8—9 页。

从火技术的进展过程证实，只有制陶技术为冶铜的新技术奠定了基础。

1943 年发表的《甘肃地质矿产调查报告》对自然铜有过描述："武威、张掖、酒泉之南……祁连山北麓各沟谷中之沙砾层，含有大块自然铜，普遍长 3 寸（约 9.9 厘米）、宽 2 寸（约 6.6 厘米），最大者长 1 尺（约 33 厘米）余、宽 6 寸（约 19.8 厘米）、厚 3 寸（约 9.9 厘米），皆无棱角。"①

自然铜在岩石层里不是孤立存在，在自然铜块的周围也会有铜的氧化矿石伴生，其中很普遍的是颜色青绿的孔雀石，化学分子式 $Cu_2(OH)_2CO_3$，学名碱式碳酸铜。

地球上的铜矿可分为氧化铜型和硫化铜型。其中，埋层较深的是硫化铜型矿；埋层较浅的在自然环境作用下多转变为氧化铜型矿，而氧化型铜矿包括孔雀石、赤铜矿、蓝铜矿。浅层的氧化矿石较容易获得，也较容易冶炼，是人类各古代文明地区先行开发的矿产。

（四）怎样从"制陶"进步到"冶铜"

人类的火技术从制陶开始，逐步进入高温加热的新阶段，由此孕育出冶铜。

先民们逐步识别了自然铜与铜矿石，特别是有一种氧化的铜矿石即孔雀石，含铜量可达 10%～20%，甚至更高。所以，只要把孔雀石同木炭放在一起加高温冶炼，就可能炼出红铜（纯铜）。同时，孔雀石又常与自然铜一起出现。在烧制陶器的过程中积累起来的经验，为铜矿的冶炼提供了高温知识、耐火材料、造型材料与造型技术等必要条件。

多年来，考古学家们反复测量了历代陶器的烧制温度，现根据各种科研资料汇总如下：

从陶冶工艺原理来看，煮水沸点 100℃，食物的烧烤温度最高在 200℃左右。2001 年，中科院考古所对桂林甑皮岩遗址进行第二次发掘，发现了距今 1.5 万年的素面夹砂陶器，测定其烧制温度不超过

①唐际根：《矿冶史话》，北京．社会科学文献出版社，2011 年，第 17 页。

250℃。虽然素面夹砂陶器不能算作真正的陶器，但这是发明陶器的先期脚印。日本鹿儿岛筒仙山出土的至今1.5万年前的陶片，烧制温度只有400℃～500℃，质地疏松，没有完全陶化，还只能算是“土器”，不能算作陶器。烧制成陶的最低温度需要600℃。史前露天堆烧的无窑烧陶方式，烧制温度在600℃～700℃之间，如在广东翁源青塘遗址出土陶片的烧制温度为680℃；进入横穴窑时期，陶寺遗址的陶器烧制温度为600℃～850℃。其中，褐陶类低温陶烧制温度600℃～700℃，灰陶类烧制温度可达850℃。在陕西老官台、浙江河姆渡（公元前5000年—公元前3000年）、河北磁山、河南裴李岗、甘肃大地湾等遗址出土的早期陶器，烧制温度为600℃～700℃。公元前5150年的裴李岗文化时期，陶窑的烧制温度提高到820℃～920℃。华北磁山文化（公元前5600年）中的彩陶经过900℃左右的温度焙烧而成。仰韶文化前期（公元前5000年—公元前4000年）陶器的烧制温度为900℃～1000℃，高于同时期其他地区，为“制陶”转向“冶铜”创造了必要的前提。由此，可做出合理的推测：早期冶铜工艺正是通过烧火、制陶而逐步发明出来的。①

仰韶文化后期（公元前4000年—公元前3000年），制陶工艺迈进到一个新台阶，烧成温度突破1000℃，为冶铜工艺准备了火技术的基础。在烧制陶器时，先民们偶然放进陶窑的铜矿石（如孔雀石）在高温（接近纯铜的熔点1084℃）时被熔炼成红铜，冷却后凝结定型。久而久之，炼铜术就被摸索出来了。

各地彩陶文化的多处遗址里分别发现了铜器遗物。到了龙山文化（约公元前2500年—公元前2000年）时期，烧制白陶等火候较高的硬质陶器的烧成温度已高达到1050℃～1100℃；相应地在龙山文化遗址也出土了很多的铜器。龙山文化的黑陶、白陶的烧陶温度跟铜的熔点

①朱延平：《中国陶器起源阶段及相关问题》。参见许倬云、张忠培主编：《中国考古学跨世纪反思》，香港.商务印书馆，1999年。李文杰：《中国古代制陶工艺研究》，北京.科学出版社，1996年，第122页。中国科学院考古研究所、广西壮族自治区文物工作队、桂林甑皮岩遗址博物馆、桂林市文物工作队编：《桂林甑皮岩》，北京.文物出版社，2003年。李家治主编：《中国科学技术史》（陶瓷卷），北京.科学出版社，1998年，第204页。冯先铭主编：《中国陶瓷》，上海古籍出版社，2001年，第4页。

（1084℃）接近，使用陶模具制作泥坯和印制花纹等技术与铸铜的模具功能有相似之处，而冶铸用的熔炉、水色、型范等都是陶质的用具，炼铜用的木炭也与烧陶用的燃料也一致。考古提供的资料说明，凡是发现古代铜矿、炼铜遗址的附近大多同时有居民聚落遗址。因此，在制作陶器时，人们为寻找原料也认识了自然铜与孔雀石等铜矿石。各地的红铜时期几乎都与彩陶文化共存，龙山文化的礼器黑陶、白陶与锡青铜器密切相关，但这些绝不是偶然现象，而是有力地证明了陶冶时代的铜器技术与陶器技术密切相关。

二、第一阶段：陶冶时代的纯红铜时期

（一）最早的铜器

红铜时期（Copper Period），指介于木-石器时代和锡青铜时期（Bronze Period）之间的过渡时期，以红铜的使用为标志。红铜，即天然铜，质地软，不适合制造坚硬的工具，所以纯红铜时期的人类仍以使用木-石器为主。世界上各地区进入红铜时期的年代参差不一，差别很大。各地的纯红铜时期，几乎都与彩陶文化共存，陶冶时代的铜器与彩陶关系密切。

迄今发现最早的红铜制品是在西亚，年代大约为公元前1万年 公元前9000年。据里希特尔《世界冶金史大事记》载，公元前9000年，已知最早的锻打红铜。①

伊朗西部的阿里·柯什（Ali Kosh）地区发现红铜装饰品，年代为公元前9000年—公元前7000年；伊拉克的札威·彻米（Zawi Chemi）地区发现有红铜装饰品，这里一些遗址有了铜器（个别遗址中用冷锻法制造的铜扣针等可早到公元前7500年左右）。又一说，世界上最早的铜器是在土

①M.J.Lessiter：Timeline of Casting Technology，Modern Casting，November，2002,pp.43–51.

耳其发现的，距今已有9000年。在塞尔维亚布洛克尼克遗址，1996年考古学家发现了6700年前的铜矿（红铜）遗址。公元前4000年中期，欧洲出现铜器。

公元前7700年—公元前3300年间，南亚地区居住在梅赫格尔（Mehrgarh，今巴基斯坦俾路支省）的居民就会使用当地的铜矿制作纯红铜工具。公元前4300年—公元前3200年间，在印度河文明与安纳托利亚南部及伊朗北部的红铜时期彩陶式样十分相似，可能双方在这期间已经开展贸易。①

人类最初发现的铜金属是自然铜，含纯铜的品位可高达90%以上。自然铜虽硬度较差，但经过直接锤打就能成形，所以先民们捡拾到自然铜块以后只要冷锻即能制成铜刀一类小工具。后来，烧制陶器时，偶然放进陶窑的铜矿石（如孔雀石）在高温（接近纯铜的熔点1084.5℃）时被熔炼成纯红铜，冷却后凝结定型。久而久之，炼铜术就被摸索出来了。红铜（纯铜，又名紫铜），可塑性极好，易于热压和冷压加工，迄今仍有大量应用。由此，原始人开始了“红铜时期”（Copper Period）。

巴尔干—安纳托利亚一带在公元前5500年前已开始冶金实践，所以有的学者坚持东欧巴尔干半岛（Balkans）是冶金术的独立发源地②。

又，欧洲冰人奥茨（Otzi, the Iceman）是1991年于阿尔卑斯山的奥茨塔尔山冰川发现的天然木乃伊，从他身边发现的铜斧可证明欧洲的铜矿开采至少在公元前5300年就存在了，比以前所知的要早500年。

塞尔维亚普罗库普列（Prokuplje）发现铜斧，显示了在欧洲人类使用金属的历史可以推至公元前5500年左右，比此前所知的早了很多年。还有，欧洲学者却认为，西南欧的伊比利亚半岛（Iberian）是冶金术的独立发源地③。

---

①A.Parpola: Study of the Indus script, Transactions of the 50th International Conference of Eastern Studies, Tokyo. The Tôhô Gakkai, 2005，pp.28–66.

②C.Renfrew: The Autonomy of the South East Copper Age, Proceedings of Prehistoric Society, 1967,p.35, pp.12–47.

③A.Ruiz–Taboada, etal: The Oldest Metallurgy in Western Europe, Antiquity, Vol, 1999, p.73.

一说，世界上最早的铜器是在中亚地区发现的，距今已有7000—8000年的历史。冶金术的具体发源地究竟在何处，迄今还难以确定。

史载，古埃及、两河流域等地在公元前4000年左右才进入纯红铜时期。其特征是：主要工具和武器仍然是木–石器，并在生产和社会生活领域中继续发挥主导作用。同时，出现了数量不等的以红铜（天然铜）器为主体的金属器，采用冷锻和冶铸两种技术成器，多属小型工具和饰物；也有因自然共生矿资源比较丰富而产生的合金铜。比较特别的是，早在公元前3500年左右就有制造锡青铜技术的埃及，红铜器却一直使用到中王国时期。

两河文明的冶金原材料是依靠当地丰富的农业产品与外地贸易交换所得。①

古代埃及的铜、金矿产资源来自南方尼罗河上游的努比亚地区。公元前4000年—公元前3000年，古埃及、西南亚等地先后开始用铜矿石炼铜。下埃及的法老们为了获得金属矿石资源，与努比亚有过多年的战争，并最终征服了努比亚人，掌握了黄金、铜、银和油料、木材资源，以及奴隶贸易。②

由硫化物或氧化物铜矿石冶炼得来的纯铜（红铜），我国古称赤铜，可用以铸钱及制造器物。明宋应星《天工开物·铜》：“凡铜供世用，出山与出炉，止有赤铜（红铜）。以炉甘石（菱锌矿的俗名）或倭铅参和，转色为黄铜；以砒霜等（含砷）药制炼为白铜；矾、硝等药制炼为锡青铜；广锡参和为响铜；倭铅和泻为铸铜。初质则一味红铜而已。”铜砷合金中含砷约10%时呈白色，旧称“白铜”即砷白铜。③

【附记】明宋应星《天工开物·铜》所言“倭铅”（此处“倭”意为猛烈，与日本无关）古书本无之，乃近世所立名色，其质用炉甘石熬炼而

---

①［美］斯蒂芬·勃特曼（Stephen Boteman）:《探寻美索不达米亚文明》，秋叶译，北京.商务印书馆，2009年，第81页。

②［英］海伦·斯德拉德威克（Helen Stradwake）主编:《古埃及百科全书》，上海科学技术文献出版社，2008年，第14页、第69页。

③［明］宋应星:《天工开物》，潘吉星译注，上海古籍出版社，1992年，第267页。

成。炉甘石，即菱锌矿（$ZnCO_3$）的俗名。先民以炉甘石与赤铜、木炭混合密封烧炼而得到锌黄铜。又，“水法炼铜”是“水法（湿法）冶金”的起源，这一技术最早为中国发明。“胆水”即古代称含胆矾的水，“胆铜法”就是胆水浸铜法，即用胆水炼铜，乃是水法冶金的一种。“白青”即水胆矾（礬）。古书《新修本草》关于石胆（CuSO·5HO）也有叙述。硝矾也叫硝酸钾，是一种强氧化剂。约在五代时，水法冶金的胆水制铜法为生产铜的一种实用方法。这在西汉《淮南万毕术》里就有记载。如此冶炼的红铜成分很纯，除天然的微量（0.1 %～0.2 %）杂质外，没有人工加入锡或铅，不成为合金。红铜的硬度虽较差，但直接经过锤打就能制成各种工具和装饰品。①

（二）古代华夏的红铜时期

从公元前 5000 年—公元前 4000 年左右，红铜制作的遗物开始在东亚出现，如在马家窑文化、仰韶文化、大汶口文化遗存里都发现有早期红铜器或有关线索。不过，一度有媒体报道红山文化属于红铜时期的说法，但已被认为不符合实际情况。例如，安志敏指出，“当时目睹的一座石冢表层的石棺里曾出土过一件铜饰，似不属于红山文化的遗存”，结合前述冶铜炉壁残片属于华北赤峰夏家店下层文化的情况，他断言“牛河梁遗址具有不同时代的文化遗存，已经是无可怀疑的事实”。②

仰韶文化晚期晋中类型山西榆次源涡镇陶片上的红铜炼渣（约公元前 3000 年），该遗址的灰坑中另出有铜渣，应属于铜铁共存矿冶炼不完全的冶金遗物。山西襄汾陶寺遗址（约公元前 2100 年）发现有红铜铃和砷白铜齿轮形器、容器残片等，但未见锡青铜器。新密新砦遗址曾出土红铜容器残片等。甘肃齐家文化遗址（约公元前 2130 ± 105 年）已分析的 25 件铜器中有 16 件是红铜器（比例为 64 %），同时也出土了彩陶，但数量

①郭沫若:《中国史稿》，北京．人民出版社，1976 年。

②安志敏:《关于牛河梁遗址的重新认识——非单一的文化遗存以及“文明的曙光”之商榷》，《考古与文物》2003 年第 1 期。李延祥、朱延平等:《西辽河流域的早期冶金技术》。参见北京科技大学冶金与材料史研究所、北京科技大学科技与文明研究中心编:《中国冶金史论文集》（四辑），北京．科学出版社 2006 年，第 48—49 页。

由多到少。新疆孔雀河古墓沟第Ⅰ型墓葬出土了红铜饰物，约为公元前1700年—公元前1400年。玉门火烧沟遗址和墓地出土铜器经检测66件标本中有红铜器36件（比例为56.4%）[①]，四羊首权杖头等为锡青铜，其中4件为锻造，其余为铸造，同时出土文物中还有20多个彩绘陶埙。由此可见，彩陶、石器与金银器、铜器共存。

又，有资料称在齐家文化（距今约4500年—4000年）遗址甘肃武威皇娘娘台曾出土过30余件铜器，包括刀、锥、凿、环等，经化学分析纯度达99.6 %以上，不含熔渣，仅含微量的锡、铅、锑、镍，表明它们是用天然铜锻造或熔铸而成的。

在甘肃大河庄和秦魏家两处齐家文化遗址中也发现过一些小件铜器，经检验约含5%左右的铅；在河北唐山龙山文化遗址出土过一件铜耳环，其中含有明显量的锡和少量铅；在山东胶县龙山文化遗址也出土过一支铜锥，是含少量铅、锡的铜锌合金，含锌20%～26%之间。这些铜器无疑都是从铜矿石冶炼出来的。

特别是1958年在甘肃永清辛店文化遗址以及山东诸城龙山文化遗址，不仅出土了红铜器碎片，并伴有铜炼渣和孔雀石；在河南临汝煤山龙山文化晚期遗址，还出土了冶铜坩埚残片，其上附着红铜粒。因此，可以确认最晚在距今4000多年前这些地区已经冶炼纯铜，而最初用于冶炼的无疑是孔雀石。

不过，这少量的早期红铜制品并未得到广泛使用。华夏的铜冶金考古还有一个不同于外域的特殊现象，就是出土了年代较早的锌黄铜件。陕西临潼姜寨仰韶文化遗址发现了黄铜片，以及黄铜片弯制的管子（出土时已压扁），距今5835±170年（约公元前3800年）。这是华夏考古发现的首例锌黄铜。与姜寨遗址时代相近的其他仰韶文化遗址里，还有很少量的红铜、锡青铜出现。山东胶县三里河龙山文化遗址（公元前2300年）出

---

①路迪民、王大业：《中国古代冶金与金属文物》，西安.陕西科学技术出版社，1998年，第7页、第31页。

土铜锥，经鉴定为黄铜质。[①] 但有学者认为，“姜寨‘黄铜’片的出现，既是可能的，又是偶然的，应该是选矿不纯的产物。虽然这是一件世界上年代最早的‘铜锌合金’，但它的出现对于后来的冶炼锌黄铜的技术并无任何实际意义，应属于原始铜合金。”

三里河龙山文化遗址铜锥的考古发现，使得临潼姜寨仰韶文化的锌黄铜物不再是木-石器时代的孤证，打破了以前认为黄铜的出现和使用比锡青铜晚的看法。

华夏木-石器时代晚期所发现的红铜器，有一部分是自然铜材质的制品，但并不都是自然铜。一些红铜制品（如甘肃武威皇娘娘台齐家文化铜器）除了有较高的含铜量之外，还杂有微量的锡、铁、砷等元素，且铁与砷的含量超过了自然铜里的铁、砷含量。[②]

关于华夏何时进入了红铜时代的问题，至今观点不一。有学者认为，龙山文化属于红铜时期，龙山遗址中有五处发现了红铜器或红铜炼渣。其中，有山东胶县三里河的两段残铜锥，诸城呈子的残铜片，栖霞杨家圈的一段残铜锥和一些炼渣与矿石碎末，日照尧王城的红铜炼渣和长岛店子的残铜片等。中原也有多处发现铜器或炼铜遗迹，如河南郑州董砦的方形小铜片，登封王城岗的一件残铜器片，临汝煤山的炼铜坩埚残片，山西襄汾陶寺的铜铃等。河北唐山大城山发现有两块穿孔铜片，含铜量分别为99.33%、97.97%，另有少量锡、银、铅、镁等杂质，也是红铜。内蒙古伊克昭盟（今鄂尔多斯）朱开沟遗址，发现了铜锥和铜手镯等。在长江中游的湖北石家河文化遗存中，也发现了许多红铜块。如此获取的原始铜合金偶然性大且不能批量生产，在各地皆昙花一现，与后来的锡青铜冶铸有大时段的冶金史空白。仰韶文化的锌黄铜、马家窑文化的锡青铜刀含渣量均很高，表明当时还没有提纯概念。“可认为，中

①滕铭予:《中国早期铜器有关问题的再探讨》,《北方文物》1989 年第 2 期。梅建军:《关于中国冶金起源及早期铜器研究的几个问题》。参见北京科技大学冶金与材料史研究所、北京科技大学科技与文明研究中心编:《中国冶金史论文集》(四辑)，北京．科学出版社，2006 年，第 12 页。

②唐际根:《矿冶史话》，北京．社会科学文献出版社，2011 年，第 16—22 页。

国在冶炼红铜、锡青铜之前，存在着利用共生矿冶铜技术的探索实践阶段。”

上述情况表明，在龙山时期可能已使用铜器，普遍使用的是锥，其次是刀匕之属，应用的范围很有限。成分绝大多数属纯红铜，也有少数为锌黄铜或锡青铜，但不论哪种铜器皆有一定数量的杂质。此类锌黄铜或锡青铜实际是由铜锌共生矿或铜锡铅共生矿经原始方法冶炼出来的，并不是有意制造的合金，把这种早期的、偶然得到的、含有其他元素的铜叫作“原始铜合金”，仍可归于“红铜”衍生物之列比较合适。①

从技术史的角度考察，无论红铜冶炼、范铸法、失蜡法还是砷锡青铜、锡青铜、铅-锡青铜、锡-铅-锡青铜都是西亚早于东亚，而且铜以外的其他金属如金、银、铁等冶炼东亚亦不早于西亚。②

在安阳殷墟铸铜作坊遗址里出土了一块纯铜，经分析含纯红铜量达到 97.2%，说明殷代已能由铜矿石炼出纯铜。1929 年，在河南安阳发掘殷墟遗址时，得到一块重达 18.8 公斤的大块孔雀石，它的出土地点就在炼铜遗址密布的区域中。最初炼铜的器皿大约是陶质坩埚，称为“将军盔”，在安阳和山东临淄都出土过。陶质坩埚一般容量约为三升，可放 5～10 公斤的矿石。冶炼时，把矿石和木炭放入其中，在炭火上或类似陶窑的炉中加热。某些出土的坩埚片上还有小孔，冶金史家认为当时曾装上了陶管，便于用嘴鼓气吹风帮助燃烧升温。由此可认为，当时华夏已进入人工冶炼自然铜的阶段。③

---

①“原始铜合金”概念的引入，可以较好地解释这类早期用铜遗存——“从矿石中带来的杂质，其存在标志着冶炼红铜的失败与早期冶铜技术的不成熟。含有这些杂质的铜与后来人类有意识进行人工合金而得到的各种铜合金具有本质上的不同，并不能因为这些铜中含有锡或铅就称之为锡青铜，更不能认为它们同于后世的人工有意识制造出来的铜合金。为了使二者有所区别，把这种早期的、偶然得到的、含有其他元素的铜叫作‘原始铜合金’比较合适。因而，姜寨的‘黄铜’片的出现，既是可能的，又是偶然的，应该是选矿不纯的产物。虽然这是一件世界上年代最早的‘铜锌合金’，但它的出现对于后来的冶炼黄铜的技术并无任何实际意义，应属于原始铜合金。”参见滕铭予:《中国早期铜器有关问题的再探讨》,《北方文物》1989 年第 2 期。

②黄盛璋:《论中国早期（铜铁以外）的金属工艺》,《考古学报》1996 年第 2 期。易华:《青铜之路：上古西东文化交流概说》。参见南京师范大学文博系编:《东亚古物》（A 卷），北京 . 文物出版社，2004 年。

③化学发展史编写组编:《化学发展简史》，北京 . 科学出版社，1980 年，第 13 页。

（三）古代西亚、中亚及欧美各地的红铜时期

下面列出中亚、西亚、两河流域、古埃及、东欧等地的红铜-彩陶文化：

哲通文化——中亚红铜时期与彩陶文化共存

哲通文化（Dzheytun Culture，公元前6000年—公元前5000年），以土库曼首府阿什哈巴德以北30公里的哲通遗址而得名。哲通文化分为三期，分别以哲通丘冈、乔潘丘冈上层和恰格利丘冈上层为典型遗存。陶器手制，器形有碗、罐、大杯等，一部分陶器施有红彩，纹饰母题有横向或纵向的波浪纹、直线纹、三角纹等。工具多为几何形细石器，其中最重要的是嵌柄镰刃，也有加工兽皮的刮刀和加工木制箭杆的凹口石片。晚期出现了使用红铜器的迹象，其时处于母系氏族社会。哲通文化与西亚文化有许多相似处。

哈拉夫文化——西亚红铜时期与彩陶文化共存

哈拉夫文化（Halaf Culture，公元前5000年—公元前4300年），是西亚红铜时代文化。哈拉夫文化主要分布在伊拉克、叙利亚北部和土耳其东南部的山区，彩陶发达，居民主要从事农业、畜牧业，也进行狩猎。哈拉夫文化在初始阶段与安纳托利亚（小亚细亚）的红铜文化以及叙利亚、巴勒斯坦的阿穆格文化有密切的联系。①

欧贝德文化——两河流域红铜时期与彩陶文化共存

欧贝德文化（Ubaidian Culture，公元前4300年—公元前3500年），以20世纪初在乌尔附近发现的欧贝德遗址而得名，由英国考古学家L.吴雷等发掘。欧贝德文化分布于两河流域及今沙特阿拉伯东部，属于西亚红铜时代文化，晚于埃利都文化，早于乌鲁克文化。欧贝德文化的典型遗址为埃利都遗址、欧贝德遗址等。当时，欧贝德人已掌握了先进的人工灌溉技术，学会了种植大麦、小麦和亚麻等农作物，饲养牛、羊等牲畜，并从

---

①穆朝娜：《试论哈拉夫文化聚落发展的阶段性》，《华夏考古》1999年第1期。

事渔猎活动。这里的小城镇多以神庙为中心而建，房子相当简陋。在丧葬方面，人死后多是仰身直肢而葬，幼儿则放于陶容器中下葬。陶器制作比较粗糙，多是用黑、绿、棕等颜色的动植物及几何图案装饰的单色彩陶。另外，个别遗址出土有铜制品。①

乌鲁克文化——红铜时期与彩陶文化共存

乌鲁克文化（Uruk Culture，公元前4000年—公元前3100年），是西亚红铜时代文化晚期，主要分布在两河流域。乌鲁克文化兴起于公元前4000年后，晚于欧贝德文化，约于公元前3100年为杰姆代特奈斯尔文化所取代。乌鲁克文化主要遗址有乌鲁克遗址（第4～12层）、埃利都遗址和尼普尔城址等，流行轮制的红色或灰色磨光陶器。居民主要经营农业、畜牧业，部分人专门从事烧陶和采石行业。这一时期，两河流域产生了最早的象形文字。在基什城址附近的奥海米尔岗发现一小块石板，两面以直线刻画出表示各种事物的图画符号，其中可以辨识的有人的头、手、脚等，年代约为公元前3500年，这是迄今发现的最早的文字。目前，已发现乌鲁克文化的象形文字共有2000多个，大多书写在泥板上。②

安诺文化——中亚红铜时期与彩陶文化共存

安诺文化（Anau Culture，公元前4000年—公元前3000年），因最初发现于阿什哈巴德附近的安诺遗址而得名，是中亚土库曼斯坦红铜时代的彩陶文化。安诺文化分布于土库曼斯坦南部科佩特山北麓平原，与阿富汗、伊朗、凌河流域等地存在联系。彩陶手制，居民属欧罗巴人种东地中海类型，主要经营农业和家畜饲养业。早期农业利用河流泛滥灌溉，晚期已开始人工引水灌溉。作物主要有小麦、大麦，家畜则有牛、羊、骆驼、

---

①杨建华：《苏美尔文明探源——欧贝德文化研究》，《吉林大学社会科学学报》1991年第6期。夏鼐主编：《中国大百科全书》（考古学卷），“欧贝德文化”条，北京．中国大百科全书出版社，1986年，第356页。

②林琳：《论上古西亚两河流域文化的两个问题》，《湖北大学学报》1996年第1期。夏鼐主编：《中国大百科全书》（考古学卷），“乌鲁克文化”条，北京．中国大百科全书出版社，1986年，第546页。

猪。从住房类型、红陶女像和墓葬尚无明显贫富分化来看，当时社会当处于母系氏族公社阶段，但晚期屡见男子陶塑，似为母权制衰微的征象。①

杰姆代特·奈斯尔文化——红铜时期与彩陶文化共存

杰姆代特·奈斯尔文化（Jemdet Nasr Culture，公元前 3100 年—公元前 2900 年），因发现于巴比伦城址西北的杰姆代特·奈斯尔而得名，是西亚红铜时代文化。杰姆代特·奈斯尔文化取代乌鲁克文化而兴起，至公元前 2900 年苏美尔早王朝建立时结束。杰姆代特·奈斯尔文化主要分布在两河流域南部，以轮制彩陶、刻有象形文字的泥板文书和石雕像著称。②

拜达里文化——上埃及红铜时期与彩陶文化共存

拜达里文化（Badari culture，约公元前 4000 年）是上埃及早期的红铜文化之一，典型遗址为尼罗河东岸的拜达里。拜达里文化以从村落和墓地所发掘出的复杂的陶器为代表。③

涅伽达文化——埃及南部红铜时期与彩陶文化共存

涅伽达文化（Naqada Culture），因埃及南部的涅伽达遗址而得名，是埃及红铜时代（Copper Age）文化。涅伽达文化分为两大阶段，前段（涅伽达 I，约公元前 4000 年—公元前 3500 年）又称阿姆拉文化，后段（涅伽达 II，约公元前 3500 年—公元前 3100 年）又称格尔塞文化。涅伽达文化处于埃及由原始社会向阶级社会过渡的时期，前段属原始社会末期，后段已建立若干小国，埃及史称为“前王朝时期”。涅伽达文化后期，彩陶制作日益精细，对外贸易发展，铜器逐步增多，人工灌溉逐渐发达，村落转变为市镇，出现了最早的埃及文字、王族墓葬及国王权标，表明国家已

---

①夏鼐主编:《中国大百科全书》（考古学卷），“安诺文化”条，北京．中国大百科全书出版社，1986 年，第 17 页。

②夏鼐主编:《中国大百科全书》（考古学卷），“杰姆代特·耐斯尔文化”条，北京．中国大百科全书出版社，1986 年，第 232 页。

③郭丹彤:《古代埃及文明与西亚文明的碰撞与融合》，日知论坛，2015 年 9 月 25 日。夏鼐主编:《中国大百科全书》（考古学卷），“拜达里文化”条，北京．中国大百科全书出版社，1986 年，第 33 页。

经形成。涅伽达和耶拉孔波利斯相继为当时埃及南部最大的城镇和政治中心，而涅伽达文化与西亚两河流域有较多接触，表明这两处人类文明的摇篮在文明开始时期就联系密切。

特里波利耶—库库泰尼文化——东欧红铜时期与彩陶文化共存

特里波利耶—库库泰尼文化（Tripolye-Cucuteni Culture，公元前4000年—公元前2250年），因乌克兰境内的特里波利耶遗址和罗马尼亚境内的库库泰尼遗址而得名，是东欧红铜时代文化。特里波利耶—库库泰尼文化主要分布于罗马尼亚东喀尔巴阡山至乌克兰第聂伯河中游一带。当时，该地区已组成较大的农业村落，主要种植小麦、大麦及黍、豆，并饲养猪、狗、牛、羊，同时也从事渔猎。陶器手制，平底，分炊器和贮存器食器两大类。中期开始，流行彩陶。遗址里发现有红铜斧，形状与同时期的磨制石斧一样。从早期的后半段起，开始用来自巴尔—喀尔巴阡山地区的红铜锻造用具。

从出土遗存看，这一文化与喀尔巴阡山—多瑙河地区及巴尔干地区有较密切的文化联系。可见，这里的彩陶及铜器制作技术即来自多瑙河下游地区。①

阿凡纳谢沃文化——西伯利亚南部红铜时期

阿凡纳谢沃文化（Afanasyevo Culture，公元前3500年—公元前2500年），分布于俄罗斯叶尼塞河中游米努辛斯克盆地和阿尔泰地区。阿凡纳谢沃文化时期，用红铜打制耳环、手镯等饰物和针、锥、小刀等用具；陶器手制，器内用草抹平或齿形器修平，火候不高，胎呈黑色。居民属于亚欧大陆欧罗巴人种的最东支，文化面貌同黑海沿岸、北部草原的竖穴墓文化（Pit Grave Culture）、木椁墓文化以及中亚扎曼巴巴（Zamanbabin Culture）文化相似。在西伯利亚中部偏南、叶尼塞河附近的米努辛斯克，

---

①夏鼐主编:《中国大百科全书》（考古学卷），“特里波利耶－库库泰尼文化”条，北京．中国大百科全书出版社，1986年，第522页。Dragos Gheorghiu:《欧洲东南部铜石并用时代的陶器——对一种先进技术的综述》，陈思译，江西景德镇.2012古陶瓷科学技术国际讨论会，2012年10月27日。

考古挖掘出红铜时代的金属物和轮式车辆。阿凡纳谢沃文化的范围相当广大，遍及蒙古西部，新疆北部，以及哈萨克的东部和中部，甚至可能扩展到塔吉克斯坦和咸海地区。

据史载，阿凡纳谢沃文化与乌孙有关。新疆孔雀河古墓沟第Ⅰ型墓葬出土了红铜饰物，距今3700年—3400年，相当于阿凡纳谢沃文化时期。由此可见，至少在铜器时代原始欧罗巴人种已分布到罗布泊地区，也是迄今所知在欧亚大陆东部欧罗巴人种最早、分布最东的一支。①

安德罗诺沃文化——中亚及西伯利亚红铜时期

安德罗诺沃文化（Andronovo Culture，公元前2000年—公元前1000年），因发现于俄罗斯阿钦斯克附近安德罗诺沃村的墓地而命名，是西伯利亚及中亚的铜器时代文化。安德罗诺沃文化的分布从乌拉尔到中亚内陆草原，东至叶尼塞河沿岸，北达西伯利亚森林南界。在狩猎经济衰退以后，锄耕农业和畜牧业占有重要地位，晚期形成半游牧经济。红铜、锡和金的开采、金属冶炼以及制铜业主要集中在阿尔泰（金山）西部，并为伏尔加河一带供应金属原料。安德罗诺沃文化处于父系氏族阶段。据人骨测定，居民属欧罗巴人种的一个特殊类型——安德罗诺沃类型。

至少在公元前1000年，丝绸之路上的一些重要驿站就已通行。新疆—甘肃河西走廊是西北方欧亚大草原文化与中原文化交流的中介，主要通道是额尔齐斯河、额敏河和伊犁河三大河谷。

古欧罗巴人种及切木尔切克文化通过额尔齐斯河谷地进入天山东区，塞伊姆—土尔宾诺锡青铜器也由此传至中原。安德罗诺沃文化通过额敏河谷进入塔城盆地；伊犁河谷的安德罗诺沃文化锡青铜器一直分布到吉木萨尔；卡拉苏克（Karasuk）式短剑通过伊犁河谷传布到中亚地区，更远达乌克兰。在帕米尔高原的东侧，也发现有安德罗诺沃文化小股人群渗入。②

---

①韩康信：《新疆古代居民种族人类学的初步研究》，《新疆社会科学》1985年第6期。夏鼐主编：《中国大百科全书》（考古学卷），“阿凡纳谢沃文化”条，北京．中国大百科全书出版社，1986年，第2页。

②陈曦、曾江：《中国北方锡青铜时代研究走向纵深》，《中国社会科学报》2012年8月3日。

属于安德罗诺沃铜器时代的新疆孔雀河古墓沟遗址，第Ⅱ型墓葬也出土了红铜饰物。2011 年，考古发掘安德罗诺沃文化新疆伊犁地区库克苏河西遗址里的 14 座墓葬出土了铜耳环、铜串珠手链和铜串珠足链。2013 年，新疆尼勒克又发现安德罗诺沃文化遗存。①

中美洲红铜时期

关于中美洲是否曾有红铜时期，我们很少搜集到可靠的第一手史料。据传闻，早在欧洲征服者到来前数千年，美洲印第安人已开始使用铜及其合金。一说，在如今美国密歇根州和威斯康星州发现的遗址中找到了铜制的工具及武器，这些铜制品被认为是公元前 4000 年—公元前 1000 年制造的，使得这里被认为是几个最早进入纯红铜时代的地区之一。此外，也有人认为中美洲在公元 7 世纪独立地发现了炼金术，但没有经过纯红铜时代。

【附记】所谓“铜石并用时期”的说法不妥，应该是“陶冶时代”的第一阶段“陶器、红铜、木–石复合工具共存并用”，即“初始铜与彩陶、木–石器（包括磨制石器）共存并用”的时期。“铜石并用”忽视了木–石复合工具，实际上是指生产生活工具以陶制（如彩陶）、红铜制、木–石复合与磨制石器并存。

三、第二阶段：陶冶时代的砷白铜时期

红铜时期之后为砷白铜时期（Arsenic Copper Period），但有些地区往往锡青铜与砷白铜并存。按照科学分析，铜合金中含砷量大于 10%时方可称为砷白铜。

纯铜（红铜）的熔点是 1084.5℃；然而根据合金定律，合金（如铜合金）的熔点肯定低于原金属（组分金属铜）。在与其他金属形成合金时，如锡青铜熔点为 995℃～950℃；各种锌黄铜熔点大约在 950℃左右，其

①阮秋荣、胡望林：《新疆尼勒克县发现安德罗诺沃文化遗存》，《中国文物报》2013 年 12 月 3 日。

中锌黄铜H62–H68熔点为934℃、锌黄铜H80熔点为967℃；银铜合金熔点低于961.78℃；砷白铜热处理规范，轧制热加工温度950℃～970℃；铸造温度为1170℃，退火温度为700℃～750℃，消除内应力的低温退火温度250℃，全都低于纯铜的熔点。

铜合金不仅比纯铜的熔点低，而且液态流动性也比纯铜液流动性好。同时，铜合金还提高了硬度、强度和耐磨性。所以，史前先民更多地冶炼合金铜来代替纯铜（红铜）。

英国冶金史学家泰利柯特（R.F.Tylecok）根据西亚与欧洲考古资料提出：铜器时代开始的标志是冶炼铜矿而非锻铜。其实，这一时期人们并非仅仅使用纯度相当高的冶炼铜（红铜），同时还使用含有砷（或砷–镍–锑）的砷白铜，只有当铜器中含有较多的砷–镍–锑时才可以肯定是冶炼铜，才是真正的"铜器时代"，但他将冶炼铜矿石提炼的红铜器（纯铜），以及实际使用的铜合金中含砷量大于10%的铜器即砷白铜（含砷–锑的铜合金），一起归入铜器时代并置于锡青铜时代之前了。

（一）人类最早使用的合金——砷白铜

人类从公元前9千纪开始使用自然铜（纯铜，即红铜），到公元前4千纪初开始有矿石冶铜，铜中含有少量砷、锑等杂质。砷白铜（Cu-As）即铜砷二元合金，是人类历史上大规模使用的第一种合金。从俄罗斯到大不列颠，从智利到墨西哥，考古学家在新旧大陆很多地方发现了数以万计的这种古老的合金。在人类文明发祥地之一的西亚，公元前5千纪后期到公元前4千纪上半叶，人们开始使用砷白铜。砷白铜从公元前4千纪早期出现后，很快在古老文明世界广泛使用，前后延续2000余年，早于锡青铜（Bronze）流行近2000年，并在青铜时期早、中期仍与青铜并用。砷白铜是迄今考古学所知的最古老的合金。最新研究表明，在世界早期文明发达的地区，砷白铜的使用都早于锡青铜。在陶冶时代中期，某些地区砷白铜与锡青铜并存，并同时使用。

青铜是人类有意识合金化的第二种产物，它和砷白铜的机械性能都优于红铜。锡青铜的机械性能虽近似于砷白铜，但在某些方面优于砷白铜。机械性能优良是红铜被砷白铜取代，以及2000年后砷白铜又被青铜取代的重要原因之一。华夏青铜器以含有较高的铅为特点，对铅锡青铜机械性能的测试有助于对古华夏青铜文化的深入探讨。

对早期纯铜（红铜）、砷白铜和青铜的研究，进一步揭示了人类在材料的发展进程中新材料不断取代旧材料的规律。①

砷白铜首先在西亚（两河流域）、古埃及等地被广泛应用，以后又传播到欧洲、中亚、南亚、新疆甚至美洲，是由于此前先民习惯于按锻制红铜的方式制造铜器，而铜砷合金加热锻造，其强度与硬度都高于纯铜。此外，在这些地区砷白铜矿比较常见。

砷白铜就是砷铜合金，是用砷矿石（砒石、雄黄等）或砒霜（As2O3）点化赤铜而得到的。当铜中含砷量小于10%时会呈现出金黄色，也就是砷黄铜，而当含砷量等于或大于10%时就会呈现出洁白色，也就是砷白铜。

（二）古埃及与两河流域的砷白铜时期

近年来考古发现，几大文明发源地都有过陶冶时代第二阶段砷白铜时期。碱性砷酸铜矿与碱性碳酸铜矿的孔雀石相似，因此砷酸铜矿地区从砷锡青铜起步进入了陶冶时代第二阶段。②

明宋应星《天工开物·铜》：“凡铜供世用，……以砒霜等药制炼为白铜。”③这里记载了用砷单质或砒霜炼制砷白铜。砷（Arsenic）的化学元素符号为As，旧称“砒”。铜砷合金中含砷约10%时呈现白色，旧称“白铜”。我国商代就曾制造出白铜器皿。

从铜砷二元相图来看，含砷量5%以下的砷白铜常温状态是“单相固

①潜伟、孙淑云、韩汝玢：《古代砷白铜研究综述》，《文物保护与考古科学》2000年第2期。孙淑云、潜伟：《古代铜、砷铜和青铜的使用与机械性能综述》，《机械技术史》2000年第1期。

②中国大百科全书编辑委员会编：《中国大百科全书·矿冶卷》，北京.中国大百科全书出版社，1984年，第751页。

③[明]宋应星：《天工开物》，潘吉星译注，上海古籍出版社，1992年，第267页。

溶体”。砷的加入，降低了铜合金的熔点，便于冶炼。砷白铜具有固溶强化、加工硬化、延展性好等多种优良的机械性能，由此取代了红铜。

含砷的氧化矿直接冶炼可以得到砷白铜制品，而含砷的硫化矿的冶炼可以分为直接还原和共熔还原两种，这些是最主要的砷白铜冶炼方法。此外，向熔融金属中加入砷单质和砷的氧化物进行合金化，也是砷白铜的冶炼方法之一。

整个欧亚大陆都受到砷白铜的影响，尽管各文明地区使用砷白铜的历史各有长短，但在时间和地域分布上基本保持连续性。

在文明发祥地之一的西亚，公元前 5 千纪后期到前 4 千纪上半叶，陶冶时代第二阶段普遍使用砷白铜器皿。

已知较早的人工冶炼铜器出土于伊朗叶海亚（Yahya）地区，约为公元前 3800 年，含有少量的砷（0.3%~3.7%），其中有的经过铸造、冷加工和退火。

古埃及与两河流域也使用过含镍或含砷的铜器。

又，根据对西欧、希腊、埃及、叙利亚、巴勒斯坦、伊朗各博物馆所藏大量锡青铜器进行 X 射线荧光分析，发现古代铜合金发展的次序是红铜→铜-砷→铜-锡→铜-锡-铅・铜-锡-铅-锌。

公元前 2200 年以前，陶冶时代第二阶段砷白铜时期（Arsenic Copper Period）器皿中很少含锡。到公元前 2200 年—公元前 1600 年间，几乎只有砷白铜器而无锡青铜器。此后，逐渐变成锡青铜与砷白铜并存，并且是从产锡的地区最先开始的。①

（三）南欧与南亚出土的砷白铜器

E.N.Chernyknt 对环黑海地区的数千件铜器进行分析，发现除了喀尔巴阡—巴尔干地区（Carpatho-Balkans）外，在陶冶时代第二阶段早期（EBA）和中期，砷白铜器占有绝对优势，分别占 70% 和 60% 的比例。

---

①赵国燕、侯琳琳、刘院英、郭金福:《锡青铜器及其陶范——考古中常用的分析方法研究》,《安阳师范学院学报》2008 年第 2 期。

此外，铜器时代欧亚大陆草原游牧民族的墓葬中也常发现砷白铜制品，甚至到了陶冶时代第二阶段后期（LBA）南西伯利亚的卡拉苏克（Karasuk）文化还大量使用砷白铜。

南亚印度 Ganges 山谷的 Copper Hoard 彩陶文化遗址（公元前第 3 千纪）出土的金属中，含砷 1% 以上的砷白铜器超过一半。D.K.Chakrabrtit 认为，这可能是陶冶时代砷白铜器的东界。随后，印度河流域的哈拉帕（Harappan）文化也有砷白铜器使用，并且和锡青铜器一起出现。①

（四）美洲大陆也出土砷白铜器

美洲大陆也出土过砷白铜器，但其年代远远晚于旧大陆。在南美的安第斯山脉，砷白铜器初次大规模使用是在公元 850 年左右，而锡青铜器的发展大约在公元 1000 年左右，之后锡青铜器与砷白铜器长期并存。砷白铜器作为一种特殊的合金，一直使用到 16 世纪哥伦布时代。对墨西哥中西部出土金属器物的研究表明，砷白铜器、锡青铜器也曾同时并存了相当长时间。

由上述可知，砷白铜器的分布范围非常广泛，虽然它们出现的早晚有较大差别，并且不少还与红铜器或锡青铜器同时使用，但砷白铜器确实作为一种铜合金类型存在于许多考古文化中，这不是偶然现象。

（五）华夏西北新疆—甘肃地区的砷白铜器

近年来，古华夏考古出土的砷白铜主要集中发现于西北的新疆—甘肃河西走廊一带，中原地区仅有零星几例。可见，古华夏西北地区的砷白铜显然与西亚—中亚古代砷白铜有联系。

新疆西部的尼勒克县已发现砷白铜冶炼的遗迹，新疆东部也发现了砷白铜器物。②

---

①潜伟、孙淑云、韩汝玢：《古代砷白铜研究综述》，《文物保护与考古科学》2006 年第 9 期。

②周小明：《新疆尼勒克县加勒格斯哈音特和铁木里克沟口墓地考古发掘成果简述》，《西域研究》2004 年第 4 期。孙淑云、韩汝玢：《甘肃早期铜器的发现与冶炼、制造技术的研究》，《文物》1997 年第 7 期。

在哈密地区的天山北路、南湾、五堡、焉布拉克、黑沟梁等一大批墓葬中发现有砷白铜器制品，其中大部分的砷含量低于 8%，有少数砷白铜器经检测砷含量超过 20%，器型和成分与高加索地区的砷白铜器皿很相像。对新疆尼勒克古铜矿冶遗址的研究表明，这里的确曾通过添加含砷矿物来冶炼砷白铜合金。

甘肃祁连山脉蕴藏着丰富的铜矿，为古代冶金技术提供了资源。甘肃已发现的早期铜器达 300 余件，占全国出土的商代以前的铜器总数的 80% 以上。因此，在对中国早期铜器的研究中，新疆—甘肃河西走廊早期铜器的研究尤为重要。甘肃四坝文化（约公元前 4400 年—公元前 4300 年），是河西走廊最重要的一支含有大量彩陶的各类型铜器文化。其铜器冶炼渐趋成熟，大量铜器随葬，砷白铜大量存在，含砷量在 2.62%～6.01% 之间，平均达 4.73%，与西亚、东南欧、北非相近。地质资料显示，在河西走廊西部沿祁连山北麓一线，蕴藏着丰富的硫砷铜矿（Enargite）、砷黝铜矿（Ttennantite）和其他一些含砷铜矿。总之，砷白铜器是新疆—甘肃河西走廊地域四坝文化铜器的特点之一。

甘肃四坝文化包括玉门火烧沟、民乐县东灰山、酒泉干骨崖等墓地，都出土有砷白铜制品。2009 年，在民乐县六坝镇五坝村发现的马家窑文化马厂类型墓群，出土彩陶器距今 4000 多年。考古资料表明：四坝文化类型的东、西灰山遗址所处的年代，属于陶冶时代第二阶段砷白铜器时期。①

对甘肃民乐县东灰山遗址出土的 8 件铜器进行原子吸收光谱分析（AAS），结果全部样品均为砷白铜制品，砷含量在 2%～6%范围；用扫描电镜能谱分析（SEM-EDS）鉴定，另外 5 件东灰山出土样品也是砷白铜合金，其加工方式都是锻造的。经过鉴定，民乐东灰山出土的 13 件铜器标本均为砷白铜和含砷的锡青铜。又，民乐东灰山出土经鉴定的 37 件样品中有 13 件的砷含量超过 2%，表明遗址的砷白铜器物主要是铸造。

酒泉干骨崖墓地出土经鉴定的 46 件标本包括红铜、砷白铜、锡青铜

① 甘肃四坝文化东灰山遗址木炭标本，经中国科学院地理研究所碳 14 年代测定为距今 4356 ± 105 年或 4484 ± 108 年，树轮校正年代为 5000 ± 159 年，而过去认为是公元前 1900 年—公元前 1600 年。

等多种，经检验有 15 件样品的砷含量超过 2%。其中，既有耳环和铜泡等装饰品，也有锥、刀等工具。同时，耳环多为锻造，镞、砲（炮）为铸造，刀、锥等锻造或铸造，或铸后进行冷加工。

内蒙古朱开沟的早商遗址中发现有铜砷锡三元合金的戈。内蒙古林西铜矿冶遗址的研究结果表明，这里曾对铜砷锡共存的硫化矿进行过大规模的开采，矿石经过焙烧直接还原生成了铜砷锡合金。

总之，越来越多的考古资料显示砷白铜器在我国西北地区（新疆—甘肃河西走廊一带）已经不是孤例，它们与北方草原文化及中亚的陶冶时代第二阶段砷白铜器时期具有长远联系。

我国西北地区曾是欧亚文化和技术交流的重要通道，而这里出土的砷白铜器说明新疆—甘肃河西走廊一带极可能是中国古代陶冶时代冶铜术的另一个源头。新疆—甘肃河西走廊一带存在过两个陶冶时代文化体系：一个在伊犁河谷，是欧亚早期铜器文化向东传播的外环；另一个由哈密盆地沿着天山最晚在商代同时期首先进入吐鲁番盆地。

史前人群能否大量使用砷白铜器，还要看获取砷矿资源的情况。古华夏中原缺乏砷铜矿，所以不曾经历陶冶时代的第二阶段砷白铜时期。四坝文化遗址利用本地含砷的铜矿冶炼砷白铜和含砷的锡青铜，则与古华夏中原锡青铜器分别属于两个源流。

在早期冶铜技术中，砷白铜因容易锤制加工而得到青睐，但当锡铅锡青铜熔铸技术发展后，浇铸成形好、合金硬度高的锡青铜更受重视，由此取代了砷白铜。

我国陶冶时代的文化，初期主要分布在西北和中原两大地区，各有特色。

新疆—甘肃河西走廊一带长期处于陶冶时代第二阶段，并交替存在较多的砷白铜器，这在我国其他地区很少见到。

中原地区考古发现最早的是锌黄铜，也发现有年代稍晚的陶冶时代第一阶段的红铜器，但罕见砷白铜器，几乎未发现陶冶时代第二阶段。到公元前 1700 年左右，中原地区一跃而进入陶冶时代第三阶段，锡青铜器成为主流。显然，上述两个地区的早中期陶冶时代差别明显，各自构成了不同的体系。①

（六）西汉至晋唐，炼丹术逐步试验冶炼砷白铜

我国冶炼砷白铜的历史可以追溯到西汉初期，是跟炼丹术同时兴起的。据宋人《席上腐谈》记载，汉景帝时在茅山修炼的三位炼丹大师三茅君因丹阳（今安徽宣城一带）遭天灾歉收，于是以煅砒粉点化丹阳所产之铜为银，以救饥民。不过，当时他们将其称之为“药银”，意思是用丹药点化而成的白银。因此，后世炼丹家称这种“药银”为“丹阳银”。这种所谓“药银”是否是砷白铜，尚存疑。

最初，中国的砷铜冶炼利用雄黄或雌黄点制，大约从东晋开始炼制砷白铜，即所谓“点白”。晋代炼丹大师葛洪在《抱朴子·金丹篇》中记载了用雄黄点化铜为“黄金”，南朝齐梁时期的医药大师陶弘景在《名医别录》中也提到“雄黄得铜可作金”“炼服之法皆在仙经中”。葛洪、陶弘景所得到的大概都是含砷量较低的砷黄铜，而炼丹家们所说的“雄黄金”可能就是指它。在这一时期，《神仙养生秘术》等著作还提到了点铜为“白”的丹药配方，但用药比较复杂。

隋代开皇年间（581—600），炼丹家苏元朗在《宝藏论》一书中记载了用砒霜可以“点铜成银”。第一次提出了用砒霜点白铜，这是砷白铜冶炼技术的一个重大进步。

唐肃宗乾元年间（758—760），炼丹家金陵子《龙虎还丹诀·点丹阳方》详尽介绍了点化砷白铜的方法：“取前件霜，每二两点一斤……丹阳（指红铜）可分作两埚，每埚只可著八两，多少为得所乍可，已下不可过多，又不可少，少则埚中干。每一两药分为六丸，每一度相续点三丸。待金汁如水，以物直刺到埚底，待入尽，即以炭搅之，更鼓三二十下。又投药，如此遍遍相似，即泻入华池中，令散作珠子，急用柳枝搅，令碎，不作珠子亦得。又依前点三丸，亦投入池中。看色白未，若所点药不须，将火烧却，其物即不白，更须重点一遍，以白为度。”

---

①白云翔：《中国的早期铜器与青铜器的起源》，《东南文化》2002 年第 5 期（总第 157 期）。

从中可得知，金陵子是先将雄黄升炼成砒霜，然后把后者做成小丸，逐个投到熔化的铜汁中，用炭不断搅拌，直到铜汁变白为止。在此过程中，砒霜（As_2O_3）先被炭还原成单质砷，立即溶入铜中，于是逐步生成了砷白铜（Cu_3As）。另外，有人根据这段记载进行了模拟实验，成功地炼出了含砷9.92%的砷白铜。这个记载说明，我国炼丹家在唐代中叶点化砷白铜的技术已经达到了相当成熟的阶段，只是它长时期为炼丹家的“真秘”。

在青海都兰热水吐蕃墓葬中出土了唐代中晚期的砷白铜遗迹，是一件含砷15.8%的铜镞。这表明，砷白铜在唐代已初步有所应用。

宋代《春诸纪闻》卷十中载有一段“丹阳化银”的故事：“薛驼，兰陵人，尝受异人煅砒粉法，是名丹阳者。余尝从惟湛师访之，因清其药。取药帖抄二钱匕相语：‘此我一月养道食料也，此可化铜二两为烂银……’其药正白而加光璨，取枣肉为圆，俟熔铜汁成，即投药坩埚中，须臾铜中恶类如铁屎者胶着锅面，以消石搅之，倾槽中，真是烂银，虽经百火，柔软不变也。”显然，这里描述的是炼制砷白铜的过程，所用的药即砒霜（三氧化二砷），并利用枣肉在高温下生成的碳将砒霜还原成砷，使其与铜生成白铜即所谓“烂银”，再加入硝石、芒硝作为造渣剂，以去除化学反应生成的脱氧产物。在这段记载中，谈到炼丹家以煅砒粉化铜为白银时说是一种“奇闻绝技”，由此表明直到宋代炼制砷白铜仍属于炼丹家的一种“方技”。另外，宋代《格物粗谈》中也有炼制砷白铜的记载。

元明以后，这种“药银”才逐渐为常人所知，而砷白铜的炼制方法也才逐渐流传开来。明李时珍《本草纲目》：“白铜出云南，赤铜以砒石炼为白铜。”明宋应星《天工开物·五金》：“铜以砒霜等药制炼白铜……凡红铜升黄而后熔化造器，用砒升者为白铜。工费倍难，侈者事之。”虽然以上记载都表述了砷白铜的冶炼，但是中国自古就有两种“白铜”——砷白铜和镍白铜，而砷白铜与镍白铜外观相似，所以在明代文献中常把两种白铜相混淆。[①] 在西方，近代冶金则把镍白铜叫“德国银”。

然而，迄今除了在青海唐代中晚期吐蕃墓葬中出土的砷白铜镞以外，

①赵匡华、阮慎康、骆萌：《我国金丹术中砷白铜的源流与验证》，《自然科学史研究》1983年第1期。

还没有找到古代炼丹家制出的真正的砷白铜实物。究其原因，这大概一是因为这种“药银”冶炼技术只有少数人掌握，生产极少，年久失传；二是因为砷白铜易变质（其中的砷质会逐步挥发掉而变为棕赤色），又有毒性；三是因为砷白铜在市场上常被用来冒充白银，是违禁的，只能在暗中少量炼制；四是因为当时炼制困难，耗资多，价钱昂贵。

（七）华夏的三种铜合金“白铜”考证

在中国古代文献中，凡是白色的铜合金一概统称为“白铜”，白铜又称为“鋈”。《旧唐书·舆服志》：“自余一品乘白铜饰犊车。”亦即唐朝规定，只有一品朝臣的牛车，方准许用白铜作装饰品，表明白铜在唐朝相当贵重。

当时统称的“白铜”包括三种铜合金：一是含锡很高的铜锡合金，如被称作“白铜钱”的“大夏真兴”白铜钱（419 年—424 年）和隋五铢白铜钱，经检验均为高锡青铜；又如日本正仓院收藏的一批奈良时代（7 世纪—8 世纪）的中国唐朝“白铜镜”，经分析含锡约 25%、铅约 5%，也是高锡青铜。二是含砷在 10%～15% 以上的铜砷合金，即真正的“砷白铜”。三是罕见的铜镍合金即镍白铜，其中含镍 6.14%、铜 62.5%，以及少量锡、锌、铁、铅等。公元 2 世纪云南所产的所谓“白铜”也称为“云白铜”，那么云南为什么出现这种所谓“白铜”且早于西方 1800 年呢？其原因之一，云南曾有富镍高铜的金属陨石大量降落，先辈将这些陨石提炼变为合金。曾经出现于南美的铂（白金）被西方称之为“小银”，其来自铂陨石，而欧洲更是罕见铂陨石。我们发现，这种所谓“白铜”中镍的含量相当于陨铁中的比例，比不锈钢的镍含量还高许多倍，说明无论陨石天铁、“白铜”还是“小银”，人类最先利用的金属资源都出于外来天体。据《汉书》记载，“犍为郡西南朱提山出银”，且有“朱提银八两为一流（王莽时期所定的银两单位）”之说。但据现代考察，朱提山（今四川宜宾西南）产铜、镍而不产银，因此“朱提银”可能就是这一类镍白铜。

古华夏真正的砷白铜是用砷矿石（砒石、雄黄等）或砒霜点化赤铜而得到的。铜中含砷小于 10% 时呈金黄色，炼丹家称其为“药金”（砷黄铜）；含砷量等于或大于 10%～15% 时（砷白铜），就变得洁白如雪，灿烂如银，称为“药银”。

四、第三阶段：陶冶时代的锡青铜时期

锡青铜主要是红铜（纯铜）与锡的合金，虽也含有很少量的锌、铅、磷等，但主要合金成分仍为 85% 以上的红铜加 10% 以上的锡。华夏青铜器中铜与锡的比例为 6∶1，因为本色青灰，故名锡青铜。

纯锡的熔点为 232℃，由于熔点实质上是该物质固、液两态可以共存并处于平衡的温度，那么 232℃的锡可能是固态，也可能是液态。纯铜（红铜）熔点为 1083℃（一说铜的熔点为 1084.5℃），锡青铜含锡量一般在 3%～14% 之间，用于铸造青铜器的含锡量为 10%～14%，但从相关的二元相图可查得当锡的含量增至 25%时，只要加热到 800℃，就可以获得全液态的青铜合金。通常锡青铜熔点为 950℃～995℃，低于红铜 130℃，较红铜易于熔化。

在商周的锡青铜时期，锡青铜主要用于制作青铜礼器、饮食器、乐器（编钟等）以及兵器（戈、矛、戟等），而很少用于制作青铜农具。

甲骨文“易（锡）”

甲骨文“易（锡）”（、、），“易”是“锡”的本字。甲骨文“易”（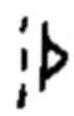）＝（勺）＋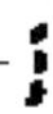（三点、熔液），或“易”（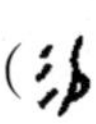）＝（有柄器）＋（熔液），又作“易（锡）”（）＝（有柄器）＋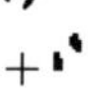（熔液）＋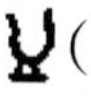（器皿），本义为浇金（铜）熔液，铸造器皿。《说文》：“锡，银铅之间也。从金，易声。”《史记·货殖列传》：“金锡连丹。”又，《说文》：“易，蜥易，……象形。”“《秘书》说：‘日月为易，象阴阳也。’一曰从勿。凡易之属皆从易。”

可见，在锡青铜的铸造过程中，在铜矿石或纯铜原料里加入锡可以降低锡青铜的熔点，便于用坩埚铸造青铜器。从二元相图可查得，当锡的含量在 25% 时，只要加热到 800℃就可以获得全液态的青铜合金。因此，商周王朝的制铜工业都是以铸铜为主、锻铜为辅。

甲骨文“皿”

甲骨文“皿”（、）为象形字。金文“皿”（）承继甲骨文“皿”，有的金文“皿”写为。篆文“皿”写为。《说文》:“皿，饭食之用器也。象形。与豆同意。”

合金铜（如锡青铜、砷白铜、锌黄铜）的熔点全都比红铜的熔点（1084.5℃）低，容易融化和铸造成型。其中，含锡 10% 的锡青铜，硬度为红铜的 4.7 倍，为铜或锡的 2 倍多，性能良好。锡青铜时代初期，锡青铜器具比重较小；进入中后期，锡青铜器具比重逐步增加。所以，在公元前 2000 年以来，上千年间广泛使用锡青铜合金，直到铁器时代。

锡青铜冶炼和铸造是高度复杂的技术活动，有一个不断完善和改进的过程。锡青铜时期必须具备如下特点:（1）锡青铜器在生产、生活中占据重要地位;（2）偶然制造、使用锡青铜器不能认定为锡青铜时期。张光直指出:“我们所谓中国锡青铜时代，是指锡青铜器在考古记录中有显著的重要性的时期而言的。”① 其他学者基本上都同意这样的观点。《中国大百科全书·考古卷》的“锡青铜时代”条目采用了石兴邦先生的说法，“锡青铜时代是‘以锡青铜作为制造工具、用具和武器的重要原料的人类物质文化发展阶段’”。②

公元前 4500 年左右，砷白铜走上历史舞台，延绵 2000 余年，最终被锡青铜完全取代。同时，有些地区锡青铜往往与砷白铜并存。砷白铜的机械性能与锡青铜相比并不逊色，但某些因素造成了砷白铜合金的衰退。

①张光直:《中国青铜时代》，北京．生活·读书·新知三联书店，1999 年，第 1 页。

②夏鼐主编:《中国大百科全书》（考古学卷），“锡青铜时代”条，北京．中国大百科全书出版社，1986 年，第 399 页。

（一）锡青铜时期从西亚开端

多年来，世界上有许多学者认为“锡青铜时期”是从西亚（近东）开端。锡青铜（Bronze）大约在公元前 4 千纪末期（公元前 3500 年左右）开始于近东地区出现。有考古学家根据出土文物指出，约在公元前 3500 年，小亚细亚东部卡帕多细亚的奴隶制帝国进入陶冶时代第三阶段锡青铜时期，或与砷白铜并存；约在公元前 3500 年左右，爱琴海南端各岛屿在基克拉泽斯文化时进入锡青铜时期，或与砷白铜并存。迄今，已知世界上最先掌握锡青铜冶炼技术的文化在两河流域，该地区出土了公元前 3500 年左右的冶炼锡青铜器，这时人类才开始踏上了锡青铜时期的门槛。也有学者认为，伊朗南部、土耳其和美索不达米亚一带使用锡青铜器最早。公元前 3000 年中叶，伊朗高原西南部的埃兰形成奴隶制城邦，产生了国家，处于锡青铜文化的发展时期。

此后，锡青铜文化从西亚和小亚细亚发端，向南扩展到埃及尼罗河流域，向东扩展到中亚和南亚印度文化圈，向西越过爱琴海延伸到整个欧洲文化圈。以上观点，长期以来形成了欧美学术界的主流。

约在公元前 2500 年左右，南亚进入锡青铜时代，广泛使用锡青铜工具和武器，有斧、镰、锯、刀、剑、镞和矛头等，手工业匠人对金属的热加工和冷加工都已达到较高的水平，能用焊接法制造金属器具，并刻有铭文。在东南亚地区，至今发现的最早的锡青铜冶铸中心是泰国乌隆府的班清墓地，年代在公元前 3500 年—公元前 1000 年，锡青铜器有矛头、手镯、脚镯等。越南红河流域的锡青铜文化出现在公元前 2000 年前后，其制品与中国锡青铜器相似。

但是近年有学者认为，从欧亚范围的考古发现来看，锡青铜范铸技术最早可能出现在西方。欧洲地区最早的铸铜石范发现于保加利亚，并在属于特利波利耶（Tripokye，公元前 4000 年—公元前 2250 年）文化的遗址中发现有大量锡青铜的工具和装饰品，年代为公元前 5 千纪至公元前 4 千纪早期，而这些锡青铜工具多为石范浇铸而成。环黑海冶金区的早期锡青铜时代的许多遗址中亦发现大量铸铜石范，年代在公元前 4 千纪，同时还发现了少量的铸铜泥范。

（二）中欧、西欧、埃及早期的锡青铜文化

中欧、西欧早期的锡青铜文化是钟杯战斧文化，年代在公元前 3000 年中期至公元前 2000 年初期，以绳纹陶为特征。公元前 2133 年—公元前 1786 年，埃及开始制造锡青铜器，并出现繁荣的城市。

埃及法老时代的壁画表明，古埃及的工匠们用圆木榔头锤击锡青铜凿子建造金字塔。古埃及人开凿岩石的方法很巧妙，用锡青铜凿子在石头上凿出一排坑眼，然后打入木楔，再用水淋泡木楔，众多吸水膨胀的木楔把石头从山岩体上涨裂开来。古埃及建造金字塔、神庙和雕造石像多用砂岩、石灰石材料，用木棰和锡青铜凿子造出了大量千古长存的巨石建筑和石像。①

公元前 2000 年，色雷斯人（保加利亚境内有多处色雷斯遗址，被公认为是古色雷斯文明的中心）有国家社会组织，有系统的冶炼技术工种，并且冶炼厂中能冶炼出大量锡青铜和黄金制品。这些锡青铜和黄金制品中的一部分作为打仗用，另一部分则是上层人物使用的器具。

公元前 2000 年初期，锡青铜真正代替了砷白铜的统治地位。在陶冶时代第二、第三阶段交替的早期和陶冶时代的中期，砷白铜器仍然是占有领先地位的铜器，与锡青铜器并存，而只有到了陶冶时代第三阶段的锡青铜器时期，锡青铜才完全代替砷白铜成为最重要的金属合金。也就是说，在西方文明的发祥地，大约在 2000 年的时间里砷白铜器都是占据着统治地位的铜合金。②

（三）远古印欧语系吐火罗人后裔与锡青铜文化

吐火罗人约在公元前 3000 年离开了欧洲的故乡向东发展，经过黑海

①[英] 海伦·斯特拉德威克（Helen Stradwake）:《古埃及》，刘雪婷、谭琪等译，上海科技文献出版社，2008 年，第 209—253 页。

②T. A.Wertime: The Beginning of Metallurgy: A New Look, Science, Vol.182, 1973, pp.85–87.

和中亚大草原，在公元前2000年左右进入塔里木盆地南部和北部，部分扩展到河西走廊。

吐火罗人属于远古印欧语系东方语支（Satem），是最初进入塔里木盆地的游牧民族，也是原始印欧人最东的一支。巴克特里亚（又称“大夏—希腊王国”）王国衰落以后，一部分吐火罗人征服了巴克特里亚，与当地民族融合。

但是，吐火罗语却具有印欧语系西方语支的许多特点，与公元前1650年—公元前1190年的小亚（今安纳托里亚）赫梯人讲的印欧古语密切相关。例如，两者都用“-R-”作为中间语态后缀。所以，吐火罗人有可能是最古老的印欧人部落之一，早在印欧语系东西语支分化以前就从原始印欧人部落中分离出来了。

公元前1500年左右（相当于商代前期），雅利安人进行了大规模迁徙。主要分两个大方向：向南的一支进入印度河流域，征服了达罗毗图人，成为如今印度人的主体；向西南的一支进入伊朗高原，征服了亚述人和埃兰人，成为后来的波斯人。同时，还有一小部分向东迁徙，使得早先到达新疆—甘肃的吐火罗人继续向中原靠近。

辛塔什塔（Sintashta）遗址处于公元前2千纪初期的欧亚草原南乌拉尔地区。在这个遗址中，出土的车马是目前可以确认的年代最早的马拉轻型战车的证据，有发达的武器和工具，有战车武士的墓葬，以及位于铜矿附近的大型防御设施。经济生活以种植谷物和畜养牛为主。从墓葬可以看出社会的等级化，采铜和冶金都向着专业化方向发展。如果把这个遗址的发展放在整个欧亚草原的发展过程里，可以看出它正处在从早期城市化的顶峰到晚期时已经开始走向衰落，并开始向着普遍的游牧化转变。这个转变从里海沿岸到中国北方长城地带都具有普遍性。①

辛塔什塔—彼德罗夫卡（Sintashta-Petrovka）文化是20世纪80年代末至90年代初确认的一种锡青铜时代早期文化。辛塔什塔—彼德罗夫卡

①杨建华:《辛塔什塔：欧亚草原早期城市化过程的终结》,《边疆考古研究》2006年第4期。

文化的历史相当悠久，欧美各实验室测定的碳 14 数据集中在公元前 2200 年—公元前 1900 年。

早在公元前 2000 年初，印欧人在新疆的分布已达天山东部的奇台，乃至塔里木盆地东部的孔雀河流域。研究者相信，这些年代最早的、分布最靠东方的印欧人考古文化，就是吐火罗人祖先的文化。吐火罗人究竟是什么时候迁入新疆的？解读吐火罗人起源的关键是阿尔泰山与天山之间的克尔木齐文化。克尔木齐文化源于里海—黑海北岸的颜那亚文化，其中一支向东迁徙到阿尔泰山南麓，并在阿尔泰山和天山之间形成克尔木齐文化；另一支南下楼兰形成小河—古墓沟文化，而塔里木盆地中部的新塔拉文化和尼雅北方锡青铜文化则是吐火罗文化与羌文化结合的产物。①

（四）商代及先商的锡青铜文化

商代及先商的锡青铜器直接来源于二里头文化（最新碳 14 测年年代不早于公元前 1750 年，应属于先商时期），整个中原地区进入锡青铜时代的时间至多是二里头文化第二期。依最新的系列测年结果判定，二里头文化第二期的上限不早于公元前 1680 年，第四期的年代为公元前 1565 年—公元前 1530 年。

2007 年，测年专家张雪莲、仇士华等正式公布了关于新砦—二里头—二里岗文化长系列年代测定结果："新砦早期的年代约为公元前 1870 年—公元前 1790 年，新砦晚期的年代约为公元前 1790 年—公元前 1720 年；二里头第一期的年代约为公元前 1735 年—公元前 1705 年，二里头第四期的年代约为公元前 1565 年—公元前 1530 年。" ② 其中，"北京大学加速器测年对从龙山文化晚期到新砦期的 18 个样品进行了测定……有 5 个样品送到维也纳加速器实验室进行了比对测定"，中国社科院考古研究所实验室又"将新砦遗址测得的年代数据与二里头遗址测得的年代数据共同拟合"。

---

①邵会秋：《试论新疆阿勒泰地区的两类青铜文化》，《西域研究》2008 年第 4 期。

②张雪莲、仇士华、蔡莲珍、薄官成、王金霞、钟建：《新砦—二里头—二里岗文化考古年代序列的建立与完善》，《考古》2007 年第 8 期。

这是得到国内外三家测年机构相互认可、测定结果高度一致的数值，颇为难得。看来，最新的高精度系列测年数据更支持“二里头商都说”的假说，即二里头文化属于先商文化，二里头宫庙遗址属于先商或早期都城。

又，关于郑州商城和偃师商城的年代讨论一直是考古界乃至史学界的热点，因为一些重要问题的探讨取决于两城年代的确定。郑州商城在20世纪50年代被发现，是迄今所知的规模仅次于洹北商城的商代遗址，其中二里岗文化时期的遗址总面积约25平方公里。根据近年来对郑州商城和偃师商城两地分别用高精度系列样品方法做的碳14年代测定表明，郑州商城的年代为将近公元前1500年，而偃师商城一期的年代要比郑州商城的年代早，但仍未到公元前1600年。那么，郑州商城还能是“汤亳”吗？二里岗文化下层一期是商朝最早期的吗？这样的问题需要考古学界重新审视。①

尽管史前史的摩尔根学派在19世纪判断文明史从铁器时代开端，但经过相当长时间的讨论，越来越多的中国学者基本赞同将文字、城市、锡青铜器和礼仪中心等因素视为中国古代文明形成的最基本标志，而陶冶时代、陶－铜体系为文明奠定了根本基础。这就是关于文明概念的一般法则。②

五、第四阶段（尾声）：陶冶时代的锌黄铜时期

在锡青铜之后，陶冶体系的合金铜时期还有第四个阶段（尾声）——锌黄铜（Zinc bronze）时期。

纯锌的熔点为419.5℃，锌黄铜的熔点约为950℃，其中锌黄铜H62−H68的熔点934℃，锌黄铜H80的熔点为967℃。根据合金定律，锌黄铜的熔点肯定低于纯铜（红铜）熔点1083 ℃（一说铜的熔点为1084℃），并随着锌含量的不同而变换。

①潘明娟：《从郑州商城和偃师商城的关系看早商的主都和陪都》，《考古》2008年第2期。

②段宏振：《中国古代早期城市化进程与最初的文明》，《华夏考古》2004年第1期。

第四阶段出现得很晚，远远落在铁器时代之后1000多年的罗马帝国时期，所以当时影响不太大，只能说是陶冶时代的一个尾声。

古罗马帝国初期，工匠们可能在熔炼铜炉里偶然得到了锌黄铜，但他们确实曾经利用锌黄铜来铸造过硬币。值得注意的是，《圣经》里也提到过黄铜。

我国姜寨仰韶文化遗址中曾出土有含锌量超过20%的锌黄铜片和锌黄铜管，山东胶县三里河龙山文化的地层中也曾出土过两种锌黄铜锥，但这些锌黄铜器物是先民在利用铜锌共生矿时无意中获得的，并非人工有意合成的。所以，商周时期铜器的含锌量都很低。

在公元前45年古罗马帝国时期，锌黄铜制品才刚出现。其中，典型的锌黄铜器皿是公元前20年的罗马作品，内含17%的锌。

当时，罗马人使用的锌黄铜制造方法是“渗锌还原法”，也就是在坩埚内同时放置铜、木炭和锌矿石（$ZnCO_3$或$ZnSO_3$），燃烧加热后有若干锌（熔点419.5℃）在铜熔化（熔点1084℃）之前就被木炭还原，锌蒸气（沸点906℃）进入铜内从而使铜锌合金的熔点降低。这样，若干炉料在900℃左右熔化，凝固后锌黄铜也就炼成了。

罗马的锌矿石来自不列颠的曼迪普斯和比利时的阿尔登，以及帝国东部的许多矿床。

锌黄铜在罗马帝国时代还远没有取代锡青铜，那时罗马人更乐意使用锡青铜（铜锡锌三元合金）。真正的锌黄铜在公元1世纪—公元2世纪含锌量持续下降，由公元前45年的27.6%到公元79年的15.9%，再到公元161年的7.8%。这些异常情况，说明锌黄铜与锡青铜相比，长处还远远不如后者。至于金属锌，只在雅典发现过两块。可见，锌黄铜的使用并不普及。

锌黄铜与锡青铜相比有易锻造、抗腐蚀性更佳、外表光亮的优点，如果含锌量适当，类似黄金。由两种以上的元素组成多种合金称为特殊锌黄铜，如由铜、铅、锡、锰、镍、铁、硅等组成特殊锌黄铜合金，具有很强的耐磨性能，强度高、硬度大，而且耐化学腐蚀性强，切削加工的机械性能也较突出。所以，直到如今锌黄铜与特殊锌黄铜合金在现代工业中仍有广泛的用途。①

为何制造锌黄铜的难度很大呢？因为金属锌的熔点 419.5℃、沸点 906℃，比铜的熔点 1084℃低，在熔炉加热铜矿时木炭的高温会首先把锌蒸发掉，而氧化锌在 950℃～1000℃的高温下才能较快地还原成金属锌，但液态锌在 906℃时已沸腾蒸发掉，还原得到的金属锌以蒸气状存在，待冷却时反应逆转后蒸气锌被炉中的二氧化碳再氧化成氧化锌。由此，若要得到锌黄铜必须有特殊的冷凝装置，这是锌黄铜的使用比铜、锡、铁的使用晚得多的缘故，也是锌黄铜铸币出现较晚的因素之一。由于制造锌黄铜的成本很高，最初锌黄铜比红铜或砷白铜、锡青铜更昂贵。在锌黄铜尚未用来做盘、壶之前属于奢侈品，只用来做纪念性的墓碑之类。

至于锌黄铜熔炼法，那是很晚的事情。后来，人们发现铸造锌黄铜制品的过程必须将粉碎的锌矿和木炭、铜块混合，适度燃烧木炭加热到高于 600℃且低于 800℃，先使锌铜结合，再加热使锌铜合金熔融，然后将锌铜液灌入铸模。

英国最早的黄铜器是从法国图尔内进口的。在中世纪，从约公元 1000 年起有了锌黄铜制品，并在欧洲流行了约 300 年之久。因为锌黄铜大型的金属雕塑品便宜，公元 1231 年的威尔普大主教的锌黄铜像就是较早的人们所知用锌黄铜制作的铜像。

六、从陶窑、馒头窑竖炉到炼铜竖炉

湖北大冶铜绿山遗址先后发掘出土了冶炼区中的数座先秦炼铜竖炉残迹，以及炉壁部件、粗铜、矿石、炉渣、木炭、耐火材料和铜锭等。古矿冶遗址的发掘始于 1974 年，遗址包含大规模的古代采铜的矿井，许多地方堆积着古代炼铜遗留的炼渣，有的地方厚达几米。据地质部门测量估

① 吴琼:《开发硅黄铜代替青铜》,《铸造技术》1986 年第 1 期。

计，炼渣约40万吨，表明古代冶炼规模很大、延续时间很长。对铜绿山东北坡（现名11号矿体）春秋时代的炼铜遗址进行了长期发掘，共开探方63个，发掘面17,575平方米，前后发现8座炼铜竖炉，还发现大量残存的炼铜护炉壁、粗铜块、矿石、木炭、炼渣、耐火材料、石砧、石球和一些残破的陶器、铜器等。可见，这一大冶炼区内曾综合了原初制陶、冶铜的设备和工艺。2013年，考古工作者又发现1700年前的炼铜竖炉。

由于遗址残缺，而且炉基在地表以下，这种先秦炼铜竖炉曾一度难以复原，但随着对中外文献的比较探求和对勘察的深入，如今有了较为明确的还原。

先秦炼铜竖炉由炉身、炉缸和炉基组成，高2米以上，原型来自竖穴陶窑和馒头窑。

古华夏陶窑约在公元前6000年进入横穴陶窑时期。陕西老官台、河北磁山、甘肃大地湾、浙江河姆渡（公元前5000年—公元前3000年）等遗址出土的早、中期横穴陶窑，烧制温度为600℃～700℃；裴李岗文化（公元前5150年）的陶器烧成温度约700℃，到裴李岗文化后期的后期横穴陶窑的烧制温度最高已可达到820℃～900℃之间，但都未达到纯铜（红铜）熔点1083℃～1084.5℃，所以未能炼铜。

制陶的竖穴陶窑常见于各地的后仰韶文化遗址，如甘肃马家窑遗址（公元前3700年—公元前2700年）、河南三门峡庙底沟遗址（约公元前3500年）、山东大汶口文化后期遗址（公元前3300年—公元前2300年）、龙山文化遗址（公元前2350年—公元前1950年），已能运用陶车（快轮）技术生产大件陶器（如白陶、黑陶等）。出现改进的高级竖穴陶窑后，陶窑建于半地下，火膛为小口广底的袋形坑，其上为窑室，出口开在地面，火膛与窑室之间的隔离土层（窑箅）里有数条贯穿火道，火焰经火道直接升入窑室，烧陶温度能达到1000℃～1100℃甚至更高。①

①靳松安:《庙底沟遗址第二期遗存再分析》,《江汉考古》2000年第4期。赵清、韩朝会:《河南新安县槐林遗址仰韶文化陶窑的清理》,《考古》2002年第5期。陈国庆、张全超:《红山及夏家店下层文化时期陶窑》,《吉林大学社会科学学报》2005年第6期。

馒头窑亦名“圆窑”，不再是以前挖穴为窑的形式，而是地面砌筑结构，并发展为主要窑型之一。馒头窑常见于华北，在早商时期就已出现，一般长约 2.7 米，宽约 4.2 米，高约 5 米以上，火膛和窑室合为一个馒头形的空间，故称“馒头窑”。

馒头窑结构为窑门、火膛、窑室、烟囱四部分，多在生土层掏挖修筑，或以陶坯、陶砖砌成。点火后，火焰先由火膛喷向窑顶，再倒向窑壁底部，流经陶坯，烟气从后墙底的吸火孔入后墙内烟囱排出。由于馒头窑内墙较厚，限制了陶坯的快烧速冷，但为了减少坯体变形又使坯体加厚，因而形成了古代华北陶器浑厚凝重的特色。（如图 6-1）

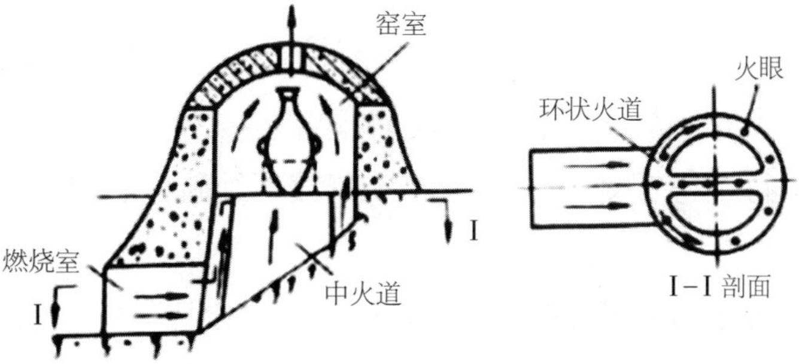

图 6-1 郑州商城馒头窑示意图

馒头窑的优点是易控制烧成高温和降温速度，保温、保湿性能好，适用于焙烧坯体较厚的陶器，以及高温下釉黏度较大的瓷器。早商时期，馒头窑的硬陶烧成温度已高达 1180℃，这种高温为金属冶炼准备了良好的条件。

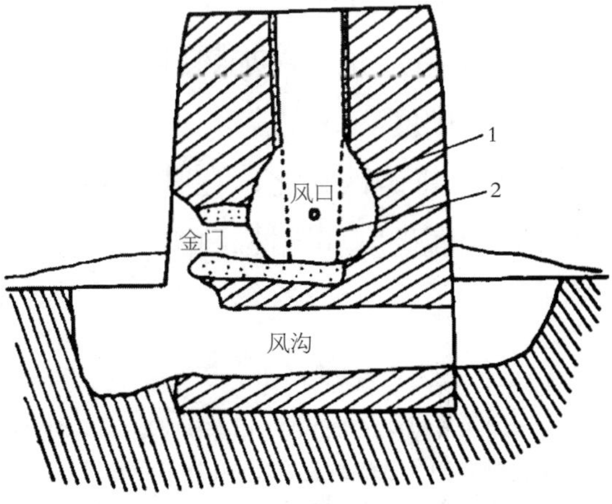

图 6-2 炼铜竖炉示意图

炼铜竖炉是古代熔炼铜的主要设备，初期的炼铜设备——小竖炉的技术基础是烧制陶器的竖穴窑、馒头窑。从火技术的发展史看来，陶窑到炼铜竖炉显然为前后相继的演化成果，从竖穴陶窑、馒头窑发展为早期的炼铜设备——小竖炉的原理跟今天的炼铁高炉很相似，工艺也多有类似。可见，炼铜竖炉不仅继承了制陶的竖穴陶窑，而且对于后世炼铁工艺的影响深远。①（如图 6–2）

热处理工艺：淬火退火正火与回火

古华夏先民发明了多种金属热处理技术，并曾一度领先。下面根据文献史料和考古成果，分析火技术陶冶体系的金属热处理工艺，即退火、正火、淬火和回火。

在楚国郢都江陵（今湖北荆州）遗址，出土了很多有价值的青铜器，通过科学分析得知：战国时代，江陵青铜合金技术已达到了较高水平，许多青铜器都进行了镀锡处理，部分器物还做了纯硫化、渗硫处理工艺和特殊的花纹工艺。②

考古发现了春秋时期青铜剑的淬火、回火组织。例如，绍兴博物馆收藏的 7 柄春秋时期的青铜剑，其中一把平脊剑通长 42.2 厘米，剑身宽 3.8 厘米，似未经使用，拟为越军将士殉葬之物，剑锋留有明显的淬火痕迹。

战国时期燕下都遗址出土了普通士兵用的铁剑，都经过淬火。

淬火是将金属工件加热到一定温度，然后突然浸在水或油中使其冷却，以增加硬度。③

退火是将铸铁软化，在其临界温度范围缓慢冷却到室温。退火的目的是减低金属硬度和脆性，增加可塑性，也叫焖火。在生产中，退火工艺应用很广泛。

---

①卢本珊、王富国：《湖北铜绿山春秋时期炼铜遗址发掘简报》，《文物》1981 年第 8 期。全起锋：《湖北大冶又发现 1700 年前炼铜竖炉》，《中国有色建设》2013 年第 1 期。

②何堂坤、陈跃钧：《江陵战国青铜器科学分析》，《自然科学史研究》1999 年第 2 期。唐电、邱玉朗：《中国古代金属热处理——试论退火、淬火、正火与回火》，《材料热处理学报》2001 年第 2 期。

③张小亮、姜继荣：《“淬火”读音浅析》，《热处理》2014 年第 1 期。

正火与退火目的类似而有所区别。正火，又称常化，是将工件加热到临界温度以上30℃～50℃，即727℃～912℃之间，保温一段时间后从炉中取出，然后在空气里喷水、喷雾或吹风冷却，目的在于使晶粒细化和碳化物分布均匀化。正火与退火的不同点是正火冷却速度比退火冷却速度稍快，所以正火组织要比退火组织更细一些，机械性能也有所提高。另外，正火炉外冷却不占用设备，生产率较高，因此生产中尽可能采用正火来代替退火。[①]

对于形状复杂的重要锻件，在正火后还需进行高温回火（550℃～650℃）。回火，又称配火，就是将淬火后的钢件重新加热到727℃以下的某一温度，保温一定时间后进行空气冷却的热处理工艺。回火的目的在于消除正火冷却时产生的应力，提高韧性和塑性。湖南长沙杨家山出土的春秋晚期钢剑已经出现回火组织，这是在淬火技术基础上发展的热处理技术。

正火和退火的加热温度有些差别，但这不是主要的。退火是随炉冷却，冷却速度相对较慢；正火是非炉冷的，冷却速度较快。正火和退火的相同之处都是可消除零件的应力集中、细化组织，而区别在于正火降温速度快于退火速度，正火处理的工件硬度较大。由于正火的速度快、成本低，只要达到零件要求，可尽量采用正火处理。

金属热处理工艺，即退火、正火、淬火和回火，不仅对于陶冶体系的铜制品加工具有重大作用，而且对于钢铁加工、细化组织也非常重要。例如，用于低碳钢，可提高硬度，改善切削加工性；用于中碳钢或性能要求不高的钢铁零件，可代替调质处理；用于高碳钢，可消除网状碳化物，为球化退火做组织准备。总之，可提高钢铁的组织稳定性，消除内应力，调整力学性能以满足使用要求。

总而言之，历时1万多年的陶冶时代是野蛮向文明过渡的转折期。史前社会的第一个时代是“木-石器时代（Wood-Stone Age）”，此后人

①刘泉成:《铸铁的退火》,《国外金属热处理》1985年第2期。刘瑞玲:《铸铁件热处理退火工艺浅析》,《中国科技财富》2012年第7期。

类进入“火技术体系”，也就是第二个时代“陶冶时代（Pottery-Copper Age”，即“陶－铜器时代”或“火技术的陶冶时代”）。近1万年间，先后并存的陶器－铜器（包括红铜、砷白铜、青铜、锌黄铜）是火技术体系的产物，而火技术直到如今仍然是社会生产力中最重要的领域之一。制陶－冶铜业的火技术，远比木－石器工具的冷加工（手工）打制、磨制技术更复杂更高级，后来的锡青铜技术奠定了文明社会的物质基础。所以，陶冶时代应划分为四个阶段——红铜时期、砷白铜时期、锡青铜时期、锌黄铜时期。

在人类进化过程中，高温能源的火技术体系的巨大突破产生了陶器，又在火技术体系与合金材料方面的巨大突破中产生了铜器以及高级形态的锡青铜器。木－石器时代向陶冶时代历时万年的过渡，就是从游动攫取天然产物的“掠夺经济”转变为定居的以陶器铜器、农畜业为主的“生产经济”的过程。

火技术体系的陶冶时代同时普遍使用陶器和铜器。陶器是史前人类除了自身的衣物和饰品之外最早出现能为个人所有的私有器物，表现在墓葬里普遍的随葬陶器；陶器也是人类定居和出现城市、酋邦、国家的必要条件；陶器、铜器的发明促进了史前社会分工 —— 手工业与农业分离，等等。现代考古成就表明，在全球大部分文明发源地，陶冶时代的第三阶段锡青铜器时期已接近或进入了文明社会。陶冶时代的第四阶段锌黄铜时期出现得很晚，落在铁器时代开启之后1000多年的罗马帝国时期，只能算是陶冶时代的一个尾声，然而迄今火技术体系的锌黄铜等材质仍然在现代工业中常用。

商周时期的农具、工具出自多种多样的复合材质，主要由木－石、骨、蚌、陶制品、青铜等各类器材制成。例如，在安阳大司空村商代遗址中出土的青铜臿（铲）带有使用痕迹；在安阳殷墟遗址灰坑壁上发现了木耒的痕迹，木耒为双齿形，其中大的木耒齿长19厘米，齿径11厘米，齿距8厘米，小的木耒齿长8厘米，齿径4厘米，齿距4厘米。可见，耒耜臿仍用以挖土、翻地、收获，而纯木制以及木－石复合农具（耒耜臿等）

在生产中仍旧广泛使用。

在记载周代青铜文化的《周礼·考工记》中，列举了“攻木、攻金、攻皮、设色、刮摩、搏埴”6类共30个工种，这些修治竹木、金锡、皮革、丝麻、玉石、骨角、陶土的制作工艺都离不开青铜生产工具。①

陶冶时代，自始至终一直存在着木-石复合体系和火技术的陶铜体系共生的情况：纯木制以及木-石复合工具和各种陶器、铜器并存；社会上层的王公贵族常用青铜制饮食器、礼器、乐器或陶制礼器，而平民大量的生活用具仍以陶制器皿为主，农民和奴隶们的生产工具仍以木-石制、骨制、蚌制农具和陶纺轮的纺织机、陶网坠的渔网、陶刀具等为主。

①华觉明:《论商周青铜农具及其制作使用》,《自然科学史研究》1990年第2期。

木–铁体系冶铁术的发明和流传
——现代系统论与世界体系之七

【内容提要】本书特别强调木–铁器时代（Wood-Iron Age）与木–铁体系中木质构件的重要性，不仅铁或钢制武器必须装置木柄，而且在木–铁器时代的各类工具、农具、兵器、房屋、车辆、船舶、纺织机、传动机和种种器械结构中木质材料都是必不可少的重要部分。冶铁术和木–铁复合工具的不断改进和广泛发展，促进了世界体系的积极互动和文明演化。火技术进化到陶冶时代的锡青铜器时期，尚未能彻底淘汰落后的石器，只能依靠人工冶铁术和木–铁器技术才完成了这项历史性任务。火技术的陶冶时代和接连而来的木–铁器时代，复合工具经历了木–石、木–铜、木–铁等演变，但只有各种木–铁复合工具技术一直流行至今，且对近代产业革命和现代一系列技术革命仍继续发挥作用。

一、火技术进化到木–铁器时代

现代历史考古学研究的木–铁器时代主要是人工冶铁术的最初时期，包括一些史前史的木–铁器时代文化阶段。由世界体系的观点来看，木–铁器时代约开始于公元前1500年—公元前1000年。摩尔根《古代社会》提出的人类原初史分期法并没有把“锡青铜器时代”列为一种分界线，而是注重

“冶铁术的发明和铁器的使用”。木–铁体系“冶铁术的发明，在文化史上开辟了一个新纪元，但我们很难说开始使用青铜时也曾开辟过另一个纪元。”①

确实，紧接着陶冶时代以后，在陶–铜技术基础上的冶铁术的发明和木–铁复合工具在文化史上开辟了一个新纪元。

（一）冶铁术的发明和流传

籀文“铁（鐵、銕）”

甲骨文未见“铁（鐵）”字，到周代籀文（大篆）写为“銕”字，这一演化定有缘由。籀文“铁（銕）”（ ）＝ （金属）＋ （夷，铲或持弓），表示“銕”可能是来自夷的金属；篆文“铁（鐵）”（ ）＝ （金属）＋ （或、域，持戈守护）＋ （壬），表示用以制造戈（守护武器）的金属。由此可见，“铁（銕、鐵）”原初义为来自夷人用以制造戈（守护武器）的金属。隶书“铁（鐵）”（ ）在篆文的基础上加“ ”（“又”的变形），强调持握金属兵器。楷书简体字“铁（鐵）”（ ）将“ ”简化成“ ”，表示难以控制。《说文》：“鐵（铁），黑金也。从金，𢧜声。銕，古文‘鐵’，从夷。”《墨子·备穴》：“铁锁长三丈。”

铁的化学活性强于铜，铁熔点1536℃比纯铜高出大约450℃，加上其他因素，所以冶铁、制铁器的技术要求难于冶铜、制铜器。

在火技术的陶冶时代基础上，先民们逐渐摸索并掌握了冶炼铁和木–铁复合工具的技术。考古成就表明，在一部分文明发源地，锡青铜时期已接近或初步进入文明社会，然而冶铁术在全球的许多情况下（如欧洲大陆）还是从野蛮到文明的过渡关键。普及冶铁术并且不断改进木–铁复合工具及其结构和应用范围，极大地增强了人类生产与生活的能力。

①［美］路易斯·亨利·摩尔根（L.H. Morgan）：《古代社会》，杨东莼、王维、王巨泽，北京.商务印书馆，1977年，第8页。

在近现代生活里，钢铁和木材是最有用、最便宜、最普遍、最重要的材料。在工农业生产中，装备制造、房屋、土建、交通车辆、铁道、桥梁、公路、轮船、码头等都离不开木-铁构件。所以，直到木-铁器时代世界才算全面、正式地跨进积极互动的文明社会。

【附记】不同时代的文献里铁的熔点数据不一致，从 1534℃~1537℃都有记载，因为铁的提纯技术与测温精度提高所致。此处依据《中国大百科全书·矿冶卷》采用铁的熔点为 1536℃。

考古发掘古埃及、伊朗、两河流域的出土文物证实：古人类对于铁的认识和使用，早在公元前 3500 年（一说大约距今 5000 年）就已萌芽。不过，那些铁制品都是由陨石铁加工而成。远古时代，西亚两河流域、地中海沿岸和古埃及就使用了“陨石铁”，而人类最早知道的“铁”就是来自流星雨中的陨石。

铁器制作应包含陨铁制品和冶铁制品两个子系统，前者（陨铁制品子系统Ⅰ）是直接利用天然陨铁锻打成器，后者（冶铁制品子系统Ⅱ）是通过人工冶炼铁矿石浇铸或锻打成器的。在两河流域乌尔王墓出土有陨铁碎片，西亚格尔策（Gerzeh）、乌尔（Ur）遗址出土的陨铁珠和匕首为迄今发现最早的陨石铁制品，距今已有 5000 年左右的历史。一说最早的铁制品发现于公元前 3500 年的古埃及，其中包含 7.5% 的镍，表明它们来自流星陨石铁。古埃及人将太空降落的“陨石铁”奉为神物。在古埃及前王朝墓中，发现过陨石铁制作的管状小珠；在第十一王朝墓中，曾出土装有银柄的陨石铁制护身符。从人工冶铁术的科学观点来看，此前的陨石铁制品还没有进入真正意义的早期铁器时代（Early Iron Age）。

世界冶金史公认，冶铁的历史是从块炼铁（Wrought iron）开始的。块炼铁含碳量很低（0.02% 或 0.2% 以下），属于熟铁，质地较软，杂质矿渣多，被称为“海绵铁”，是人类最初炼制的铁。人工早期制铁，采用固体碳还原，去除部分杂质并适度提高含碳量（0.2% ～2%之间），即块炼铁渗碳技术。块炼铁渗碳技术的基本方法，就是将高品位的铁矿石和木炭投入炼铁炉（最初在山坡挖穴为炉）燃烧，木炭烧到大约840℃～1000℃时产生一氧化碳气体，使铁矿石中的氧化铁逐步还原成铁。由于炼铁炉高温未达到纯铁熔点1536℃，所以只能获取火红的柔铁块，得不到液态熔融的流动铁水。在持续高温下锤击（锻打）柔铁块，去除部分杂质并渗碳，适度提高含碳量成为锻铁（熟铁）合金，就“还原”制造出最早的“钢铁”。等炼铁成功后冷却炼炉，然后砸破炼炉取出铁块。这种炼铁方法叫块炼熟铁渗碳法。

考古发现，小亚细亚特洛伊发现的铁器残片是公元前约2300年的产品，是迄今出土最早的冶铁制品。据历史文献记载，最初知晓冶铁术诀窍的是古代赫梯人（The Hittites）。大约在公元前14世纪—公前15世纪，赫梯人领先掌握了炼铁、制作铁兵器的技术，并视为绝密。这种初级的钢铁可以叫作“块炼铁渗碳钢”。当时，用这样初级的块炼铁渗碳钢制造的刀剑，虽然质量不够高，但还算比较锋利。

【附记】1977年版《大英百科全书》也如此叙述，但这个传统观点已经发生了很大变化，许多研究者指出：冶铁术并非公元前14世纪—公元前15世纪赫梯人发明，更可能是多中心起源的。不过，这个问题尚未取得一致看法。①

古代小亚细亚（今土耳其）北部的帕夫拉戈尼亚（Paphlagonia）可能是冶铁术的发源地，因为这里出土铁匕首的阿拉卡文化遗址共分四层，而出土铁匕首的是在第二层。阿拉卡文化遗址属于早期锡青铜文化二期，与小亚细亚西部的特洛耶（Troy）二期为同一时代。其中，阿拉卡文化第三层未曾受到两河流域或爱琴海文化的影响，而是当地原始先民的土著文化。虽然该遗址王墓中发现的头骨（短型的，与当地的长头颅不同）可能属于外来的，但也不像在公元前2500年以后才进入此地的赫梯人首创。可见，冶铁术并非赫梯人开创，而可能是古代小亚细亚原始先民发明的。大约公元前2千纪中叶，此处成为亚述帝国喀纳斯（Kane）殖民地的金属供应者，赫梯帝国也从此处崛起，而这就是缘何历史记载赫梯人领先（而

①孔令平、冯国正:《铁器的起源问题》,《考古》1988年第6期。

非首创）掌握了神秘炼铁技术的因由。又一说，远古最早的冶金技术发现于黑海塔曼半岛或高加索以北的古印欧人遗址。

公元前 2500 年左右的赫梯人墓葬中出土了铜柄铁刃匕首，经过科技金相检测为人工冶炼制品，证明了当时在安纳托利亚地区已经开始人工冶铁，但这仅为偶然性的产物。公元前 1500 年之后，两河流域、小亚细亚和古埃及出土的人工冶铁制品逐渐增多，说明当时人们对冶铁工艺已获得较深入的知识。公元前 17 世纪，赫梯拉巴尔纳斯王朝成为小亚细亚的奴隶制国家，约公元前 14 世纪发展成赫梯帝国，首都先在库萨尔（Alacahoyuk），后迁至哈图撒（Hattusa）。赫梯帝国（Hittite Empire）以农业生产为主，金属冶炼达到相当高的水平。（如图 7−1）

图 7−1　古代东非冶铁炉

虽然早期赫梯国的生产力尚属火技术的陶冶时代，但其总算是西亚地区率先掌控冶铁术和利用木−铁复合兵器的国家。

在赫梯帝国迈进木−铁器时代之初，其南征北战的最有威力的武器是木−铁兵器和木轮战车。在战场上，他们手持木柄的铁矛、铁剑、铁斧，驱赶着披铁甲的马拉木轮战车冲锋陷阵，所向披靡。约在公元前 1185 年，赫梯帝国被腓尼基（Phrygian）及马西基（Mushke）打败，铁的垄断被打破，铁器的冶炼也不再是秘密，原有的冶铁工匠散落各地，绝密的冶铁术、锻打工艺和木−铁复合兵器的诀窍就此得以扩散于世。从此，人类历史上的木−铁器时代真正来临。①

赫梯帝国的木−铁复合兵器曾使古埃及等国心惊胆寒，而亚述人的冶铁术可能是从赫梯人那里学来的。古赫梯人惯于也善于征战，世代征战让

①[英] 泰利柯特（R.F.Tyiecote）:《世界冶金发展史》，华觉明等译，北京．科学技术文献出版社，1985 年。杨宽:《试论中国古代冶铁技术的发明和发展》，《文史哲》1955 年第 2 期。

赫梯人认识到没有强劲的军队不行，所以赫梯历代国王一直保持着人数达 30 万人的军队。当时，他们不仅武装先进，而且在世界上领先掌控了冶铁术，并充分利用了锐利的木-铁复合兵器。赫梯国王把冶铁术视为秘密，不许外传，以至铁贵如黄金，其价格竟是铜的 60 倍；铁器被当作珍贵礼品，在一些国家的宫廷里传送。考古发现，相关文献中也有关于赫梯人与亚述人进行铁制品贸易的记载：公元前 1250 年，赫梯国王哈图斯里三世在一封通信中说到铁的生产和贸易。公元前 1200 年—公元前 1000 年，块炼铁的使用在西南亚已达到相当大的规模。公元前 800 年，冶炼方法传到中欧。公元前 500 年，传到英国。在欧洲一些地区，直到 14 世纪炼出生铁之前，块炼熟铁渗碳法一直是主要的炼铁方法。

（二）铁矿石怎样还原成铁

铁矿石的熔化炼铁

从铁矿石的还原性来说，褐铁矿易还原，磁铁矿难还原。在炼铁炉中，铁矿石于 400℃或稍低温度下开始还原，部分氧化铁在下部高温区先熔于炉渣，然后再从渣中还原出铁，而碳（木炭）和鼓风中的氧燃烧生成的一氧化碳气体是主要还原剂。铁矿石在部分还原并升温到 1000℃～1100℃时开始软化，这种软化的温度称为“半熔点”即半固半熔态的流质软化点，直到 1350℃～1400℃时完全半熔化。软流质矿渣铁积聚于炉缸底部，由于比重不同，矿渣液浮于铁液之上，然后从炉缸放出。铁液出炉温度一般为 1400℃～1550℃，渣温比铁温一般高 30℃～70℃，约从 400℃开始氧化铁逐步从高价铁还原成低价铁，一直到金属铁。

从铁矿石的还原条件来看，应在矿石未软化的条件下尽量保持高一些的还原温度，以加快还原速率。通常，在炉缸的温度 1350℃～1550℃下时炉渣能很好地半熔化，并具有流动性和具有矿渣—铁、矿渣—气间的界面性能，能很好地与铁水、气体分开，并能顺利地从炉内放出。

生铁和钢都是铁碳的合金。由于含碳量不同，就区分出生铁、熟铁和钢材：

（1）生铁的含碳量在 2.0%～4.3% 之间。

（2）钢的含碳量在 0.03%～2.0% 之间。

（3）熟铁即锻铁（含碳量低于 0.02%）的半熔点，约为 1200℃。

（4）铸钢（含碳量低于 2.0 %）的半熔点为 1425℃。

（5）各种钢（含碳量在 0.03%～2.0 % 之间）的半熔点为 1300℃～1400℃。

（6）低碳钢（含碳量低于 0.25%）的半熔点为 1400℃～1500℃。

（7）钢铁熔点，其中纯铁的熔点为 1536℃，高炉铁水的半熔点为 1139℃，预处理铁水的半熔点为 1159℃。

各种炼铁炉的铁液和渣水的温度水平是不同的。铁液温度多在 1400℃～1530℃左右，炉渣温度约比铁液温度高 50℃～100℃；铁液凝固温度 1250℃左右；到 1350℃～1400℃时完全半熔化。

铁矿石的块炼铁

“块炼铁”，是史前先民将富铁矿石在高温非熔化状态下还原得到的铁块，后人称之为“块炼铁”。富铁矿石由于含铁量高，在红热木炭的还原作用下，能够生成人眼辨别出的粗陋铁块。在古代的灰陶烧制里，先民就发现红陶（Fe_2O_3，三价铁离子的颜色）在烧制末期渗水“饮窑”，能获得灰陶（FeO，二价铁离子的颜色）。氧化亚铁的分子内铁成分比例比氧化铁的铁成分高，这是铁的固态冶金基础。块炼铁是在比烧陶温度更高、焙烧时间更长的红热木炭里从矿石固态还原的，但是铁矿石里的大量“脉石”仍然夹杂在铁块里。历经漫长的摸索，通过锤打挤出“脉石”，才能得到较纯净的铁块，获得实用。

（三）块炼铁渗碳技术对于文明的贡献

赫梯人掌握了冶铁术之后，就利用它与各国进行小规模的贸易，包括埃及。埃及官方常进口赫梯的铁器并将之重新熔化使用，如图坦卡蒙（Tutankhamun，公元前 1341 年—公元前 1323 年）的那柄短铁剑，乌加里特（Ugarit）遗址出土的一件有莫尼普塔（Merneptah）法老名字的剑和一件黄金装饰的铁刃铜矛。不过，埃及真正大规模使用铁器是在第二十六王朝，也就是舍易斯王朝法老尼科一世（公元前 672 年—公元前 664 年在位）时代，而亚述人的入侵带来了更大规模的交流，使埃及人这时几乎完全用铁器代替了锡青铜器。根据考古学的发现判断，印度在公元前 2000 年—公元前 1500 年间已经出现铁了，亚洲西部巴勒斯坦在公元前 14 世纪已有铁刀，希腊及克里特岛墓葬在公元前 11 世纪已有铁器出土。

公元前 1100 年左右，两河流域的亚述人得到铁器视为战利品，并在公元前 900 年拥有了铁兵器装备军队。公元前 10 世纪，与赫梯帝国临近的今巴勒斯坦、叙利亚和希腊地区首先学会了冶铁术、锻打工艺，用铁已经很普遍。约在公元前 1000 年，古希腊和古罗马开始普遍使用木-铁复合工具和兵器。此后，冶铁术和木-铁复合兵器经叙利亚传入两河流域、中亚和北非，埃及到几百年后才开始广泛使用木-铁复合工具。后来，冶铁术又经希腊传到东欧和西欧。当时，罗马帝国统治的西方世界基本上只生产锻造的铁，没有铸造的铁。①

古罗马的铁兵器也是块炼铁，由海绵铁（夹杂大量矿渣杂质的一种熟铁）通过渗碳法加工制成，并非真正的钢（碳钢）。钢和熟铁是两个不同的概念，取代锡青铜的是热处理后的真钢而不是熟铁，早期熟铁制品的机械性能还不如锡青铜制品。

约在公元前 900 年，铁器出现在意大利的维兰诺瓦（Villanova），据说是由来自小亚细亚的伊特拉斯坎人（Etruscans）引进。约在公元前 700 年，西欧第一个大规模的铁器制造中心在今奥地利的哈尔施塔（Hallstatt）发展起来。哈尔施塔的铁制长剑，可能是塞尔特人（Celts）崛起且随后几个世纪统治中欧、西欧的主要原因。此后的数个世纪，塞尔特人因拥有木-铁复合工具和武器而控制了欧洲。随着塞尔特人的扩张，铁的使用也在欧洲普及。西亚、中东、埃及、欧洲等地区最早的制铁方法块炼铁渗碳技术，是用块炼炉通过直接还原法炼铁，炼出海绵铁后再进一步加工。这

①戴裔煊:《中国铁器和冶铁技术的西传》,《中山大学学报（社会科学版）》1979 年第 3 期。陈建立、毛瑞林、王辉等:《甘肃临潭磨沟寺洼文化墓葬出土铁器与中国冶铁技术起源》,《文物》2012 年第 8 期。

种炼铁方法至少沿用到中世纪。

陶冶时代发展到金属器时期，先进的木-铁制作与锡青铜器相比得到改进，价格也较为便宜。起初锡青铜器有利于贵族阶层拥有锡青铜兵器和盔甲装备，但等到平民有了铁兵器武装能力之后，就成为足以威胁贵族的力量。约公元前 500 年，铁器的制造在德国已很普遍，但英国直到公元前 450 年铁器才取代了锡青铜器。中古初期，欧洲人利用铁制成铁斧和铁犁垦殖土地，影响了后来的庄园制度形成。同时，北欧依靠铁矿冶炼铁，制成木-铁复合工具，从而提高了造船技术，建造了新型船只横越海外，并因此影响了北欧维京人的移民运动。不过，西方冶铁术和木-铁复合工具主要依靠锻造的铁，缺乏铸造的铁。在欧洲中世纪，占主导地位的仍然是块炼铁渗碳法，因对于可锻铁的供应长时期不充分，就限制了生产力的发展，影响了社会进步。

早期冶铁术即块炼铁渗碳技术，包括两个步骤:（1）开采铁矿、炼铁，由铁矿石固态还原获得熟铁块，即海绵铁。（2）热处理（Heat Treatment）。例如，加热锻打（锤击）去除杂质并渗碳；或进一步利用高温和冷却淬火、回火、退火和表面淬硬等操作，达到所需的韧性、硬度、弹性、耐磨性等要求，生产钢材和制作各种木-铁复合工具及兵器；或利用炼炉技术生产铁水进行铸造。总之，火技术发展冶金工业为人类进一步的产业革命，创造了无穷尽的可能。

（四）古华夏早期用陨石铁制成的铁器

最早进入古人视野的铁矿物是陨石铁，主要成分为铁镍合金，一般含镍 4%～10%，极少数陨石铁中的镍含量可达 60%，大部分陨石铁是可锻打的。河北藁城、北京平谷刘家河、河南三门峡等地出土了 7 件商周时期（公元前 14 世纪—公元前 9 世纪）的铜和陨石铁的复合器。

北京平谷刘家河商代中期墓葬出土一件铁刃铜钺，河北藁城台西村商代遗址出土一件铁刃铜钺。此外，还有两件铁器，一件是铁刃铜钺，另一件是铁援铜戈（现存于美国弗里尔美术馆），据说这两件铁器出自河南浚县商末周初的墓葬。经分析，上述几件器物均含有较高成分的镍，这正是陨石铁的特征。

1972年冬，河北藁城台西村商代遗址（碳14测定为公元前1520±160年，相当于郑州商城二里岗文化早期）出土一件铁刃铜钺。全钺残长111毫米，阑宽85毫米，铁刃宽60毫米，在铜外部分已经断失，铜身夹住的部分厚2毫米、深10毫米。对这件古兵器进行科学检测表明，“铁刃中没有人工冶铁所含的大量夹杂物，原材料镍含量在6%以上，钴含量在4%以上。更为重要的是，尽管经过锻造和长期风化，铁刃中仍保留有高低镍、钴层状分布”。研究者据此断定，这件铜钺的铁刃系由陨石铁制成，而整个铜钺的制作过程是先将陨石铁锻造成薄刃，然后再浇铸锡青铜柄部。①

北京平谷刘家河村商代墓葬出土的铁刃铜钺，在原料组成及原料来源的鉴定过程中，对挖掘捡出铜钺时将残落大锈块的方位做了标记，现场收集到锈渣和锈粉共计数百毫克，便于先进的测试技术采用。专家共用六种分析方法（X射线荧光光谱分析、中子活化分析、光谱分析定量测定等）对铜钺铁刃进行研究鉴定，确认此铁刃是将陨石铁锻制成薄铁刃口后和锡青铜钺身一起浇铸，使铁刃和铜钺熔成一体成为铁刃铜钺。②

商周时期，中原地区冶炼锡青铜工艺已达到相当水平，但锡青铜冶炼术主要方法是铸造而并非锻打。不过，从商代中期到周末数百年间，人工冶铁术并未在高超的冶铜技术（铸造）的影响下发展起来。

二、为什么铜器先被发明而不是铁器

铁是钢铁类材料的总称，通常又将钢与铁合称为钢铁。生铁、熟铁

①唐云明:《略论藁城台西商文化遗存》,《华夏考古》1987年第1期。李众:《关于藁城商代铜钺铁刃的分析》,《考古学报》1976年第2期。叶史:《藁城商代铁刃铜钺及其意义》,《文物》1976年第11期。王迅:《藁城台西商代遗址介绍》,《考古》1987年第2期。

②张先得、张先禄:《北京平谷刘家河商代铜钺铁刃的分析鉴定》,《文物》1990年第7期。吴杏全:《从商代铁刃铜钺谈我国用铁的历史》,《中国经贸大学学报》2009年第3期。

和钢都是铁碳合金，以含碳量多少来区别：（1）生铁一般含碳量 1.7% 以上；（2）熟铁含碳量低于 0.02%（一说 0.2%）；（3）钢含碳量在生铁与熟铁之间，即含碳量 0.05%～2%。生铁因多杂质，通常呈黑色，硬而脆，没有塑性；纯铁本色白而有光泽，但很易氧化生锈，一般日常见不到纯铁；熟铁质地柔软，易变形，塑性和延展性好，强度、硬度均较低。

铁的主要性质是以“含碳量”来区分的，这跟铜的主要性质以合金元素不同（砷白铜、锡青铜、锌黄铜等）来区分不一样，但古人缺乏今人对化学元素的理性认知，只能凭借感性认知去尝试、摸索。

铁在自然界分布极为广泛，但人类发现和利用铁却比黄金和铜要晚。为什么在世界范围内都是先冶炼铜，后来才冶炼铁？为什么是铜被人类先发现和使用而不是铁呢？经过比较全面的总结概括，我们认为：

（1）自然界存在天然的纯铜（红铜）而不存在纯铁。天然的单质状态的铁在地球上非常稀少，而且铁容易氧化生锈发黑，只有含镍的铁可持久不锈。太空降落的陨石铁中有铁（含镍），但人类使用天然铜的时间久，远远早于利用陨石铁。天然铜质地比天然陨铁要软，比天然的金、银硬，是四种天然存在的金属中最适合制造工具的金属，所以天然铜（纯铜、红铜）最先被人类利用，从而进入陶冶时代的红铜时期。

（2）远古铁矿石与普通石头不易区别，不像铜矿孔雀石由于色彩特别而引人注目，使得开采铁矿的难度高于开采铜矿的难度。铜的还原性比铁弱，更容易从其氧化物中被还原出来，而且铜的熔点（1084℃）也比铁低，加入了铅和锡后熔点更低，而且冶炼的技术要求也比较低，所以人类在使用红铜制品不久便进入了陶冶时代。

（3）冶铁技术之所以出现得晚，主要还因为冶炼铁矿的工艺与冶炼铜和铜合金的工艺根本不同。纯铁熔点 1536℃（一说 1535℃），比纯铜熔点 1084℃高出许多，虽然铁矿石还原不需如此高温，但低温下还原速度慢，低温产出的铁冷却时易氧化生铁锈，没有使用价值。

【附记】铜的熔点 1084℃，另一说铜的熔点 1083℃或 1085℃。相关资料的纯铜熔点数据略显不同，有两方面原因：一是测量温度的精度提高；二是提纯金属的技术提高。所以，纯铜熔点数据在不同年代会略有差异。这里我们采用铜的熔点 1084℃的说法。不过，即使在冶金或者金相专业的论文里采用 1083℃或 1084℃，都不成其为错误。

（4）世界范围内，古人最早利用的铁都是成分里含有较高镍的陨石铁，并不算人工冶铁。古华夏一直到西周末年仍使用陨石铁，偶见人工冶炼的铁制品。

（5）原始铁（生铁）含碳量很多（1.7%以上），硬而脆，没有塑性；而熟铁柔软，塑性好，容易变形，强度和硬度均较低。铁由铁矿石炼出时初为海绵状，杂质较多，多含有无用的“脉石”，被称为“海绵铁”，含碳量很低（0.04%～0.3%），但杂质较多，难以利用。铁要除去渣滓才可供制造铁器，除渣滓的方法不同而出现不同的效果；不像铜，一提炼出来即有光泽而可供浇铸。

淬锻法（加热即投入冷水急剧冷却）发明后，铁的硬度得以增强，并逐渐胜过锡青铜，等发展到“生铁钢”时兼有了生铁和熟铁两方面的优点，才被人类广泛用来制作木-铁复合工具。

由于以上几点原因，人类利用金属只能从铜发端，而不能从铁开始。

三、块炼铁、铸铁、锻铁、渗碳钢

人工冶铁都是从块炼铁（ Wrought iron）开始的。块炼铁杂质较多，含碳量极低（约 0.04%～0.3%），质地柔软不便使用，但可锤锻（打铁）排除杂质。块炼铁在锻打前由于疏松多孔，形同海绵，故又称“海绵铁”。将块炼铁加热反复锻打、锤击成板块状，经过多次锻打可去除部分杂质，并适当提高表层含碳量（0.05%～2%）即渗碳 ；当含碳量达到 0.2%～0.3%，由于锻打去除部分杂质，以及渗碳加热增碳把渗碳变成块炼渗碳钢，适于锻造成型。

【附记】块炼铁又称“直接还原铁”，采用优质矿石，利用氧化还原反应原理在回转窑、竖炉或其他反应器内进行低温（约 800℃～1000℃）还原，被还原出来的铁呈细小铁核且多孔状形如海绵。海绵铁需要加热锤打（锻铁）去除部分杂质才能变成渗碳钢，或经冷却、破碎、磁选可除去脉石或其他杂质（金属铁占全铁 90% 以上者可直接用于炼钢，占 90% 以下的用于高炉炼铁）。①

铸铁和锻铁的区别——

铸铁（含碳量 2%～4.3%），抗拉强度不够，故不能锻压（轧）锤击，也不可熔化焊接。铸铁具有良好的切削、耐磨和铸造性能，但它只能用于制造（浇铸）各种铸件。

其实，把“铸铁”泛称为“生铁”是很大的误解。按照《金属工艺学》的定义，两者的工艺性质完全不同。这种误解来自中国传统的钢铁手工业概念，而传统铁匠把“铸铁”泛指为“生铁”完全是概念上的误会，原因是：若铸铁水急速快冷时，高量碳来不及石墨化就已凝固，表现出“炼钢生铁（白口生铁）”那种又硬又脆的表象，于是被笼统地误称为“生铁”，但它与“炼钢生铁”的概念实际是两回事。用含碳量 4% 左右的生铁炼钢，就是减低生铁内的含碳量达到 2.11% 以下，使硅、锰、镍等元素含量在要求范围内，并尽量把硫和磷杂质除去。

锻铁或锻钢（含碳量 0.03%～2%），民间常把碳量低于 0.05% 的低碳钢叫熟铁，锻钢可以机械加工、锻造和焊接。生铁水在高温下通过氧化剂（如氧气）把铁水中所含过多的碳和其他有害杂质（如硫、磷等）氧化除去，降低铁水的碳量到钢的范围（含碳量 0.03%～2%），这时可以称为锻铁（Wrought iron）或锻钢（Wrought steel）。

铸铁件由铁液浇铸产生，硬、易断；锻铁柔、不易断。锻铁件由锻打产生，表面有锤打的痕迹，而铸铁没有。敲打铸铁块的声音比较闷哑，

①李祖德、李飏：《古代块炼铁技术》，《粉末冶金技术》1990 年第 2 期。李飏、李祖德：《中国古代块炼铁技术》，《粉末冶金材料科学与工程》1999 年第 1 期。

而敲打锻铁的声音则清脆响亮。①

四、中国古代铸铁技术特色

中国早在春秋时期已发明铸铁技术。迄今考古出土的早期铸铁器件，如江苏六合铸铁丸，湖南长沙铸铁、铸铁鼎等，其年代都在公元前6世纪左右，这与《左传·昭公二十九年》所记载的“赋晋国一鼓铁以铸刑鼎”的史料是相符合的。商周时期高度发展的锡青铜冶铸业，从生产能力到矿石燃料整备、筑炉、制范技术，为铸铁技术的发明和迅速发展提供了前提。但是，我国古代铸铁技术并未得到推广普及。

最初的铸铁件，其形制与同类锡青铜铸件相近。铁矿石由竖炉熔炼，得到铁水后直接用陶范铸造。早期的铸铁都是高碳低硅的白口铁，性脆硬，易断裂。为使铸铁能制作生产工具，战国前期发明了韧性铸铁，通过脱碳热处理和石墨化热处理分别获得了脱碳不完全的白心韧性铸铁和黑心韧性铸铁。

铸铁脱碳钢是我国汉代以前创造的一种简易经济的制造钢件的工艺。它是将含碳量3%～4%的低硅白口铸铁器在氧化气氛中进行整体脱碳，从而得到高碳、中碳和低碳的钢制品。其特点是夹杂物少，质地纯净，成分、性能与铸钢接近。在两汉墓葬和遗址出土的铁器中，已相继发现了较多铸铁脱碳钢制品，如满城铁镞，古荥铁板，郑州东史马剪刀，南阳西汉钢刀，山东银雀山汉刀，铁生沟出土铁镰、铁鉏（锄），登封告城出土铁镢等。它们出自不同遗址和作坊中，而其材质大体相同，表明这种新的制钢工艺已经历了较长发展时期，应用也较为广泛。

---

①曾大本:《我国铸铁铸造技术的回顾及展望》,《铸造》2002年第4期。华觉明:《三十年来铸铁历史的研究进展》,《自然科学史研究》2002年第1期。

（一）从甲骨文和锡青铜器铭文释读“易、锡、金、段（锻）、铸、鬲”

甲骨文“易、锡”

“易”（ ）是“锡”（ ）的本字。（锡）＝（陶皿）＋（铜液）＋（陶范），本义为将容器中低熔点的锡注入模具铸造新器皿。金文“易”（ ）＝（皿）＋（锡液），像一个有柄器皿（ ）装满锡液（ ）。锡青铜，是锡青铜时期的主要金属。

锡青铜器铭文“金”

锡青铜器铭文“金”（ ）＝（沙粒）＋（今“含”[ ]的本字）＋（土），表示含在土中的矿粒。有的锡青铜器铭文“金”（ ）＝（含)+（土)+（沙），其字形表明古人已会“淘金”。《说文》:“金，五色金也。黄为之长。久薶不生衣，百鍊（炼）不轻，从革不违。西方之行。生于土，从土。左右注，象金在土中；今声。”

金文“段”和篆文“锻”

金文“段”（ ）＝（石）＋（殳，手持锻锤）。“段”，以锤击石，凿物。篆文将金文“段”（ ）的写成，再加“金”，另造“锻”（ ）来代替。“段”是开采石材，“锻”是加工石材。《说文》:“段，锥物也。从殳，耑省声。”又，“锻”，篆文“锻”（ ）＝（金属）+（石）+（殳，手持锻锤）＝（金属）+（段），表示挥锤打铁，即“锻铁”。又《说文》:“锻，小冶也。从金段声。”《诗经·大雅·公刘》:“取厉取锻。”《尚书·费誓》:“锻乃戈矛，砺乃锋刃。”可见，周代锡青铜器工艺不仅限于铸造（如铸鼎），而且也有锻打、磨砺兵器戈矛等的技巧，但缺乏锻压之类设施。

甲骨文、金文“铸”

甲骨文“铸（鑄）”（ ）＝（双手）＋（鬲）＋（模具）＋（皿），表示在陶制鬲的模具中注入金属熔液浇制器皿。金文“铸

（鑄）”（）承继甲骨文字形。有的锡青铜器铭文“铸（鑄）”（）=（双手）+（鬲）+（壽）+（皿）。篆文“铸（鑄）”（）加“金”字旁，表示熔金造器。《说文》：“铸，销金也。从金寿声。”

甲骨文“鬲”

“鬲”（、）、“皿”（）皆为象形字，为远古饮食器（陶制或铜制），可用作陶制模型。篆文“寿（壽）”（）字，省去金文“铸”（）字中的“鬲”（）与“皿”（），保留了表示模型的。

（二）铸造与锻造

金属加工主要有两种方式：（1）铸造。例如，提炼铜矿，我国古代常由铜材熔铸制作锡青铜器鼎、爵、簋等；炼铁，可化出生铁熔液浇铸成铁工具和铁兵器。（2）锻打。传统为“打铁”制作锻铁，由固态的铁高温锻造成各种形状的铁器，容易焊接。另外，铜材也可锻打为铜箔，也可焊接。

铸造，是把无形的金属液体变成有形的固体（固态→液态→固态）。

锻造，是把一种外形的固体变形为另一种外形的固体（固态→固态）。

铸造是将熔融的金属液浇铸到模型里获得铸件，侧重熔炼、浇铸过程里工艺的控制。锻造是固态下的塑性成型，有热加工、冷加工之分，如挤压、拔拉、墩粗、冲孔等。

铸铁、锻铁和铸钢、锻钢在性能上有什么区别？

铸铁、铸钢的性能较脆，锻铁、锻钢的组织较细腻，韧性和强度都很好。铸铁、铸钢和锻铁、锻钢都是可以进行热处理的，但锻铁、锻钢更致密，韧性和强度更好。

铸造是人类掌握较早的一种金属热加工工艺，距今已有约6000年的历史。公元前3200年，两河流域出现铜青蛙铸件。公元前13世纪—公元前10世纪之间，中国已进入锡青铜铸件的全盛时期，工艺已达到相当高的水平，如商代司母戊方鼎（重875公斤）、战国的曾侯乙尊盘和西汉的透光镜等都是古代铸造的典型产品。早期铸造受陶器的影响很大，铸件大多为生活、农业、军事、宗教等方面的工具或用品，艺术色彩较浓。公元前513年，中国铸造出了世界上最早见于文字记载的铸铁件——晋国铸鼎（重约270公斤）。公元8世纪前后，欧洲开始生产铸钢件。

经过半个多世纪的考古发掘，在商周王朝的都城遗址中，如偃师二里头、郑州商城、安阳殷墟、陕西周原、洛阳北窑等商周都城遗址，都只见铸铜而难见炼铜和锻铜，也只出土了铸造锡青铜器的作坊，却都未见炼铜竖炉的炉渣等。这表明商周王朝的制铜工业都是以铸铜为主、锻铜为辅，也表明古华夏的冶金工业也多以铸造为主、锻造为辅。可见，早期冶铁技术是来源于成熟的冶铜技术和古典铸铜业的传统工艺。

中国的陶冶技术发展到冶铁，与西方各地明显不同。其起源受西亚影响并在制陶基础上互动，后期虽仍有少量的境外交流，但主要依靠自力更生，形成了独特的块炼铁→炒钢→灌钢道路。中国古代铸造技术的成就，不仅表现在锡青铜器铸造方面，也表现在日常用具的生铁铸造方面，如铁锅、铁犁、铁农具以及兵器。①

东汉赵晔《吴越春秋》记载了干将、莫邪宝剑的传说，神奇的干将、莫邪剑是古代中国冶金制品里最高贵的典型兵器。当下，许多武侠小说和影视作品都把宝剑的“千锤百炼”形容为熊熊烈火中的钢铁锻造过程，甚至一些大学教科书里也说“秦陵兵马俑坑的出土文物中有3把合金钢锻制的宝剑，其中一把至今仍光艳夺目，锋利如昔”。其实，秦陵那把出土时呈灰黑色光泽，毫无锈迹，可以划破19层薄纸的古剑，实为锡青铜铸造而并非合金钢锻制的。传说中“干将、莫邪雌雄剑”也应该是铸造的，因为莫邪为促进炉料熔化而做的祭献是投入了铸造熔炼炉而不是锻造加热炉。

资料表明，秦俑坑内共出土40000余件兵器，但只有4件是铁器，

①张强:《两千年前的青铜铸件》,《机械工人》(热加工)1957年第2期。[苏]罗布卓夫:《“铸”一词的来源》,《铸造》1957年第8期。

其中并无任何铁剑。[①] 可见，春秋战国至秦朝的武器（包括各种青铜剑）大多为青铜制作而非铁制。

块炼铁含碳量很低，含碳量在0.1%以下，属于熟铁一类。例如，江苏六合程桥2号东周墓出土的铁条是含碳量0.04%的熟铁；大冶铜绿山战国矿井出土的块炼铁是含碳量0.06%的熟铁，

锻打温度低到840℃～1000℃左右，而这个温度正好是炼造块炼铁（熟铁）的较低温度。生铁的理论熔点（液化）最低是1146℃，纯铁的熔点是1536℃，到后来的控制温度高到1100℃～1300℃时，就可熔融、浇注铁水凝铸为生铁。生铁是不能锻打的，一打就碎。块炼铁是可锻打的熟铁，早期块炼铁含杂质较多，可反复多次锻打排除杂质，还可渗碳，当含碳量达到0.2%～0.3%方可变成钢材（但质量较低）。

曾有人对古代欧洲公元4世纪—公元8世纪的铁矛头和铠甲做过检测，结果显示：10把矛头中竟然有7把是熟铁，不硬；10个铠甲部件的金属材料里面有6件低碳钢，1件高碳钢，3件熟铁，同时所有铁部件都存在夹渣，而夹渣的长条状表明这些铁铠甲是锻打成形的。[②]

（三）中国早期冶铁技术很可能源于成熟的冶铜技术

要探索中国冶铁技术的起源，不仅需要对出土的早期冶铁制品进行系统、科学的分析研究，还需要深入探讨早期冶铁技术的工艺过程。

迄今，中国境内出土的早期冶铁遗物数量较少，也未发现有公元前8世纪以前的冶铁遗址。关于中国冶铁技术的起源问题，长期以来存在很大争议，有“西来说”和“本土说”两种不同的观点。

国内外一些学者趋向中国冶铁技术来源于西亚，但在传播路线方面存在两种不同看法：一是从新疆通过河西走廊进入中原，二是通过草原地

---

①王德拥：《中国锻工的传统和祖技》，《机械制造》（香港）2000年第1期。王德拥、王丽娟：《追溯中国古代的锻造》，《塑性工程学报》2006年第3期。王德拥、王丽娟：《中国古代的锻造》，《机械工人》（热加工）2007年第2期。

②D.Vella, C.Degrigny, M.Grech, A.Williams: Metallurgy of armour exhibited at the Palace Armoury Valletta, Malta, 2004.

带直接传入中原。

随着中国境内早期铁制品的不断出土及其科学分析，也有一部分学者认为中国冶铁技术起源于本土。但是，关于本土起源说也存在两种不同看法，一是受到冶铜技术的影响而产生，二是冶铁技术独立出现并发展。

根据早期铜器以及冶铜遗物的科学分析数据显示，我国有些矿区存在“铜、铁矿资源共生”的特点，所以在早期冶铜过程中会采集到铜铁共生矿石。

冶金实验考古是一门崭新的工程学科，其将冶铜、冶铁技术的实验与理论分析结合起来。[①] 通过冶金实验考古可知，在800℃～1000℃左右温度下，块炼铁（熟铁）可由铁矿石在固体状态下还原产生。由于早期对矿石拣选处理技术的限制，冶铜原料中普遍会混入一定量的铁矿石，且部分铁矿石会被还原成铁进入粗铜或炉渣中，同时早期冶铜的技术条件完全可以达到1000℃高温并形成良好的还原气氛。

由此推测，如果在冶铜原料中混合有铁矿石，冶炼过程中铁矿石被还原就有可能偶然生成块炼铁。倘若可以证实在冶铜中会产生块炼铁，则可推断中国早期冶铁技术有可能来源于成熟的冶铜技术。模拟冶炼实验表明，复原的炼铜炉在950℃左右温度下即可生成包裹在炉渣中的红铜颗粒，需要破碎拣选出铜颗粒，与早期冶铜考古资料一致。[②]

在冶铜技术条件下使用铜铁混合矿石进行模拟冶炼，生成的冶炼产物与炉渣黏附在一起，并在破碎拣选铜颗粒过程中发现有灰白色、质地坚硬产物的存在。经对冶炼生成的铜颗粒、灰色团块状产物及炉渣进行成分、金相组织分析，确定其为红铜和块炼铁。

模拟冶炼实验显示：在950℃左右，不论采用低品位铜矿还是高品位铜矿，只要冶铜矿料中混入一定量的铁矿石，使用冶铜炉在冶铜技术条件下冶炼，都会生成红铜颗粒及团块状块炼铁。同时，甘肃临潭磨沟遗址出土铁制品科学分析及模拟实验表明，在冶铜过程中会偶然出现块炼铁，且

---

①刘海峰、陈建立、铁付德：《冶金实验考古研究初探》，《中国国家博物馆馆刊》2012年第9期。

②文娟：《磨沟遗址出土铁器分析及冶铁技术初步研究》，西北大学，2015年。

可能在冶炼产物拣选过程中会被发现并使用。

由此可推测，中国早期冶铁技术很可能源于成熟的冶铜技术。①

公元前8世纪—公元前2世纪，炼铜技术对炼铁技术产生了重大影响。炼铜技术特别是炼铜高温技术奠定了炼铁技术的发展基础，并促进了炼铁技术的快速发展，使我国炼铁业较快地实现了从低温固态还原法（块炼铁）向高温液态还原法的转换。

炼铜技术奠定了炼铁技术的基础。根据由炉型、筑炉、耐火材料、鼓风、燃料等要素组成的高温技术发展水平，炼铜技术可划分为竖炉产生前的炼铜技术和竖炉炼铜技术两个阶段。其中，竖炉炼铜技术在炉型、筑炉、耐火材料使用、鼓风技术改进和燃料等方面的发展为炼铁技术奠定了基础。

经对不同时期典型炼铁遗址与遗物分析、探讨，从炉型、筑炉、耐火材料、鼓风技术、燃料等方面可看出炼铜技术对块炼炉、坩埚炉和竖炉等炼铁技术的影响。

炼铁技术从低温固态还原法（块炼铁法）发展到高温液态还原法，使我国中原铁器的种类也从块炼铁过渡到铸铁，同时铁器的韧性也明显增强。

早期的铁器没有锡青铜器坚硬，防蚀性也没有锡青铜器好。早期的炼铁常用坩埚，容积小，冶炼温度低，鼓风设备差，通过还原和反复锻打来获得块炼铁。这种炼铁法产量低、费工多、劳动强度大、浪费原料多，而且产品很软、牢固性差，质量不高。如此低效率、低质量、高成本的炼铁方法，完全限制了铁器的使用范围。

铁之所以能够占据主导地位，一个重要的原因是铁矿比铜矿资源丰富，而且铁矿石的金属含量比铜矿高得多，所以炼铁的成本比炼铜低。战国时代，已经发现不少铁矿，如《山海经》《管子》中都有“出铁之山三千六百九”的记载。汉代之后，发现的铁矿更多。在发展过程中，钢铁生产效率的不断提高，推动了生产成本的降低和钢铁质量的发展。②

---

①文娟:《磨沟遗址出土铁器分析及冶铁技术初步研究》，西北大学，2015年。陈建立、毛瑞林、王辉、陈洪海、谢焱、钱耀鹏:《甘肃临潭磨沟寺洼文化墓葬出土铁器与中国冶铁技术起源》，《文物》2012年第8期。安君吉平:《甘肃省发现中国最早使用人工冶铁制品》，《兰州日报》2013年3月5日。

②赵文斌:《钢铁质量发展研究》，《中国标准导报》2014年第4期。

五、新疆地区发现的早期木-铁器

新疆早期木-铁器来自西亚、中亚，这与陶冶时代——早期木-铁器时代的希腊人、雅利安人、粟特人、高加索人等的迁徙、融合并进入新疆有关。公元前1000年左右，早期木-铁器最初从西亚进入新疆，但其使用过程并不代表冶铁术立即在新疆传播。铁镞箭头大量使用于新疆，主要是作为战争武器与狩猎工具的消耗品。冶铁术在新疆大约始于公元前700年左右，相当于春秋时期。铁器出现较早的新疆及其以西地区，由于缺乏高温技术，一直处在块炼铁的阶段，直到张骞通西域时仍“不知铸铁器”。

新疆早期木-铁器属于中亚地区的考古学文化，可分为两种类型：（1）以阿克美尼德文化为代表的“定居农业文化”；（2）以塞人（塞克，Saka）文化为代表的“草原游牧文化”。

中亚地区的“定居农业文化”以绿洲农业为主，如中亚费尔干纳的楚斯特，在绿洲遗址中早就发现灌溉工程、古代堡垒，晚期时有了木-铁器。至于塞人“草原游牧文化”，如帕米尔塞人文化时期，虽然铁质短剑已经出现，但矢镞（箭头）仍然用铜制作。①

历史考古学界曾经认为新疆地区有三种文化，即细石器文化、砾石文化和彩陶文化，但大量事实已经证明这些概念是不确切的，目前已基本舍去不用。起初，学者们依据中原新石器时代丰富的彩陶文化和早期新疆为边疆落后地区的认识，把凡是有彩陶出土的遗址和墓葬全部认定为“新石器晚期或铜石并用时期”，认为新疆的“新石器时代”一直延续到公元前5世纪。此后，通过对新疆彩陶的再认识，才逐步尝试建立新疆史前史的发展序列。1982年，学者陈戈提出“在距今3400年到公元前后，新疆地区经历了新石器和铜石并用时期，以及铜器时代和铁器时代”，明确把新疆出土铜器的遗址和墓葬定为铜器时代遗存，把出土铁器的遗址和墓葬

---

①［法］亨利·保罗·法兰克福（H.P.Frankfurt）：《中亚地区铁器时代考古文化》，［法］戴蔻琳译，王炳华记录整理，《新疆文物》1987年第1期。

定为铁器时代遗存。①（如图 7-2）

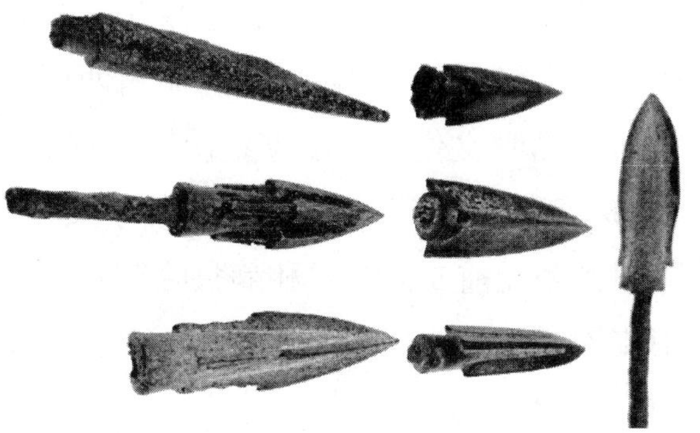

图 7-2 古代新疆早期铁箭镞

这里，我们尽可能收集了迄今新疆多年以来的考古发掘及调研资料，并在此基础上根据学术先行者们所获得的一些时代相对明确的材料探讨新疆早期木-铁器时代的考古学文化类型，将其细分为 8 个小区，即哈密盆地—巴里坤草原小区、吐鲁番盆地—中部天山北麓小区、西疆伊犁河流域小区、西疆塔里木盆地北缘小区、西疆塔里木盆地南缘小区、西疆喀什帕米尔小区、北疆塔城乌苏—石河子小区、北疆阿勒泰小区。同时，为了叙述方便，按照文化分布列出：和静察吾呼文化、哈密—吐鲁番盆地焉布拉克文化、伊犁河流域索墩布拉克文化、乌鲁木齐及其他地区文化。其中，在天山以南中部和静地区早期木-铁器时代，分布的主要是察吾呼文化，可再分为察吾呼、群巴克、克孜尔三个类型；在哈密盆地早期木-铁器时代，分布的主要是焉布拉克文化，可再分为焉不拉克类型和寒气沟类型；在吐鲁番盆地早期木-铁器时代，分布的是苏贝希文化；在伊犁河流域早期木-铁器时代，分布的主要是索墩布拉克文化，可再分为穷科克、索墩布拉克、种羊场、南山四个类型。

（一）天山以南中部和静地区早期木-铁器时代

新疆和静察吾呼沟口文化属于早期木-铁器时代，是新疆史前时期的考古学文化。自从 1983 年在新疆和静县察吾呼沟口第一次发现并以此地名正式命名以后，察吾呼沟口文化已被学术界公认。1988 年，《考古学报》

①陈戈:《略论新疆的彩陶》,《新疆社会科学》1982 年第 2 期。陈戈:《关于新疆远古文化的几个问题》,《新疆文物》1985 年第 1 期。陈戈:《略论焉布拉克文化》,《西域研究》1991 年第 1 期。张川:《论新疆史前考古文化的发展阶段》,《西域研究》1997 年第 3 期。肖小勇:《关于新疆史前研究的讨论》,《西域研究》2004 年第 2 期。

发表了《新疆和静县察吾呼沟口一号墓地》一文，使得察吾呼沟口文化逐渐为世人所知。察吾呼沟古墓群是迄今新疆发现的规模最大、保存最完整的一处古墓群出土文物，存在于古西域陶冶时代至早期铁器时代。①

察吾呼文化早期已零星使用铁制品，晚期木-铁器复合制品渐多。从20多个碳14测年数据看，察吾呼文化的年代上限约为公元前10世纪，下限到公元前5世纪。和静县哈布其罕一号墓地出土了少量铁器，能辨器形者有铁耳环，以及铁釜残片、铁锥等，年代约为公元前10世纪—公元前6世纪。②

1986—1998年间，中国社会科学院考古研究所、新疆文物考古研究所等部门对察吾呼沟古墓群进行发掘，清理古墓360余座，出土文物近3000件。察吾呼沟古墓群遗址的年代约为公元前10世纪—公元前5世纪，相当于西周后期至战国初期。

（二）哈密盆地早期木-铁器时代

新疆哈密焉布拉克考古学文化以哈密三堡焉布拉克墓地命名，主要分布于哈密盆地—巴里坤草原小区，延续时间较长。③

哈密焉布拉克墓地发现7件铁器，从测年的10个碳14数据看，所出土铁器的绝对年代在公元前10世纪左右。其中，出土铁刀的31号墓葬碳14测年为公元前1030年，出土铁器种类有铁刀、铁剑、铁戒指等，距今3240±135年。然而，焉布拉克人头骨形态资料学显示：蒙古人血统占大多数（21/29），欧洲高加索人的成分较少（8 /29）。因此，这7件铁器很可能就是由欧洲高加索人带来的，当铁器的主人去世时也便随葬于主人。这说明焉布拉克文化中虽然出现了铁器，但迄今还缺乏考古证据来说

①李耕:《察吾呼沟口文化简述》,《巴音郭楞职业技术学院学报》2015年第3期。陈戈:《察吾呼沟口文化的类型划分和分期问题》,《考古与文物》2001年第5期。

②周金玲:《新疆考古发掘的新收获——和静县察吾呼沟古墓群发掘情况》,《新疆社会科学》1988年第3期。从德新、刘辉、陈戈:《新疆和静县察吾呼沟口三号墓地发掘简报》,《考古》1990年第10期。周金玲:《新疆察吾呼沟古墓发掘及其研究》,《西域研究》1998年第2期。

③[美]陈光祖:《新疆金属时代》,张川译,《新疆文物》1995年第1期。吕恩国、郑渤秋:《吐鲁番鄯善苏贝希一号墓地发掘简报》,《新疆文物》1993年第4期。

明焉布拉克的土著人是否已经掌握了冶铁术。又，焉布拉克文化若有冶铁术，但未东传。

哈密墓葬中出现欧洲人种，是迄今所知中国境内欧洲人种分布的最东界。哈密五堡水库墓葬测年约为公元前1500年左右，距今绝对年代为3600年—3200年。①

（三）伊犁河流域早期铁器时代

新疆伊犁河流域早期铁器时代的考古学文化主要是索墩布拉克文化，可分为穷科克类型、索墩布拉克类型、种羊场类型和南山类型。索墩布拉克文化分布于伊犁河流域小区与石河子—乌苏小区，以穷科克、奇仁托海、南山墓地为代表的文化遗存有少量铁器出土。

近来，尼勒克吉林台古墓群出土数以百计的新疆史前铁器。根据早期墓葬已测的三个碳14测年数据显示，这个典型的早期墓葬群出土的彩陶和铁刀的年代为公元前10世纪左右。尼勒克穷科克一号墓地出土铁器15件，基本上每座墓中1件，只有一座墓中是2件；除2件为铁锥外，其余均为铁刀，一般与羊骨放在陶钵或木盆之中，大多只留残铁渣。其中，两件铁锥可以复原器形，铁锥残长分别为5.8厘米和8.2厘米。经碳14测年，该墓地M11墓葬为公元前980年—公元前830年，M52墓葬为公元前1040年—公元前906年。②

尼勒克奇仁托海墓地石碓石圈墓出土的殉葬品中铁器众多，以小铁刀为主，与羊骨同出。其中，一件长铁刀残长75.8厘米，最大宽3.2厘米，扁径长约7.9厘米、宽约1.6厘米，最大宽约8.7厘米，年代约为公元前5世纪左右。③

①张成安:《浅析青铜时代哈密的农业生产状况》,《新疆文物》1997年第4期；卫东:《新疆焉布拉克文化古代居民人种学研究》,《新疆考古研究》2009年第1期。

②刘学堂、李溯源:《新疆伊犁河流域考古新发现》,《西域研究》2002年第1期。新疆文物考古所:《尼勒克县穷科克一号墓地考古发掘报告》,《新疆文物》2002年第3、4期。

③新疆文物考古所:《伊犁州尼勒克县奇仁托海墓地发掘简报》,《新疆文物》2004年第3期。

（四）乌鲁木齐及西疆早期铁器时代

乌鲁木齐柴窝堡墓地发掘墓葬18座，其中17座属于第一类型墓葬。同时，有9座墓葬中出土有木-铁器，且有些墓葬中的木-铁器较其他随葬器的总和还多，能辨器形者有包铁金泡、铁刀、铁镞等。据碳14测年，墓葬年代为公元前8世纪，其中出土木-铁器的M1b墓葬碳14测年距今3165±125年。乌鲁木齐南山矿区阿拉沟墓地出土不少铁器，碳14测年年代为公元前8世纪—公元前3世纪（按：墓地测年有三个碳14测年数据，又一说碳14测年年代为公元前12世纪—公元前7世纪）。①

新疆西部轮台群巴克墓葬出土有较多的铁器，一座墓中常有数件，种类也较多，有铁剑、铁刀、镰刀和铁锥等。根据碳14测年，出土铁器的墓葬年代主要在公元前7世纪，个别早到公元前8世纪中叶。②新疆西部塔什库尔干县香宝宝墓葬出土5件铁器，碳14测年年代为公元前10世纪—公元前5世纪。

在公元前1千纪早期，天山北麓山地和山前平原地区西部主要分布的是保留安德罗诺沃传统的卡拉苏克文化（Karasuk culture），范围大约是从咸海、窝瓦河一带到叶尼塞河上游，约为公元前1500年—公元前800年，为阿凡纳谢沃文化之后的锡青铜器时代文化。稍晚，西部还有新疆三道海子文化中的三道海子类型，而东部是四道沟下层文化。晚期，西部是新疆伊犁河流域索墩布拉克文化的南山类型以及安集海墓地为代表的遗存，东部主要是四道沟上层类型、寒汽沟类型和黑沟梁墓地为代表的遗存。③

中亚、西亚发现的早期铁器为原始的块炼铁，如穷科克台地墓地出土的铁器为块炼铁或渗碳钢（经北京科技大学冶金史研究所鉴定）；中原

---

①阮秋荣：《新疆乌鲁木齐萨恩萨依墓地发掘简报》，《文物》2012年第5期。田小红、吴勇、阿里甫：《乌鲁木齐市鱼儿沟遗址与阿拉沟墓地》，《考古》2014年第4期。

②陈戈：《铁木里克墓葬》。参见余太山、陈高华、谢方主编：《新疆各族历史文化词典》，北京．中华书局，1996年，第335—336页。

③郭物：《青铜鍑在欧亚大陆的初传》。参见余太山主编：《欧亚学刊》（一辑），北京．中华书局，1999年。郭物：《三道海子文化初论》。参见余太山、李锦绣主编：《欧亚学刊》（七辑），北京．中华书局，2007年。郭物：《第二群青铜（铁）鍑在欧亚大陆的传播》，《考古学报》2007年第1期。

最早出现的人工冶铁也是块炼铁。在中亚、西亚和古华夏，早期的冶铁技术倾向十分接近，生铁和块炼铁出现的时间也相差不远。

那么，中国锡青铜器和早期木-铁器是本土起源，还是与早期东西方文化交流有关？中国早期木-铁器文化是什么时候在什么基础上形成的？

对此，考古学界迄今尚存在意见分歧。有学者指出：新疆西面的楚斯特文化和金麦里文化为锡青铜时代晚期文化，年代下限为公元前 8 世纪；西北面早期铁器时代始于斯基泰（Scythians）文化（按：斯基泰人，又译为西古提人、西徐亚人或赛西亚人，古代波斯人称其为塞克），年代为公元前 8 世纪—公元前 7 世纪；北面的塔加尔文化（ Tagar Culture ）属早期铁器时代，始于公元前 8 世纪；东面的沙井文化、卡约文化（公元前 900 年—公元前 600 年）却属于锡青铜时代晚期，从自然地理和人文地理环境看来都处于复杂交错的状况。还有学者认为，焉布拉克文化和察吾呼文化晚期始见小件铁器，主要是铁刀和装饰品，所以新疆早期铁器时代遗址属于公元前 7 世纪—公元前 5 世纪中叶或更晚的考古文化遗存。更有学者认为，新疆的木-铁器时代可能为公元前 7 世纪左右，不会太早。①

关于新疆陶冶时代和早期木-铁器时代文化的许多问题，虽取得不少进展，但学术界迄今还有不同观点的争鸣。②

六、石质、铜质、铁质部件都需要与木质部件结合

从系统论的角度看来，本书前述复合工具的五种结合方式——粘（胶）接、绳索捆绑、开槽嵌入、打洞穿孔、榫卯结构等，对于不同材质

①吕恩国：《吐鲁番史前考古的新进展》。参见新疆吐鲁番地区文物局编：《吐鲁番学研究》，上海辞书出版社，2006 年。

②韩建业：《新疆青铜时代——早期铁器时代文化的分期和谱系》，《新疆文物》2005 年第 3 期。张川：《论新疆史前考古文化的发展阶段》，《西域研究》1997 年第 3 期。肖小勇：《关于新疆史前研究的讨论》，《西域研究》2004 年第 2 期。谭玉华：《围绕新疆青铜时代、早期铁器时代的学术争鸣》，《文物春秋》2006 年第 5 期。梅建军：《中国西北在冶铸术传播中的中介地位》，《中国社会科学报》2013 年 1 月 4 日。

的木-石、木-铜部件都基本适用，同样对于木-铁部件的结合也是基本适用的。

作为复合工具，石质、铜质、铁质部件都需要与木质部件组装起来：

要组装刀具，无论石刀刃、铜刀刃、铁刀刃，都要镶嵌在木制的手柄上。

要组装长矛投枪，无论石枪头、铜枪头、铁枪头，都要套牢在木制枪杆里。

要组装弓箭，无论石矢（箭镞）、铜矢、铁矢，都要将箭头固定于木制箭杆的前端孔穴中。

要组装剑（匕首），无论石剑、铜剑、铁剑，都要套入木鞘内。

要组装锥（工具），无论石锥尖、铜锥尖、铁锥尖，都要将尾端插进木柄内。

…………

具体观察出土文物实例（1）：1992 年，新疆吐鲁番鄯善县苏贝希墓群一号墓地出土铁器有木柄铁锥、铁刀、铁带钩、铁箭镞、铁马衔。木柄铁锥，锥尖稍残，嵌在木柄内，为防止木柄开裂，两端用皮条捆扎。铁刀，长 14 厘米、宽 1.35 厘米、厚 0.5 厘米。铁带钩，出土时固定在皮腰带上。铁箭镞，三翼状，固定于木杆箭上。铁马衔（镳），木质，分别套在两个衔环内。①

出土文物实例（2）：新疆和静县察吾呼沟口三号墓地出土铁器数量较多，保存较好者有铁剑、铁镞（箭头）、铁刀、铁牌、铁环等。铁剑，长叶形，直柄均残损，窄长，剑身长 17.7 厘米、宽 1.9 厘米、厚 0.8 厘米，剑柄残长 4 厘米，在一侧粘结有木片残块，原来当有木鞘。其中，M10：1 较厚重，剑身长 18 厘米、宽 4.5 厘米、厚 2 厘米，剑柄残长 8 厘米，在表面粘结有木片残块，并见有赭色漆片，原来当有漆木鞘。铁箭镞，均为三翼形，尾部尚存残木杆。M9：4 较大，长 7 厘米、宽 4.1 厘米、

---

①吕恩国、郑渤秋：《吐鲁番鄯善苏贝希一号墓地发掘简报》，《新疆文物》1993 年第 4 期。

木杆残长5厘米；M10：3长4厘米、宽1.9厘米，木杆残长3.5厘米。铁刀，长条形，柄、刃分界明显。M2：1背稍弧，直刃，长16.5厘米、宽16.5厘米、宽0.9厘米。铁牌，一般出于人骨腰部，多残损。M12：2保存较好，稍呈舌形，上下两端和中腰两侧各有一小乳突，长10厘米、宽6.4厘米、厚0.03厘米。铁环，略呈长圆形。M8：4长4.6厘米、宽3.1，体径0.8厘米。①

出土文物实例（3）：新疆且末县扎滚鲁克一号墓地二期文化墓葬出土铁剑、铁戒指，从4个碳14测年数据看年代在公元前10世纪—公元前5世纪。1996年9月，新疆且末县扎滚鲁克二号墓地M1出土铁锥1件。铁锥木柄呈圆柱形，长4.9厘米，柄径1.2厘米。铁锥体已破裂，截面圆形，尖缺失，尾部呈锥体插于木柄。铁锥全长9.8厘米，锥径0.9厘米。

出土文物实例（4）：新疆温宿县孢孜东墓地M41石堆墓曾出土铁牌、铁刀、铁箭镞、铁带钩、铁钉、铁笄等共计31件。其中，铁刀7件，皆为长条形，断面呈楔形，椭圆状或方柱状柄，环首，较完整的全长约16厘米、宽1.3厘米。铁箭镞12件，有镞身断面呈三棱形、有倒刺、锥铤，有镞身断面呈等腰三角形、铤为三棱锥状，有镞身呈圆锥状、有銎，碳14测年年代为公元前1000年—公元前500年。②

关于中亚木-铁器时代考古文化，欧洲学术界有两种看法：一种认为其处于公元前1500年—公元前500年，另一种认为是公元前1300年—公元前800年，但都早于古华夏中原地区。新疆地处欧亚大陆中心，东面和南面与甘肃、青海、西藏相邻，西北部同俄罗斯及哈萨克斯坦等接壤，东北部是蒙古国，西南部是阿富汗—印度文化圈。近年来在罗布淖尔孔雀河下游发现的古墓沟文化属“绿洲农业文化”类型，年代可追溯到公元前2000年—公元前1500年，其尚处于锡青铜时期，以至到了古墓沟文化晚期也并未进入木-铁器时代。这说明新疆受地理条件限制，历史上各民族

①从德新、刘辉、陈戈：《新疆和静县察吾呼沟口三号墓地发掘简报》，《考古》1990年第10期。
②张平：《阿克苏地区天山南麓石堆墓和石围墓的调查》，《新疆文物》2007年第3期。

间的文化传播与交流并不是那么迅速、广泛。由此可见，在早期木–铁器时代，虽然希腊人、阿拉伯人、雅利安人、粟特人或高加索人最初把铁器带入新疆，但铁器作为一种物质文化并未广泛传播，而只限于少数携带铁器民族本身使用。①

七、冶铁术很可能由西亚、中亚经新疆向中原传布

古代新疆属于中亚文化的一部分，地理地貌与中亚其他地区区别不大，特别是北疆一些大河将新疆与中亚各国连为一个大的自然地理单元。考古发现表明，在古代它们拥有相同的文化，与中亚其他地区类似，新疆在公元前 10 世纪左右进入了早期木–铁器时代。

有学者提出，东亚文化圈的人工冶铁大约始于公元前 10 世纪的新疆地区。商代以来，中原和古西域就有文化联系，商王朝贵族墓葬中的和田玉来自西域。3000 多年前，曾有一条“玉石之路”：大致由和田出发，向东一支经罗布庄、罗布卓尔、敦煌，另一支经喀什、库车、吐鲁番、哈密，在今玉门关、酒泉一带会合，再继续向东，经兰州、西安、洛阳到达安阳。同时，这条古道向西经喀布尔、巴格达远达地中海。和田玉在中国至少已有 6000 年的历史，是中国玉石文化的主体。据乌孜别克史记载，在公元前 2000 年已有新疆和田玉在那里出现，是从新疆北麓运去的；在巴基斯坦古城塔克西拉，曾发现公元前由中亚新疆运去的软玉。西汉时期，张骞两次出使西域，从此“玉石之路”称作“玉帛之路”，进而成为“丝绸之路”。所以，公元前 10 世纪新疆的“锡青铜—铁器之路”顺理成章，是具有历史必然性的。中原地区的冶铁术可能是由新疆沿河西走廊传入的，时间大体在西周中晚期。②

几乎同时，也有学者推测：锡青铜器、铁器皆“最初导源于西亚的

①卫斯:《新疆早铁器时代铁器考古发现概述》,《西部考古》2017 年第 3 期。

②唐际根:《中国冶铁术的起源问题》,《考古》1993 年第 6 期。

锡青铜器和铁器，首先影响到新疆地区，然后到达黄河流域，这标志着新疆处于金属文化东传的中心环节”。[①] 另外，又有学者从文化交流的背景角度指出铁器由西传入的可能性。[②] 河南三门峡虢国墓地出土了中国最早的人工冶铁品。同时，该墓地还出土过一面早期铜镜，背面为线描的动物纹饰，明显不是中原体系的铜器，而风格类同的铜镜在新疆和静县察吾呼沟口文化中发现过一件，这一类铜镜显然是西来的。[③]

还有学者提出，“中国人工冶铁术由西亚、中亚经新疆向中原传布”，新疆铁器出现的时代早、发现多，在公元前 10 世纪左右进入了早期木-铁器时代。双轮车辆、驾驭马车等器物明显是从西亚（小亚细亚与两河流域）、中亚经新疆向中原流布，与这些器物一样，在西亚和中亚早已出现的铁器也随之始于公元前 10 世纪由西向东传布。其中，河西沙井文化发现 2 件铁器的年代可早到西周，关中地区的铁器早到春秋早期。由此表明，人工冶铁术由西亚、中亚经新疆向中原传布的线路也基本清楚。[④]

但也有学者认为，人工冶铁最早出于周人之手，因为据说西周晚期已有锻铁存在。《礼记・月令》：“天子……乘玄路，驾驖（鐵［铁］）骊，载玄旗……”这一记载系指周代而言。《诗经・秦风・驷驖（铁）》：“驷驖（铁）孔阜，六辔在手。”这是西周末年秦襄公时的诗，意为四匹马（驷）的颜色如铁。可见，只有“铁”成为习见事物之后，才会以其颜色称呼别的器物。考古已发现了春秋初年（或较早）的人工冶铁制品，即河南三门峡虢国大墓中出土的铜柄铁剑。这件器物属人工冶铁的块炼铁制品，已为学术界公认。此外，陕西凤翔秦公一号墓出土了东周初年的铁臿（铲），

---

①安志敏：《试论中国的早期铜器》，《考古》1993 年第 12 期。安志敏：《塔里木盆地及其周围的锡青铜文化遗存》，《考古》1996 年第 12 期。

②赵化成：《公元前 5 世纪中叶以前中国人工铁器的发现及其相关问题》。参见西北大学文博学院编：《考古文物研究——纪念西北大学考古专业成立四十周年文集（1956—1996）》，西安．三秦出版社，1996 年，第 289—300 页。

③安志敏：《试论中国的早期铜器》，《考古》1993 年第 12 期。安志敏：《塔里木盆地及其周围的锡青铜文化遗存》，《考古》1996 年第 12 期。赵化成：《公元前 5 世纪中叶以前中国人工铁器的发现及其相关问题》。参见西北大学文博学院编：《考古文物研究——纪念西北大学考古专业成立四十周年文集（1956—1996）》，西安．三秦出版社，1996 年，第 289—300 页。

④刘学堂：《中国冶铁术的起源》，《中国文物报》2004 年 4 月 2 日。

甘肃灵台发现了春秋早期的铜柄铁剑，甘肃永昌则发现了春秋早期的铁锸等。据此，学术界有人主张中原地区人工冶铁最早发生于西周晚期。①

但是，从出土铁器的数量和器物种类上看，新疆地区汉代以前铁器没有经过大规模发展。

焉布拉克文化墓地出土铁器包括小铁刀、剑、镰刀、戒指和残铁块等。苏贝希文化、察吾呼沟口文化、伊犁河流域文化和新疆其他地区出土铁器同样主要为小铁刀、剑、镞、锥、针等小件工具和兵器，没有出土同时期中原地区所见的数量较多的铁臿（铲）、铁犁等农具，也未见到铁铸器物。②

还有学者认为，新疆地区和中原地区的冶铁术基本上是各自独立产生而又相互影响的。公元前1000年左右，新疆地区产生冶铁术；公元前800年左右，中原地区产生了冶铁术。冶铁术传入中原后，在已发达的锡青铜冶炼技术的基础上很快发明了冶铸生铁，从此中国冶铁技术的某些方面开始领先西方。③

总而言之，我们对于“一源说”还是“多源说”“西来说（外来传播说）”“本土说（土著自主说）”都提出了自己的观点，强调“具体情况必须具体分析，不能一概而论”的原则态度。世界体系的形成，是特定环境特定条件下各时代、各地区（各民族或各国）逐步互动的结果，并各有其自身的历史发展规律。

原初史（Proto-history）的古华夏是相对独立自主的文化体系，但并非孤立的，它是欧亚世界体系中的半分离的东亚成员。从原初史的角度来

①祝中熹：《中国古代始炼铁及秦人用铁考述》，《陇右文博》2001年第1期。《尚书·禹贡》：“（梁州）厥贡璆铁。”《诗经·秦风·驷驖（铁）》：“驷驖（铁）孔阜，六辔在手。”“驷驖（铁）”之“驖”，有的写作“鐵”（铁），认为是马色如铁的意思。

②陈建立、梅建军、王建新、亚合浦：《从东黑沟铁器鉴定看新疆早期铁器研究》，《文物》2013年第10期。

③白云翔：《中国的早期铁器与冶铁的起源》，《东南文化》2002年第7期。邓聪、陈星灿主编：《桃李成蹊集——庆祝安志敏先生八十寿辰》，香港中文大学出版社，2003年，第308页。

看，人类发源地处于北非（古埃及）与西亚（两河流域）之间的地中海沿岸，欧亚大陆东西相对两极——东亚（太平洋西岸）与西欧（大西洋东岸）。如此，西欧并非世界的中心，东亚也不是世界的中心，所以“西欧中心论”与“东亚中心论”皆缺乏事实根据。

世界学术界公认：公元前 15 世纪，人工冶铁术的发源地在西亚。此后，火技术的陶冶时代和木-铁系统的木-铁器时代，皆必然经历错综复杂的发展过程。公元前 10 世纪，铁器从西亚辗转流传到中亚—新疆，但铁器经由西亚进入新疆以后的一段时间内铁器文化并未在新疆生根。在公元前 1000 年前和公元前 800 年左右，古华夏冶铁术可能才受到实际的启迪而分别独立地再次起源（再度或三度），并萌发于我国的新疆地区和中原地区。

互动可分为“积极”（主动的）和“消极”（被动的）两大类，而“积极互动”就是相互交流、彼此理解、主动促进，而不是被动被迫地全盘接受（照搬）。

有的情况是，由一地一时即“一源”首创发明后经过传播、扩散到各地，也可能改进后再反馈。例如，最初由铁器萌生的启发或由铁匠传入的冶铁术，通过媒介辗转进入甘肃及中原后，由实践中经过一些改进，再反馈到新疆地区，再创造为冶炼铁器的新工艺。又如，铸造与锻打的技术，反复交流，取长补短，精益求精。世间所有的发明创造几乎都并非一次成型，经常是通过互动而不断改进的。

综上所述，“积极互动说”比起“外来传播说”或“土著自主说”来更有说服力，能够更好地解释各时代文化源流的形成与发展。这些具体的传播过程，能够提供给我们反复探索的兴趣，从反复寻求一系列真相（摒弃表象、假象、幻象）中获得无穷无尽的乐趣。

古华夏何时普及木-铁器

——现代系统论与世界体系之八

【内容提要】虽然古华夏进入木-铁器时代远远晚于西亚和地中海沿岸各地，但冶铁术一旦传入后就不断取得发展。本书对比了“古华夏人工冶铁始于何时”的三种主要观点，根据考古发掘的铁证表明：古华夏中原地区人工冶铁始于东周即春秋初年，相当于公元前9世纪或公元前8世纪。同时，中国陶冶时代及木-铁器时代的冶炼铸造技术与西方相比具有鲜明的创造性和独特性。其中，在新疆以外、古华夏陕甘等地出土的早期木-铁器中，甘肃占80%；出土铁器的实证表明：春秋各国争先恐后步入木-铁体系，首先是“五霸之一”的齐国，接着是秦、晋（及赵、魏、韩）、楚、吴越、燕等国。根据早期铁器遗址的考古发现，本书指出：古华夏存在冶铁技术的两个子系统——直接还原法（块炼熟铁—渗碳钢子系统）和间接还原法（生铁—制钢子系统），陶冶体系的制陶子系统与冶铜子系统密切相关。几千年间，制陶工艺与冶铜工艺前后一脉相承的长期发展，促进了冶铁术的诞生。在铜铁矿共生的条件和环境作用下，炼铁竖炉首先在中国出现不是偶然的。

一、百年学术探讨：古华夏人工冶铁始于何时

虽然古华夏进入木-铁器时代远远晚于西亚和地中海沿岸各地，但冶铁术一旦传入后就不断取得发展。然而，古华夏冶铁术究竟如何起源？要探讨这个问题，必须包括两方面：一是古华夏何时开始使用铁器，二是古华夏冶铁技术从何而来。

现代历史考古学的原则是“摆事实，讲道理”，主要以实证为基本资料进行探讨。在古代社会中，木-铁器的出现和使用是划时代的关键，值得特别重视。但是，早期木-铁器质量较差，不够强硬，仅应用于百姓的生产劳动，主要制作普通工具和农具，质量要求并不高。所以，春秋战国和秦汉时期，仍旧主要使用锡青铜制作精炼、锐利的武器。

最初考古记录的人工冶铁制品是中原一带出土的，只在湖南长沙杨家山、识字岭、龙洞坡以及常德，河南三门峡、淅川，江苏六合，山东临淄，陕西凤翔等处出土过若干铁器。迄今，发现古华夏本土较早的铁器的年代都晚于公元前 9 世纪。

（一）古华夏冶铁术的发展

古华夏北方出土了春秋早期锻铁（块炼铁），是铁矿石在 800℃～1000℃条件下用木炭直接还原得到，出炉产品是海绵状固体块，含有大量非金属杂质，质量非常差。若将块炼铁加热反复锤击并同炭火接触，海绵铁锤击成板块状，多次锤击可去除部分杂质，适当提高含碳量（0.05%～0.3%）即渗碳。当块炼铁去除了部分杂质，含碳量达到 0.2%～0.3%时，有可能渗碳变硬，局部（并非全体）成为熟铁与块炼渗碳钢的混合物。

文献资料与考古发掘证实：战国时代，铁农具早已普遍使用。郭沫若在《希望有更多的古代铁器出土——关于古代分期问题的一个关键》一文中曾指出：“《孟子·滕文公上》有‘以釜甑爨（用炊具烧火做饭），以铁耕’的话，可见‘以铁耕’在孟子当时和‘以釜甑爨’一样已成为常

识，更可见‘以铁耕’不始于战国，必当更要早得多。”①

那么，古华夏何时开始使用铁器呢？关于这个课题，学术界研讨了近百年，并取得很多进展。1956 年，郭沫若在《希望有更多的古代铁器出土——关于古代分期问题的一个关键》一文中举出古文献例证：“《诗经 · 秦风》有《驷驖（铁）孔阜》一诗，是秦襄公（公元前 778 年—公元前 766 年在位，是周王朝委任秦国列为诸侯的第一任国君）时候的诗。那是在周平王初年，即东、西周之交。据说是马色如铁故名‘驖’，古本也有径作‘鐵’（铁）的。这可能是‘鐵’（铁）字见于可靠文献的开始。”又，郭沫若在《班簋的再发现》一文中对西周早期成王时代（公元前 1115—公元前 1078 年）的锡青铜器班簋（又名毛伯彝）铭文进行解读。这件毛伯彝器腹内有铭文 190 余字，记载了毛公东征的事迹：“唯八月初吉，在宗周，甲戌，王令毛伯更虢城公服。屏王位，作四方望：秉、繁、蜀、巢，……王令毛公以邦冢君、土驭、人伐东国。”由此，郭沫若推测其中的“人”疑是冶铁工人，“如果可信，可见周初已有铁矿的冶炼和铁器的使用了。这是一项重要史料，但不敢轻易肯定，留待更多的证据出现”。实际上，郭沫若《希望有更多的古代铁器出土——关于古代分期问题的一个关键》一文写于 1956 年 9 月，其中还有一段话也不容忽视：“四五年前我在京曾见有带铁的铜兵器残件一二件，相传出自殷墟；其物不知何时流入日本，梅原末治据以研究，论断殷代已有铁。（按：去年底访问日本时，梅原氏向我当面提及，文章尚未见。）但非经科学发掘，是不足凭信的。”②

（二）古华夏人工冶铁始于何时的三种主要观点

第一种观点：古华夏人工冶铁始于商代

《尚书 · 禹贡》：“（梁州）厥贡璆铁。”不过，学术界大多对《尚书》

①郭沫若：《奴隶制时代》，北京 . 人民出版社，1973 年，第 159—162 页。

②同上。

所载的用铁情况表示怀疑。为何不敢相信《禹贡》篇记载的这条史料呢？原因是：据长期考证，《禹贡》篇约成书于春秋战国时期，而在假定为夏代的文化遗址中至今未发现任何铁器的影踪。

1977年8月，北京平谷南独乐乡刘家河村商代墓葬中出土了一件铁刃铜钺。此外，还曾发现一件西周初年的铁刃铜钺和铁援铜戈，传说为1931年河南浚县出土（现存美国）。但是，上述几件兵器经过金相分析，均含有较高成分的镍，这正是陨石铁的特征。

所以，一般认为这几件器物系由陨铁制成，而并非由人工锻冶的铁制成的。另外，在河北藁城台西商代遗址中，还出土了两块赤铁矿石和十几块铁渣，因此有研究者认为这是商代中期已开始冶铁的反映。但从科技知识可知，冶铜时，矿石中的氧化铁同样会留在矿渣之中，且矿渣含铁量可达36%以上，甚至达50%，所以有的研究者又认为“台西遗址出土的所谓铁渣，应是炼铜的矿渣，而不是人工冶铁的遗物”，等等。总之，学术界占主流的意见认为，陨石铁不是人工冶炼的成品，商代尚未出现人工冶铁。

第二种观点：古华夏人工冶铁始于西周初期

《逸周书·克殷》：“……乃石击之以轻吕，斩之以玄钺。”有学者认为，此处“玄钺”并非铁器，而是指陨铁制的铁刃铜钺，不能证明商末周初已能冶铁。《诗经·大雅·公刘》：“取厉取锻。”《尚书·费誓》：“锻乃戈矛，砺乃锋刃。”对这两处的“锻”，过去一些学者认为是制作锻铁，目前多数学者则认为指对青铜的锻击。同时，至今考古出土的西周戈、矛等兵器均为青铜制品，而从技术观点来看青铜兵器、工具也可通过锻打增强刃锋。所以，西周初期出现人工冶铁的意见也因缺乏实证而被学术界否定。

第三种观点：古华夏人工冶铁始于东周（春秋初年）

《礼记·月令》：“天子……乘玄路，驾铁骊，载玄旗……”这一记录系指周朝而言。《诗经·秦风·驷驖（铁）》：“驷驖（铁）孔阜，六辔在手。”这是东周（春秋初）秦襄公（公元前778年始在位）时的诗。目前，考古已发现了东周（春秋初）的人工冶铁制品。

1957 年，甘肃灵台县景家庄出土铜柄铁剑，是春秋初期的铁剑，距今 2600 年。此剑柄镡相连，皆用青铜铸成，其中铜柄的镡（为剑柄末端的突起部分，也称剑首、剑珥、剑鼻）两面有对称纹饰，铜柄中部有长形镂孔 4 个，柄长 85 厘米，镡长 4 厘米，厚 0.4 厘米；剑叶铁质，残长 9 厘米、宽 3 厘米、厚 0.3 厘米，焊接于铜镡上，全部锈蚀，从铁锈上可以清楚看出用丝织物包裹的痕迹。此铜柄铁剑叶与河南三门峡虢国大墓出土玉柄铁剑，同为迄今古华夏发现的最初冶炼铁器。

东周虢国（北虢）贵族墓地位于河南三门峡上村岭。1956—1957 年，在此发掘墓葬 234 座。1990 年，又在该墓地发掘了 M2001 号大墓，出土随葬品 3200 余件，其中尤为重要的是出土了 1 件珍贵的铜镶玉柄铁剑。①经金相学科技检验，其铁剑部分属于古华夏最早的人工冶铁制品实物。它的出土，证明中原地区人工冶铁制品可上溯到东周早期（一说西周晚期）。同时，该墓地还出土了 3 件用陨石铁做刃部的铜器。

河南淅川下寺楚贵族墓葬（公元前 6 世纪）出土了玉柄铁匕首。淅川下寺楚墓是 1978—1979 年发掘的，出土文物十分丰富，不仅有青铜器 1000 余件，还有重要铭文。可见，当时青铜器仍占重要地位，而初期铁刃器奢华而稀贵。②

此外，甘肃永昌出土了春秋早期的铁农具（铁臿）等。迄今，考古出土人工冶炼的最早铁器已知约 20 件，有凹形臿（铲）刃、梯形斤（锛）刃、刮刀、削、铁剑、铁鼎等，经金相核验多数属于固态还原的块炼铁（熟铁），皆属于春秋时代。

根据上述考古发掘事实，如今学术界多数认为：古华夏中原地区人工冶铁始于东周即春秋初年，相当于公元前 9 世纪或公元前 8 世纪。

---

①河南三门峡虢国墓地的主体年代为春秋早期。关于其年代上限，学术界有西周晚期和春秋早期之初两种看法，而本书持“春秋之初说”。参见贾洪波：《关于虢国墓地的年代和 M2001、M2009 的墓主问题》，《中原文物》2014 年第 6 期。

②张剑、赵世刚：《河南省淅川县下寺春秋楚墓》，《文物》1980 年第 10 期。张剑：《淅川下寺楚墓的时代及其墓主》，《中原文物》1992 年第 2 期。建夫：《评淅川下寺春秋楚墓》，《考古》1994 年第 12 期。李云：《淅川下寺楚墓出土的特色青铜器》，《收藏界》2008 年第 3 期。

（三）古华夏冶铁术的发展

中国陶冶时代及木-铁器时代的冶炼铸造技术与西方相比具有鲜明的创造性和独特性。商周时期，中原地区锡青铜冶炼术水平已经相当高了，但是从商代中期到周代数百年间，人工冶铁术并未在高超的冶铜技术的影响下发展起来。直到西周王朝末年，偶见人工冶炼的铁器仍然是用陨石铁制作的。

已知中国最早的铁器制品是河北藁城台西商代遗址、北京平谷刘家河商代遗址出土的铁刃铜钺，经鉴定两件铁器的铁刃均属陨铁。[①] 由此可知，古华夏陨铁制器的习俗在商朝便已产生。新疆哈密等地发现的一些以块炼铁为原料制作的铁器工具和装饰品，如焉布拉克铁刀等，则表明中国有人工冶铁铸器的习俗，并在公元前13世纪—公元前11世纪的商代晚期业已产生。

春秋初期，木-铁器还极为稀缺。所以，考古发现的铁器往往镶嵌于其他材质中，镶嵌贵重铁刃的兵器格外受到重视。

虽然迄今学术界对于“中国开始使用铁器的年代”尚有不同意见，但考古资料表明：中国出土早期木-铁器的年代和数量以新疆—河西走廊为先、为多。据统计，在新疆以外、古华夏陕甘等地出土的早期木-铁器中，甘肃永昌三角城和蛤蟆墩出土铁器4件，甘肃灵台景家庄出土铜柄铁剑1件，甘肃陇南礼县秦公墓地赵坪墓区二号贵族墓出土鎏金镂空铜柄铁剑1件及此墓南侧的一号车马坑发现锈蚀严重的铁制品，以上仅甘肃就占80%；再加上陕西宝鸡陇县边家庄出土铜柄铁剑1件，以及陕西咸阳长武出土铁短剑1件等，共计10件，而这些已出土的铁制品可以追溯到公元前9世纪或公元前8世纪。另外，其余晚于公元前8世纪—公元前5世纪的40余件样品，其年代均属春秋战国。

百年考古发现表明，古华夏最初的铁器始于春秋早期。

---

①唐云明：《略论藁城台西商文化遗存》，《华夏考古》1987年第1期。李众：《关于藁城商代铜钺铁刃的分析》，《考古学报》1976年第2期。张先得、张先禄：《北京平谷刘家河商代铜钺铁刃的分析鉴定》，《文物》1990年第7期。吴杏全：《从商代铁刃铜钺谈我国用铁的历史》，《中国经贸大学学报》2009年第3期。

同时，铁的实证表明：春秋以来，各国争先恐后步入木-铁体系。

“五霸”之一：齐国

春秋时期，齐国最早批量生产与使用木-铁器。齐地，滨海多盐碱性，内地又多丘陵山地。西周初年，太公尚（姜姓吕氏，名尚，一名望，约公元前 1156 年—约公元前 1017 年）受封于齐国，当时人烟稀少。到春秋初期，齐国已设铁官开创冶铁业，率先进入木-铁体系，提供了木-石器农具无法比拟的生产力。齐国利用铁制工具兴修水利，伐林垦荒，逐步走向深耕细作，农业获得发展。①

齐国首府临淄遗址出土“齐铁官丞”之印，说明当时已设立官方执掌的铁官管理冶铁工业。《管子》诸篇说到齐国“铁官”，其所管理的多为木-铁器制品，耒、耜、椎以木质为主，而铫、镰、鎒（耨）、铚当指木柄铁器。郭沫若在《中国古代史的分期问题》的论述中分析：“齐桓公（公元前 685 年—公元前 643 年在位）之所以能够划时代地成为五霸之首，在诸侯中特出一头地，在这儿可以找得出它的物质根据。煮海为盐积累了资金，铸铁为耕具（按：木制的耒耜椎 + 木柄铁器铫、镰、鎒［耨］、铚等）提高了农业生产。所以，桓公称霸并不是仅仅由于产生了一位特出的政治家管仲，而是由于这位特出的政治家找到了使国富强的基本要素。”

淄博铁山，古称商山、西山，东距齐国古都临淄城仅 10 余公里。因富含铁矿，冶铁业兴盛，故改称铁山。此处铁矿石含铁量达 70%，而铁冶村位于铁山东南角。关于齐国冶铁的最早文献记录，《管子·地数》：“山上有赭者，其下有铁。山上有铅者，其下有银。”“商山铁褐，下有铁，取而鼓之，国之基。”“请以令断山木，鼓山铁。”“籍盐铁之利以至富强。”“铁”字，西周晚期籀文即大篆作“銕”，当是东方夷族最先掌握冶铁术而为华夏民族所采用。可见，春秋时期为“铜铁并用时期”。

铁的冶炼并用于农业（首先铸造农具，多年以后才用于军事铸造一

---

①刘琳：《齐国冶炼术：从青铜文明到铁器文明的转折》，《中国社会科学报》2012 年 8 月 29 日。于孔宝：《齐国的冶铁业及铁器的使用》，《管子学刊》2010 年第 4 期。

部分兵器），促使社会生产关系发生根本变化，表现为春秋战国时期各国先后变法。①

考古发现：在齐国故都临淄，勘探出土冶铁遗址6处。据《管子》记载，仅齐国一地“出铁之山三千六百九”；在山东枣庄地区发现炼铁遗址有5处，峨山口土城炼铁遗址规模是较大的一个，皇殿岗、古薛北门陈庄、周营镇曹埠、南常乡还有几个炼铁遗址，等等。由此，说明春秋中期齐国早已开展大规模冶铁生产。齐国疆域内的莱西和牟平遗址，相继出土了年代较早的2件窑藏铁鼎。从考古形制分析对比，一个鼎口小，垂腹，三柱足，两耳直立口沿，高与腹径各约40厘米；另一鼎为球形腹，腹部较深，三侧扁足，两直耳立口沿，高约30厘米，腹径约20厘米。有人认为，与铜鼎相比较，这两件铁鼎应为周代形制。又，临淄郎家庄一号东周殉人墓出土了两件形制相同的铁削，直柄环首，弧背，削锋残缺，残长21.5厘米。

古华夏最早人工冶炼的铁器略晚于公元前8世纪，春秋中期齐国开始推行木-铁农具。《国语·齐语》：“……美金以铸剑戟，试诸狗马；恶金以铸鉏（锄）、夷、斤、斸，试诸壤土。”（《说文·斤部》：“斸，斫也。从斤属声。”）此处，“金”泛指所有的金属。对此，郭沫若释：“美金”指锡青铜，“恶金”指铁，“铁在未能锻成钢之前，品质赶不上锡青铜，故有美恶之分”。② 春秋时期，锡青铜主要用于制作精炼、锐利的武器，而木-铁器质量较差、不够强硬，仅应用于庶民的生产劳动，主要制作普通工具和农具（如图8-1），质量要求并不高。战国期间陆续成书的《管子·海王篇》和《管子·轻重乙篇》都说到齐国“铁官”，但说法略有差异。《管子·海王篇第七十二》：“今铁官之数：一女必有一针、一刀，耕者必有一耒、一耜、一铫，不尔而成者，天下无有。”（按：《说文》：“铫，昷［温］

①郭沫若：《中国古代史的分期问题》。参见郭沫若：《奴隶制时代》，北京．人民出版社，2005年，第5页。郭沫若：《希望有更多的古代铁器出土——关于古代分期问题的一个关键》。参见郭沫若：《奴隶制时代》，北京．人民出版社，1973年，第159—162页。林寿晋：《关于战国铁器鉴定问题的说明》，《考古通讯》1957年第1期。

②《郭沫若全集·历史编》（第三卷），北京．人民出版社，1984年，第195页。

器也。一田器。从金兆声。”铫字，从金，可见为金属；针、锥、锛、锯、镰、鎒［耨］、锤、釭、钻、鉥、铼、铚、铫，皆从金旁，可能是铁制，也可能是铜制。）

图 8-1　画像砖所见的木柄铁农具耕作

【附记】《管子·海王篇》：“工匠必有斧、锛、凿、锯、锤。”《管子·轻重乙篇第八十一》：“一农之事必有一耜、一铫、一镰、一鎒［耨］、一锥、一铚、然后成为农。一车必有一斤、一锯、一釭、一钻、一凿、一铼、一轲，然后成为车。一女必有一刀、一锥、一箴（针）、一鉥然后成为女。”《管子·轻重乙篇》缺“耕者必有一耒”，很明显是遗漏了“一耒”而另作增补。

《管子·地数》：“天下名山五千二百七十，出铜之山四百六十七，出铁之山三千六百九。”冶铁业是在长期的铸铜业基础上发展起来的，冶铁用的鼓风炉就是由炼铜炉演变而来。齐国是春秋时期最先批量生产与使用铁器的国家。

西戎独霸：秦国

《诗经·秦风·驷驖（铁）》：“驷驖（铁）孔阜，六辔在手。”从目前考古发现的情况来看，《尚书》《诗经》反映的周代（西周与东周）铁器使用情况还是有某些根据的。

秦国在春秋时期已使用木–铁复合农具，偶尔也发现极少量精致镶嵌的华贵铁刃剑。1992 年，陕西宝鸡益门村二号墓出土一把铜柄铁剑，柄部饰以精致的纹饰，又以绿宝石、原始玻璃珠等镶嵌出目、角，同时还加以镂化使纹饰颇具立体感，可见当时的铁刃器奢华而稀贵。该墓属春秋晚期偏早的秦墓，而考古发掘春秋时期的人工冶造铁器也以这一带较早、较多。特别是甘肃灵台景家庄出土了一件春秋早期秦国的华贵镶嵌铜柄铁剑①，被认为可能是我国最早的精工铸铁器件。

春秋时期，陕西宝鸡、甘肃灵台等处皆为秦国占据的属地。独霸西戎的秦国生产的铁器，无论早、中、晚期都超越了东方诸国而遍布秦国的整个中心地区。近年来，在陕西宝鸡益门村春秋晚期偏早的秦墓中发现了20余件人工粗制铁器，更揭示了春秋时期秦在铸铁器方面的优先地位。②

1975年，秦公一号大墓（春秋时秦景公之墓）在陕西宝鸡凤翔县发现。从1976—1986年，秦公一号大墓发掘整整持续了十年。秦公一号大墓虽遭严重盗扰，但仍出土了3000余件珍贵文物，其中最重大的是刻有290多个篆文的石磬，其铭文为“天子郾（宴）喜，龏（共）桓是嗣，高阳有灵，四方以鼏”。大意是，天子举行宴飨，做磬者是共公、桓公的嗣子，因高阳氏（传说秦之祖先）在天有灵，国内才四方升平。由此可断定，墓主为秦景公其享国40年之久（公元前576年—公元前537年在位），是秦共公（？—公元前605年在位）、秦桓公（公元前605年—公元前577年在位）之后。这有力地证明了秦人的族属为华夏族。此外，出土的3000余件珍贵文物中有金器、粗制铁器以及石器骨器等，反映了秦人的工艺水平。

在考古学界，学者们更重视那20多件木-铁制农具和工具，它们大多出自于殉葬奴隶的尸骨旁或夯土中。经鉴定，这些铁器大多为退火脱碳的铸铁，虽粗糙但有韧性，比较耐用。木-铁器是生产力水平的重要标志，在先秦墓葬中大量出土了铸铁粗制的铁鉏（锄）和铁臿（铲）等木-铁制工具，但并没有发现大规模出土铁兵器。其中缘由，可能是当时的冶

①刘得祯、朱建唐:《甘肃灵台县景家庄春秋墓》,《考古》1981年第4期。

②田仁孝、雷兴山:《宝鸡市益门村二号春秋墓发掘简报》,《文物》1993年第10期。张天恩:《秦器三论——益门春秋墓几个问题浅谈》,《文物》1993年第10期。

铁工艺尚未能制作出锐利坚韧的铁质武器，因此铁兵器极其罕见，而镶嵌珍贵铁刃的兵器便格外受到重视，但大多并不常用。

战国时期木-铁制农具的出土，说明当时已掌握冶铁技术，并主要用于农业。农具中多是铁鉏（锄）和铁臿（铲），根据这两种农具的常见可知，说明中耕技术在农业生产中已得到应用，但不能说明冶铁业已成为兵工业及手工业最重要的部门。实际上，出土木-铁器中数量最多的是一般农具（如图 8-2），并非埋在墓坑的陪葬品，说明当时它们并不算贵重物品，而是大量使用的普通工具。《墨子》:“尽也农夫之所以早出暮入，强乎耕稼树艺，多聚菽粟，而不敢怠倦者，何也？彼以为强必富，不强必贫；强必饱，不强必饥，故不敢怠倦。”表明战国初期木-铁农具的使用促进了小农经济的发展，而男耕女织的小农（自耕农）经济是农业生产力的基本条件。

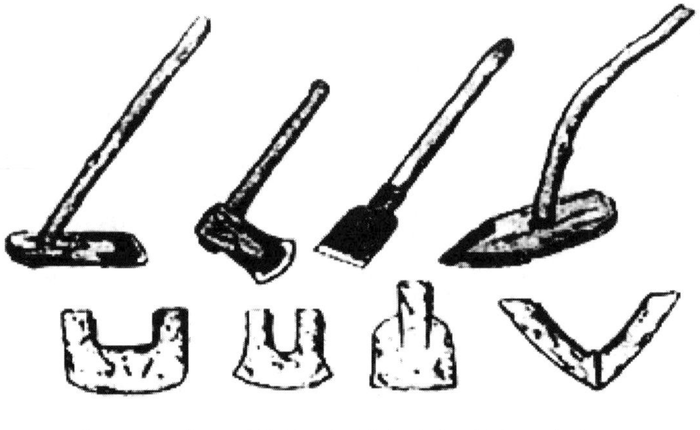

图 8-2　战国时期的木柄铁壳（木-铁复合）农具

注：这是根据 1950—1955 年在河南辉县和山西长治出土的战国时期的木-铁复合农具绘制的。图下面排列的木-铁复合农具从左至右为木柄铁锄、木柄铁斧、木柄铁臿（铲）、犁铧，上面排列的带柄农具是下面四种铸铁农具装上木柄的复原图。木柄铁器的推广，便于砍伐树木、兴修水利、开垦荒地和深耕细作，促进了农业生产的发展。

然而，迄今已出土的上千件先秦木-铁器中，绝大部分属于战国中晚期，而出土战国时期的兵器仍以锡青铜制作的兵器为多，并没有大规模使用铁器，应该承认：当时华夏各地的冶铁技术远不如冶铸青铜的纯熟、高级，先秦铁剑也不像青铜剑（如干将莫邪剑、欧冶子所铸各剑）那样外坚内韧。

春秋第二霸主：晋国

晋文公（公元前 636 年—公元前 628 年在位），是继齐桓公之后会盟称霸的第二个霸主。由此，晋国强盛了近 200 年，后来虽然“三家分晋”，但继起的赵、魏、韩三国仍然很强大。①

位于山西晋南曲沃、翼城交界处的天马—曲村遗址，其盛时在西周及春秋早期，而年代与晋国相始终。其遗址中心的晋侯墓地，共发掘清理晋侯及其夫人墓葬 9 组 19 座。山西晋南地区共出土两批早期铁器：1984—1986 年发掘曲沃天马—曲村晋文化遗址的春秋时期地层堆积中出土铁器 3 件，分别为 2 块铁器残片和 1 根铁条，是迄今考古出土年代最早的铸铁遗物。其中，出自遗址第四层的 1 件铁器残片，年代为春秋早期偏晚，约公元前 8 世纪；出自遗址第三层的 1 件较为完整的铁条和 1 件铁片，年代为春秋中期，约公元前 7 世纪。这 3 件铁器经过金相学检验，2 件残铁片显示为铸铁过共晶白口铁，铁条则显示为块炼铁。当时中原铁器尚属罕见。1977 年，长子县牛家坡 M7 号墓葬出土铁铤铜镞 7 件、铜环首铁削刀 4 件，年代为春秋晚期。②

公元前 513 年，晋国用铁铸“刑鼎”铸有范宣子制定的“刑书”公诸民众，而铸鼎的铁是作为军赋向民间征收的，可见当时晋国已有不少铁器。

《史记·周本纪》:“威烈王二十三年（公元前 403 年），九鼎震，命韩、魏、赵为诸侯。”此为“三家分晋”。在这一时期赵、魏、韩（晋中、晋南和晋东南）的多处战国时期的大型平民墓地中，出土发现 700 多件木-铁制品。此外，山西的“三晋”又出土了十余件战国早期白口铸铁制成的产品。有学者对全国 20 多个省市出土的 4000 件木-铁器进行分析，

---

①关于“春秋五霸”有不同的说法。实际上真正称霸的应是齐桓公、晋文公、秦穆公、楚庄王、吴王阖闾。有的史书又计入宋襄公和越王勾践，录此聊备一说。

②贾洪波:《再论天马—曲村晋侯墓地的墓主年代序列》,《南开学报（哲学社会科学版）》2012 年第 5 期。

认为山西是出土公元前5世纪—公元前3世纪木-铁器最多的地区。这说明当时三晋已发展成战国时期冶铁业的中心之一。

【附记】

魏国

考古学者于1950—1951年在河南辉县发掘了5座大型魏墓，一号墓出土铸铁器65件，其中农具占58件，包括铁鉏（锄）、铁臿（铲）、铁刈（镰）、犁铧等整套铸铁农具，可用于“耜耕”。辉县出土的“魏铧”重465克，斜边长17.9厘米，中央尖部宽6厘米，两侧宽4厘米，铧刃顶端上下两面均起脊线，角度为120°，左右两角的铁叶近10厘米。虽然将这铁铧冠纳入木制犁头可以松土划沟，然而还不能翻土起垅，作用有限，但“耒耜耕”效率有所提高。[1]

韩国

河南新郑韩国铸铁作坊遗址出土陶范300余件，其中农具范占60%以上，出土木-铁农具200多件，占全部铁制品的63.5%。这些考古资料表明，当时木铁器已普遍用于农业生产。

有一部分铁质器件在脱碳成钢或熟铁后，经过局部锻打、刃部渗碳或其他加工，从而获得了更加良好的使用性能。一般可锻铸铁主要用作农具的铁臿（铲、镢）、铁斤（锛）之类，而铸铁脱碳钢主要用作手工业工具的斧（见右图）、剪以及农具的镰刀之类锋刃器。至

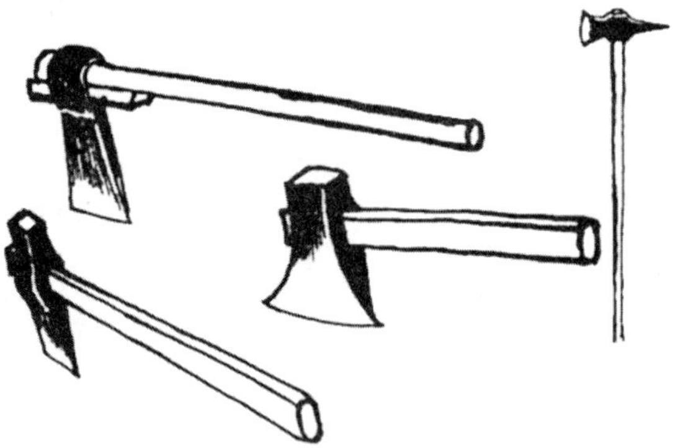

木柄铁工具铁斧

① 袁广阔、潘伟斌、杨文胜、贺惠陆、毛杰英:《河南辉县市孟庄龙山文化遗址发掘简报》,《考古》2000年第3期。

于铁釜、铁范、轴承之类生活用器、生产工具和交通用具，多用白口铁和灰口铁制作。[①]

郑国·郑韩故城

周宣王二十二年（公元前806年），周宣王封其弟姬友于郑地（今陕西华县），是为郑桓公。

公元前765年（郑武公六年），郑桓公在新占领的河南新郑重新建国。以后，郑国势力不断扩大，由一个关中小国迅速发展成为位居中原核心的强国。郑国盛时的疆土在今河南北半部，北至黄河，南到许昌，东到开封，西到荥阳。

河南唐户遗址发现于20世纪70年代，位于河南新郑城南8公里的唐户村。新郑郑国墓葬出土了一批春秋时期造型精美的铜器；唐户遗址墓葬M7号墓地出土一件残铁器，这是在中原地区发现的唯一能确认的春秋铁器。

公元前375年，郑国被韩国所灭。此后，韩国都城自阳翟（今河南禹州）迁到新郑，将新郑更名为南郑。韩国还将郑国的坟地改建成大型铸造厂，冶炼铁器。因新郑先后为郑、韩两国的都城，故称“郑韩故城”。郑韩故城是目前世界上同期保存较完好的古城垣之一。

1964年，考古工作队开始对郑韩故城进行全面考古发掘工作，断续至今。经发掘，郑韩故城内有大片夯土建筑遗址和各种手工业作坊、铸铜作坊遗址达10万多平方米，制骨作坊遗址面积7万多平方米，以及战国时期的铸铁作坊遗址面积4万多平方米。同时，清理出一座熔铁炉和两座烘范窑，出土了大批铁器和陶范。另外，此处还有制陶、制玉作坊遗址，重要的有城西南部的仓城村铸铁遗址、东部的小吴楼村铸铜作坊遗址和北部张龙庄村南的制骨作坊遗址等。2002年9月，又在城内侧东北部发现一处保存完好、达数万平方米的大型制陶遗址。

南蛮之王：楚国

春秋时期，冶铁业扩展到了楚国。目前，已发现确属春秋后期的人

①黄展岳：《近年出土的战国两汉铁器》，《考古学报》1957年第3期。

工冶铁器共9件，都出土在楚国遗址湖南一带：最初考古记录铁制品大多是长沙杨家山、识字岭、龙洞坡，湖南常德等地出土的。例如，1951年，长沙识字岭314号春秋晚期楚墓填土中出土最早的铁凹口形锄。1953年，湖南长沙子弹库遗址出土春秋初期的铁臿（锸）。1976年，湖南博物馆在长沙杨家山春秋遗址（第65号墓）中发现钢剑、铁鼎形器各1件，出土1把锻制的中碳钢剑，长38.4厘米，经鉴定其含碳量达0.5%左右，并经过高温退火处理，金相组织比较均匀。这是我国目前发现最早的钢剑和铁铸件。随后，在长沙窑岭口一座春秋战国之际的15号墓中发现铁鼎1件，重3.25公斤；长沙窑岭口15号春秋晚期墓也有铁鼎出土。

春秋时期，中原冶炼技术尚在初始阶段，仍使用较原始的块炼法。当时，炼铁用木炭作燃料，热量少，炉体小，鼓风设备差，无法达到铁的熔炼温度，炼出的铁是海绵状含杂质的熟铁——“块炼铁”。块炼铁含碳量一般都在0.1%以下，质地柔软，易变形。例如，江苏六合程桥2号东周墓出土的铁条含碳量是0.04%；大冶铜绿山战国矿井出土的块炼铁含碳量为0.06%，冶炼温度为1000℃～1140℃，离纯铁的熔点（1536℃）相差甚远。块炼铁含杂质较多，可锻打排除杂质，锻打又可渗碳，一边排除杂质，一边渗碳，当含碳量达到0.2%～0.3%就变成碳钢，即钢和熟铁的锻揉复合品，这才进入了所谓“百炼钢”的初始阶段。钢材可以通过生铁脱碳制造，也可以通过熟铁渗碳制造。

到了战国时代，楚国的冶铁业更趋发达。据统计，截至1984年为止，长沙共发掘战国楚墓近2000座，有186座出土了铁器，共30种241件，其中铁工具124件，铁兵器68件，日常用具及其他器物48件。在这些铁器中，主要有铁鉏（锄）、铁臿（铲）、铁镬，以及石斤（锛）、石斧等生产工具，及鼎、夹、带钩等生活用具，占总数的70%。（按：1984年以后出土的铁器虽未作统计，据估计当不少于此数。）

后起之秀：吴国、越国

吴越地区，指今日江苏南部、上海、浙江、安徽南部、江西东北一带，是百越的一支。吴国与越国曾结有深仇大恨，但自古吴越两地语言相通、习俗相同。春秋战国时期，吴、越两国成为当时诸侯争霸的重要力量，相继称霸中原，青铜冶炼、造船、航海、纺织、稻作农业、渔业等物质文化都处于先进地位。

越王勾践（约公元前520年—公元前465年），又名鸠浅、菼执，其与吴王夫差（约公元前528年—公元前473年）争霸的故事脍炙人口。

据《吕氏春秋》记载，吴王夫差欲北伐齐国，伍子胥以为不可：“夫齐之与吴也，习俗不同，言语不通，我得其地不能处，得其民不得使。夫吴之与越也，接土邻境，习俗同，言语通，我得其地能处之。越与我亦然。”

华东地区先后出土了三批与早期冶铁有关的考古文物：1964年，江苏六合程桥M1出土了铁丸一件，经鉴定系生铁，年代为春秋末期；1968，江苏六合程桥M2出土了铁条一件，经鉴定该铁器是以块炼铁锻造而成，年代为春秋末期；同期，江西九江大王岭出土铁锸一件。这一带属吴越两国范围。春秋末年，吴越崛起，很大程度上得益于两国的铜铁冶炼技术。

不仅如此，吴国还拥有高超的铸剑技术。干将、莫邪是当时吴国著名的冶金专家，制作的青铜剑代表当时兵器冶金的最高水平。现存世的吴王诸樊剑、吴王光剑、吴王夫差剑，锋锷犀利，千年不朽。经检测表明，兵器的表面有一层10微米的铬盐氧化物。

燕国

考古发掘战国中期以后遗址，出土的木-铁制品逐步遍及七国多处，在农业、手工业各部门已占据主要地位（但是王公贵族的礼器、饮食器和兵器仍主要是贵重的青铜器）。

春秋战国时期，燕国疆域包括今北京、河北北部、山东东北以及辽宁广大地区。公元前7世纪，燕国并蓟国，并以蓟城为都，故城在今北京西南部广安门一带。

考古发现燕国铁器遗址41处，燕国陶冶体系包括冶铁手工业和青铜手工业。

在今河北兴隆遗址，出土了锄范、镰范、斧范、凿范、镢范等87件铁范，全部是浇铸而成，这说明当时已采用鼓风的竖炉，不仅能炼出液态生铁，而且可达浇铸的温度。铁范可连续使用冶铸多件成品铁器，如在兴隆鹰手营和隆化发现的铁斧、封王坟发现的铁锄，经检测都与兴隆遗址出土的铁范同一类型。

在燕下都战国遗址（今易县东南），出土了铁制农具、兵器、刑具等420多件，其中兵器有铁矛、铁戟、铁剑、铁矢镞、铁匕首、铁刀、铁甲胄、铁铠甲、铜弩机（铜铁合铸）；刑具有颈锁和脚镣。该遗址出土的一部分兵器，就是把块炼铁放在炼铁炉炽热的木炭中长期加热使其表面渗碳增加碳素，再经过锤击成为渗碳钢片。

燕下都为军事重镇，位于北易水和中易水之间，西依太行山，南临易水。1965年，在武阳台战国遗址发掘一个丛葬坑，墓中出土文物1480件，其中铁制兵器铁剑、铁矛、铁戟以及铁盔、铁甲散片占多数。经过对铁剑、铁矛、铁戟等7种9件兵器的分析检测，其中6件为纯铁或钢制品，3件为经过柔化处理或未经处理的生铁制品，而这种铸件是一种钢和铸铁的复合品，效果达到了铸件较为优良的质量。[①]同时，出土的青铜器还有铜鼎、铜豆、铜勺、铜戈、铜镞、铜剑、铜削刀、铜钫、铜钉、铜灯、铜壶、铜钱、铜缶、铜带钩等；出土的金银器主要有金发叉、错金铜扣等。

二、古华夏冶炼铁器的技术从何而来

关于中国冶炼铁器的技术由来，迄今存在两种截然不同的观点：中国独立起源说和西来说。前者的主要根据是中国在春秋时期已知冶铸生铁，后者则主要根据中国最早出现铁器的年代晚于西亚、中亚若干世纪。

20世纪50—70年代，杨宽认为：中国冶铁技术的独立发明，同亚洲西南部和欧洲、非洲所有国家的冶铁技术是毫无关联的。与此同时，日本学者滨田耕作也持此观点。20世纪90年代，华道安《中国科学技术史·钢

①于军、吴磬军:《燕下都陶尊及其铭文的初步研究》,《文物春秋》2011年第2期。

铁卷》也曾主张：冶铁术是公元前5世纪初在中国南方独立发展起来的，最早使用铁的地区是吴国。然而，这种看法后来被否定了。

多年以来，对出土的古代铁器进行了一些金相检验和分析，古典史籍有关冶铁技术的文献也作了系统的整理和研究，同时也陆续发现了重要的冶铁遗址。这对于中国冶炼铁器的由来问题，高科技的金相检测探讨起了关键作用。①

（一）战国铁器遗址的重要考古发现

战国早期铁器遗址的考古发现，有河南信阳长台关楚墓出土的铁带钩5件，其中2件错金嵌玉；陕县后川2040号墓的金质格首铁短剑 1件；洛阳铁器遗址出土的铁锛、铁铲共3件，其中2件经检验为生铁柔化处理的韧性铸铁件。

战国中晚期的铁器出土数量更多，重要的有山西长治分水岭战国墓出土的铁铲、铁斧、铁锤、铁凿等工具20件；河北兴隆燕国矿冶遗址出土了锄范、镰范、斧范等铁铸范工具；河北易县燕下都44号墓出土铁兵器50多件；河南辉县固围村魏国墓地出土铁农具、手工工具95件；湖北大冶铜绿山古矿冶遗址出土有采掘铁工具斧形铁凿、铁锤、四棱铁凿、铁锄等。

经过多年考古发掘，在22个省市自治区140余处出土过战国时期木-铁复合农具，种类有锸、锄、镢、镰、犁等。战国时的农具大多数都是在木器上套一个铁制的锋刃，到西汉中期以后木心铁刃农具则开始被全铁农具代替。（如图8-3）

①刘海峰、陈建立、潜伟、铁付德：《冶金实验考古研究初探》，《中国国家博物馆馆刊》2012年第9期。陆达：《中国古代的冶铁技术》，《钢铁》1966年第2期。刘云彩：《中国古代高炉的起源和演变》，《文物》1978年第2期。李映福、周磊：《云贵高原出土战国秦汉时期铁器研究》，《江汉考古》2014年第6期。

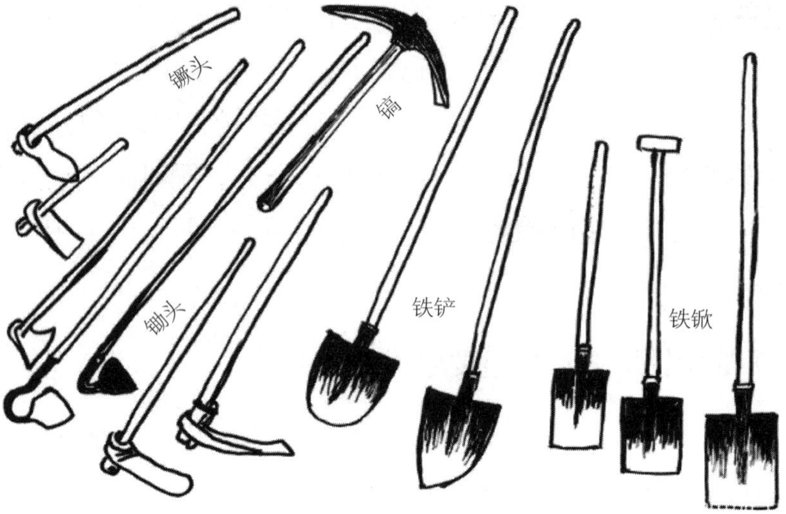

图 8-3 汉代各种木柄铁农具示意图

（二）古华夏冶铁业的两个子系统

从世界体系的现代系统论观点进行分析，必须看到：古华夏存在冶铁技术的两个子系统，一是采用直接还原法的块炼熟铁—渗碳钢子系统，二是采用间接还原法的生铁—制钢子系统。

直接还原法：块炼熟铁—渗碳钢子系统

第一种子系统是块炼熟铁，采用直接还原法，过程是“低温固态块炼熟铁→海绵铁锻打→固态渗碳铁（渗碳钢）”。这是公元前 15 世纪西亚赫梯人掌握的冶铁术，是历史的首创，已得到全世界公认。例如，燕国士兵群葬墓中的 2 把随葬铁剑，就是数层块炼熟铁经低温（约 800℃～1000℃）渗碳锻打以及淬火热处理制作的钢兵器。

直接还原法制作的熟铁工具、兵器在罗马帝国遗迹以及春秋战国墓葬里出土很多。直接还原法炼铁的缺点是费工、费料，废品多，难以保证质量，而且块炼铁要停止冶炼过程必须拆毁炉具，成本较高，浪费原料多，并且还不够坚固耐用。不过，通过古华夏工匠对冶铁技术的改良，汉代木–铁器已经得以普及使用。

间接还原法：生铁—制钢子系统

第二种子系统就是生铁冶炼，采用间接还原法，过程是“高温固态块炼铁→液态铁液（铁水）→固态铸件”。约在公元前8世纪或更早，古代炼铁高炉起源于炼铜炉，而古华夏炼铁兴起于东汉。根据已发掘出土的几座高炉遗迹来看，炼铁高炉的基本结构和近代高炉差不多，其中生铁冶炼的温度为1100℃～1300℃，有独立的入料口、进气口、排渣口、出铁口等，通过炉底积存的铁渣计算其高度高达6米以上。在冶炼过程中，炼铁高炉通过被还原生成的固态铁吸收碳，降低其熔点，从而得到液态生铁（铁液）。只要不停地从入料口投入矿石和燃料，液态生铁（也称为铁水）不断流淌，日产生铁便可达1吨以上，甚至可以做到多年不断。①

生铁冶铸工艺与块炼熟铁渗碳法的差异在于，生铁冶铸的炉温达到1100℃～1200℃。在这种炉温下，通过被还原生成的固态铁吸收碳，降低其熔点，从而得到液态的生铁，液态生铁可以直接浇铸成器。

迄今的考古成果表明，古华夏中原出现铁器的年代晚于西北地区，中国出现铁器的年代又远远晚于西亚地区，同时生铁—制钢子系统也晚于块炼铁—渗碳钢子系统。

但是，中国古代生铁工艺体系的特色非常明显，即侧重铸造而轻于锻造，并具有相对独立的技术与社会传统。②

据兰州日报讯，在甘肃临潭陈旗磨沟遗址内头龛右侧陶双耳罐中间的土中，发现一根铁条和一块铁锈。这一根铁条和一块铁锈是由块炼渗碳钢锻打而成，是人工冶铁制品，也是目前中国境内出土的最早的人工冶铁的证据。所以，有专家认为：甘肃临潭陈旗磨沟遗址出土的这一根铁条和一块铁锈，提前了中国人工冶铁制品开始使用的时间。

“经X光照相显示：这铁锈块（M633）锈蚀严重，已没有金属。一根铁条的长段样品端部有金属残留，在此端截取约3毫米长的样品制成金

①刘云彩：《中国古代高炉的起源和演变》，《文物》1978年第2期，陈建立、毛瑞林、王辉、陈洪海、谢焱、钱耀鹏：《甘肃临潭磨沟寺洼文化墓葬出土铁器与中国冶铁技术起源》，《文物》2012年第8期。

②同上。

相试样后，观察其显微组织并拍摄金相组织照片。……用扫描电子显微镜及能谱分析仪对抛光后样品的夹杂物进行元素组成分析，分析结果为块炼铁的夹杂物元素组成特征。另对金属基体进行分析，检测到了镍等陨石铁特有的元素。由此，结合金相组织观察结果可以判定：该件样品由块炼渗碳钢锻打而成，系人工冶铁制品。”①

为判定墓葬和铁器的绝对年代，此结果认为：两件样品的碳 14 测年年代分别为距今 3090±30 年和 3075±35 年，树轮校正年代为公元前 1430 年—公元前 1260 年；墓主人骨的碳 14 测年年代为距今 3145±45 年。将碳 14 测年测定的结果与两墓陶器所反映的年代比较，认为其属于寺洼文化早期。由此，磨沟遗址的发掘者将这两座出土铁器的墓葬年代定为公元前 14 世纪左右。

【附记】关于使用碳 14 测年法和树轮纪年法，可以判定年代，还可以进行校正。这在我国还是一项新技术，但美国及欧洲有些国家已经建立了本地区某些年代范围内的标准序列。国际上通行以美国高山生长的刺果松树轮标准序列为准，目前衔接到了 8000 多年前，其研究范围受限制。这个树轮测量是否能通行于全世界，目前仍无统一方法。不过，我国要建立高精度的树轮校正曲线并得出树轮校正数据，恐怕尚待进一步努力。“为判定墓葬和铁器的绝对年代，结果表明两件样品的碳 14 测年年代分别为距今 3090±30 年和 3075±35 年，树轮校正年代为公元前 1430 年—公元前 1260 年”，其中样品的碳 14 测年年代跟树轮校正年代相差约 300 年左右，这个数据是否可靠？目前，在多数情况下，中国碳 14 测年年代和树轮纪年校准的测定技术，远未达到国际上所要求的标准水平，因此就标本类别以及标本与遗址之间的关系而言，一些碳 14 测年年代的可靠性还值得怀疑。鉴于资料尚缺乏全面性和可靠性，我们对于上述年代难以做出判定。

---

①刘海峰、陈建立、潜伟、铁付德：《冶金实验考古研究初探》，《中国国家博物馆馆刊》2012 年第 9 期。陆达：《中国古代的冶铁技术》，《钢铁》1966 年第 2 期。刘云彩：《中国古代高炉的起源和演变》，《文物》1978 年第 2 期。李映福、周磊：《云贵高原出土战国秦汉时期铁器研究》，《江汉考古》2014 年第 6 期。

此外，对于残存铁条和一块铁锈的检测，是否能够完全排除它们为陨石铁的可能性？残存铁条和一块铁锈是冶炼技术偶发性的产物，还是成熟阶段的产品？是本地独立生产的，还是自其他地区输入的？

中原地区的块炼铁技术源自中亚和西亚地区的可能性是存在的，但随着汉文化的西进，中原生铁制品或生铁冶炼技术传播到甘肃、新疆的证据也是明显的。

所以，笔者同意这样的看法：关于冶铁技术起源和交流问题的研究，任重而道远。

（三）火技术制陶、冶铜、冶铁工艺一脉相承

从前述论证结果可知，没有制陶技术就没有后来的冶铜、铸铜技术。制陶工艺的变革逐步催生了冶金业，陶冶体系的制陶子系统与冶铜子系统密切相关，制陶工艺与冶铜工艺的发展前后相承。

这里，再从现代系统论的视角简略考察万年以来“渗碳还原工艺”的历史轨迹。

渗碳工艺是一种十分古老的关键性工艺，在中国最早可上溯到2000年以前。最初是用固体碳介质冶金还原，历代不断改进。碳的还原性必须在高温下才能实现，如高炉炼铁将氧化铁还原成铁，碳的还原温度对不同的氧化物是不同的，大约在840℃～1500℃左右。

关于制陶“渗碳还原工艺”的历史，这就要从几千年前陶窑设备的操作说起。

陶窑设备在陶坯烧到一定火候时密封窑门并补水“饮窑”，在窑室形成还原气氛而烧出灰陶；若再在室内闷烧湿松枝，无明火，大量松烟炭黑使陶坯发生渗碳作用，烧出黑陶。冶金学家用扫描电镜（SEM）和能谱仪对龙山黑陶的显微结构以及化学组成进行研究后，通过实验分析龙山黑陶的制作工艺和渗碳原理，这种还原的方法被称为“熏烟渗碳法”。可见，距今4600年的龙山黑陶文化时期已掌握了“高温下还原”工艺，这对铜

铁冶炼至关重要。[①]

制陶技术完成上述变革后，公元前 2600 年—公元前 2000 年，古华夏各地铜器增多，除红铜外还出现了锡青铜和锌黄铜，进入陶冶体系的锡青铜–锌黄铜时期。依最新的系列测年结果来看，整个中原地区进入锡青铜时代的时间至多是二里头文化第二期（上限不早于公元前 1680 年），商代发展出冶铜竖炉。冶铜竖炉采用了鼓风技术，获得比陶窑更高的温度（铜的熔点 1084℃），后来改进为鼓风皮囊，增加了冶铜竖炉的送风量，扩大了竖炉容积。在古代，吹管鼓风在世界一些地区曾使用过，其中华夏冶铜炉与古埃及熔铜炉（或坩埚）就有相似的吹风管插孔。中国冶铜术来源于制陶术，又分享了制陶术的新成果，由萌生期向成熟期过渡。由此，陶冶体系的制陶子系统、冶铜子系统一脉相承并长期发展，从而促进了冶铁术诞生。

总之，在铜铁矿共生的条件和环境作用下，炼铁高炉首先在中国出现不是偶然的。

---

①刘鹏:《黑陶渗碳机理研究》,《硅酸盐通报》1992 年第 5 期。沈建兴、翟纪伟、李传山、张雷:《龙山黑陶显微结构分析和渗碳工艺研究》,《中国陶瓷》2008 年第 3 期。

经济发展与木-铁体系
——现代系统论与世界体系之九

【内容提要】探讨中国冶铁史的发展，应该从世界体系的大视野出发。公元1世纪前后，欧亚大陆的世界体系接近形成，由此可将汉帝国与罗马帝国作一对比研究。考古发现，古华夏中原最早的木-铁复合工具属于春秋时期。炼铜技术奠定了炼铁技术的基础。春秋晚期发明了块炼渗碳钢技术，战国时期发明了冶铸生铁和铸铁柔化处理技术。与西方相比，中国陶冶时代及木-铁器时代的冶炼铸造技术表现出了突出的创造性和独特性。由此，笔者提出一个新观点：对于浇铸成形的铁件，所谓冶铸生铁和铸铁柔化，严格说来是一种铸铁脱碳工艺实施得并不彻底的钢和铸铁的复合品，外层为铸铁脱碳钢而内层还是铸铁，效果比较优良。也就是说，由外层的渗碳钢包裹住内层的铸铁，但实际还算不上是现代意义的低碳钢或中碳钢。因为低碳钢不仅要求含碳量低，且杂质比例也要合格，含磷量不能超过0.04%，而中国铁器的含磷量一直超标，古华夏铁器的杂质比例更比不上罗马铁器的一般水平。因此，应该说古代中西方冶铁业各有千秋。

一、欧亚大陆的世界体系接近形成

公元 1 世纪前后，约延续 400 年的汉帝国与罗马帝国（一度为共和政体）曾经是称雄世界的两大帝国。就领土、人口、经济、文化发展水平而论，罗马帝国与汉帝国的实力空前，旗鼓相当，其中人口各有 4000 万以上。同一时期，亚非欧大陆存在着罗马、汉、安息（帕提亚帝国 [Parthian Empire]，公元前 247 年—公元前 224 年）、贵霜（Kushn Empire，鼎盛期为公元 100 年—公元 250 年）四大强国。到公元 1 世纪，在世界北半球的北温带，从太平洋西端的中国海到大西洋东端的苏格兰高地，形成了一道横贯欧亚大陆的“汉→贵霜（印度）→安息（波斯）→希腊罗马”的文明地带。这一时期，西汉通过“丝绸之路”开拓、西进接触到“海西国、大秦（拂林）”；罗马则通过征战安息东临中亚，也靠近了“塞里斯（中国）”，于是各地区在一定程度上可以初步地互通有无、间接或直接地相互影响。罗马帝国全盛期领土约 350 万平方公里、人口 6000 万。当时，罗马帝国与汉帝国的人口共约 9000 万，占当时全世界文明地区总人口的半数左右。但这两大帝国之间虽有初步接触，却很少交往，相互了解非常不够，原因是中间横贯着安息帝国、贵霜帝国以及其他很多较小的国家，同时又被青藏高原和戈壁大沙漠阻断。然而，公元 1 世纪前后，当时欧亚大陆的世界体系已接近形成。由此，可将汉帝国与罗马帝国作一对比研究。[①]

（一）世界冶铁体系中华夏与西方的初步对比

在人类发展史上，木–铁器的出现是一次伟大的革命。恩格斯指出：“野蛮时代高级阶段，一切文化民族都在这个时期经历了自己的英雄时代：铁剑时代，同时也是铁犁和铁斧的时代。铁已在为人类服务，它是在历史上起过革命作用的各种原料中最后的和最重要的一种原料。……铁使更大

①［法］J. 阿尔德伯特（J.Aldebert）、［英］德尼兹·加亚尔、［法］贝尔纳代特·德尚等:《欧洲史》，蔡洪滨、桂裕芳译，海口 . 海南出版社，2007 年，第 80 页。

面积的农田耕作、开垦广阔的森林地区，成为可能；它给手工业工人提供了一种其坚固和锐利非石头或当时所知的其他金属所能抵挡的工具。所有这些，都是逐渐实现的；最初的铁往往比锡青铜软。……”①

恩格斯所举的这三件铁器都有非常重要的价值：铁剑为欧洲骑士必备的武器，铁犁为利于耕作的农具，铁斧为常用的工具。在世界体系中，冶铁业的兴起实现了划时代的变革：铁制农具发明以后，使农业生产力达到质的飞跃。

这里，初步尝试在世界冶铁体系中将古华夏与西方的异同进行对比。

在比较中，我们不仅关注冶铁业本身的发展，而且还要关注冶铁业对经济和政治的影响，以及社会对技术发展的制约，如钢铁业发展中政权（官办工业）的参与控制作用。冶铁业生产和使用必定是在政治经济条件与社会环境之中实现的，尤其农具对农业的促进和兵器对战争的影响。

古华夏陶冶时代有浓厚的铸造成型工艺传统，当中国工匠从陶冶时代的制陶业、锡青铜业转向冶铁业时，便自然而然地延续了这一传统，结果就是偏好“铸”，并善于浇铸器皿。“铸”的工艺主要指的是铸造锡青铜器。相比之下，“铸”虽然也利用“锻”的手段，但是并不特别注重块炼法制作铸器。

铸造技术和展性铸铁的发明，与古华夏陶冶时代先进的制陶术、冶铜术密不可分，而历代前辈从陶窑、冶铜炉积累了丰富经验，先进的炉形、鼓风技术等能便于使冶炼炉达到高温，借用到冶铁业时便局部地改变了局面。

块炼铁和铸铁柔化技术两者平行发展，是古华夏冶铁术的特色。②

所谓冶铸生铁、铸铁柔化，严格说来是一种铸铁脱碳工艺实施得并不彻底的钢和铸铁的复合品，外层为铸铁脱碳钢而内层还是铸铁，效果比较优良。也就是说，这是由外层部分渗碳钢包裹住内层的铸铁件。在河南洛

---

①［德］恩格斯:《家庭、私有制和国家的起源》，北京．人民出版社，1966 年，第 210 页。

②李飏、李祖德:《中国古代块炼铁技术》,《粉末冶金材料科学与工程》1999 年第 1 期。李祖德、李飏:《古代块炼铁技术》,《粉末冶金技术》1990 年第 2 期。

阳出土的战国早期铁斤和铁鉏（锄）遗物，经金相检验表明都是生铁铸件经柔化处理的产物，是迄今发现最早的展性铸铁实物。战国中晚期直到汉代，用展性铸铁制造的农具多有发现且分布较广，因为展性铸铁既有较高的硬度，又有较好的韧性，兼备生铁、熟铁双性。此后，在我国农业、手工业和日常生活中，铁器得到普遍使用，促进了农业的发展，这是跟铸铁柔化处理技术分不开的。

实际上，这种铸件算不上是现代意义的低碳钢或中碳钢。因为中碳钢不仅对含碳量比例有要求，而且对其他元素含量也有要求，如含磷量不能超过 0.04%。但是，中国铁器含磷量一直超高，如铁生沟和古荥生铁的含磷量高达 0.15%～0.29%，刘胜墓和渑池窖藏固体脱碳锭含磷量高达 0.11%～0.34%。就杂质含量来说，同时期中国任何铁器都不能跟罗马铁器的一般水平相比。除去技术因素，西方铁矿石的质量高于中国也是一大原因。不过，中国缺乏富铁矿，受资源约束和开采水平限制也是现实情况。

罗马人在世界上最早试验用煤炼铁，但他们没有推广用煤炼铁的技术，而是坚持用木炭炼制优质铁。因为用煤炼铁的效果并不好，不如木炭和焦炭。严格说来，欧洲未曾适应以煤炼铁的阶段，直到后来用焦炭取代木炭。

希腊、罗马的冶铁水平愈来愈高，他们不仅加强了国内外贸易，不断扩大交流冶铁技术，而且善于吸取各民族优点，有选择地开采铁矿，并不断提高焙烧研磨矿石的技术。罗马帝国锻造的铁器在某些方面甚至优于现代钢铁，杂质含量很低。在整个古代，只有西亚和后来的日本能够在杂质含量方面接近罗马的水平，而在漫长的中世纪内欧洲人再没有达到过罗马帝国的水平。

赫梯人最早创造了"铸铁"这个词，希腊人曾尝试铸造工艺，但都不能使欧洲铸铁正式投入生产。在早期铁器时代和罗马帝国时代，虽然也继续冶炼铸铁，但未曾广泛采用。因铸铁的机械性能差，除了中国人以外，西方并不重视冶炼铸铁。科技史学家李约瑟曾说："没有任何西方人在锡青铜器铸造方面能超过古代中国人。"直到火器传入欧洲以后，欧洲人仅为了铸造大炮才注意生产铸铁，而直到 17 世纪初块炼渗碳钢技术始终是欧洲主要的冶铁方法。除了铸炮之外，铸铁在欧洲的用途非常少而次要（间或用于铸造壁炉后壁、坟场护栏等）。这一点，在国际许多冶金史著述中都有阐述。不过，20世纪50年代以来，中国某些研究者把铸铁技术的引进并不恰当地说成是对14世纪以后欧洲生产力发展起到了重要的、甚至“决定性作用”。① 这片面夸大了中国铸铁对于世界冶铁体系的影响，并不是实事求是的。在冶铁体系对比中，古华夏与罗马等西方国家的水平不相上下、各有千秋，但技术走向从一开始就大不相同。

中国冶铁术的基本走向是以生铁冶铸为主，西方早期冶铁术是以锻铁为主。

显然，罗马帝国在锻造工艺方面占优势；古华夏虽擅长铸造技术，但锻造技术却长期滞后于欧洲国家。到欧洲文艺复兴后的产业革命时代，中国与西方在冶金工业方面的差距就越拉越大了。

（二）从世界体系的大视野探讨中国冶铁史的发展

要开展中国冶金史的多学科交叉研究，必须着手下列几方面的工作：

（1）从世界体系的大视野探讨中国冶铁史的发展。对比中国与西方在冶金工艺上的异同、各自的特色和差距，有比较才能有鉴别。

（2）对出土铁器进行科学化验、金相显微镜鉴定、碳14测年、扫描电镜能谱分析等。

（3）对木-铁复合农具、兵器、各种器件的结构、功能进行分析，探索它们的起源和流变。

（4）仔细进行“冶金实验考古研究”的各类模拟实验。

（5）全面搜集整理古代陶冶体系的文献、笔记、方志等史料，追溯冶金技术的发展史。

（6）对流传在中国各地的土法炼铁、铸铁、炼钢技术进行调查研究，并搜集有关资料。

---

①杨宽：《中国古代冶铁技术发展史》（第2版），上海人民出版社，1982年，第12页。

（7）深入理解世界（包括欧洲）冶金发展历史，着手对比分析。①

要做好上述几方面的多学科交叉研究，需要历史考古学家和冶金学家密切合作。

（三）战国初期冶铁业水平提高

战国时期，掌握了块炼渗碳钢及淬火工艺，大大提高了铁器的实用性能，为此后木-铁复合工具的生产大量应用于农具、手工器具等创造了技术条件。

到汉代，冶铁业不断发展，炼铁炉有三种类型：竖炉、块炼炉和坩埚炉。其中，竖炉体型最大，分圆形和椭圆形两种。椭圆形竖炉体内长轴约为 2.5～3.5 米，高 4 米，容积可达 10～50 立方米。炼铁所用燃料及还原剂是木炭，冶炼时还配备鼓风设备，如皮囊橐或风车。

铸铁柔化处理

春秋、战国之间，先民逐步掌握了块炼渗碳钢及淬火工艺，冶铁术的实用性能大为提高。最晚在公元前 6 世纪，中原发明了炼铁炉冶铸生铁，以及“铸铁柔化处理”技术。战国中晚期直到汉代，用展性铸铁制造的农具多有发现且分布较广，因为展性铸铁既有较高的硬度，又有较好的韧性。此后，在我国农业、手工业和日常生活中，木-铁器得到普遍使用，这是和铸铁柔化处理技术分不开的。

块炼铁（熟铁）渗碳技术和炼铁炉冶铸生铁的铸铁柔化处理技术在同一时段先后出现，这是古代中国冶铁术的独特途径，也是中西方冶铁术的根本区别。

---

①[英]泰利柯特（R. F.Tyiecote）:《世界冶金发展史》，华觉明等译，北京.科学技术文献出版社，1985 年。按：此书前半部分为泰利柯特著《冶金史》（R.F.Tylecote, A History of Metallurgy, 1976）的中译本，后半部分为华觉明编撰《中国古代金属技术》，《自然辩证法通讯》1987 年第 3 期有评介。此外，李约瑟（J. Needham）主编《中国科学技术史》原计划第 5 卷即化学和化学技术冶金学卷，是总计 14 个分册中的第 12 和第 11 分册。由于李约瑟于 1995 年去世，后由冶金考古学家华道安（Donald B.Wagner）教授撰写续编《钢铁冶金分册》（2012 年版）。

铸铁（生铁）含碳量很高（1.7%以上），虽然坚硬，但韧性较差，性脆易折。通过铸铁柔化处理，在炼铁炉高温下将铸铁件长时间加热，使其化合碳发生变化，可改变其材质和性能。通过这种处理的铸铁，叫展性铸铁。按照热处理条件不同，铸铁柔化处理技术又可分为两种工艺：（1）氧化气氛下对白口铸铁件进行退火脱碳处理，使之成为白心展性铸铁。（2）中性或弱氧化气氛下，炼铁炉对白口铸铁件进行长时间高温退火处理，使之成为黑心展性铸铁。如果脱碳不完全，仅使铸件外层成为钢而内层还是铸铁，就可以得到一种钢和铸铁的复合品，使铸件的质量更加优良，是复合了钢和铸铁的新产品。

【附记】金属的可锻性（forgeability）概念：金属具有热塑性，在加热状态（各种金属要求温度不同）可以进行压力加工，称为具有“可锻性”。可锻性，指金属材料在压力加工时能改变形状而不产生裂纹的性能。它包括在热态或冷态下能够进行锻造（锤击，就是通常说的“打铁”）、轧制、拉伸、挤压等加工。展性铸铁能进行切削加工，却不能进行锻压加工。白铸铁闷火后硬度降低，韧性提高，塑性仍然很差，虽然切削性能提高，但仍不可锻，不能进行锻造、轧制、拉伸、挤压等加工。有人将展性铸铁称为“可锻铸铁”，这完全是误解、误导。因为铸铁都是不可锻铸铁，不具备可锻性。共晶白口铸铁的含碳量为4.3％，其断口为亮白色，因而称之为白口铸铁。含碳量4.3%～6.7％范围内的白口铸铁，是铁和碳形成的化合物，其室温下组织是变态莱氏体与一次渗碳体。这种铸铁因具有一定的塑性和韧性，所以称作展性铸铁或韧性铸铁，俗称马铁。这种铸件乃是一种钢和铸铁的复合品，外层为钢而内层还是铸铁（但不可称为生铁或可锻铸铁）。①

生铁是不能锻打的，一打就碎，而块炼铁（熟铁）是可锻打的，所以早期的生铁、熟铁并用，平行发展。早期铸铁都是白口铁，铸造性能较

①所谓“可锻铸铁（malleable cast iron）”的定义不确切，应称为“韧性铸铁”或“展性铸铁”，因为“铸铁”本不可锻打。金属的可锻性（forgeability）概念为：金属具有热塑性，在加热状态（各种金属要求温度不同）可以进行压力加工，具有“可锻性”。展性铸铁也称马铁，是先制成一定成分的白口铁铸件，再经石墨化退火处理得到黑心展性铸铁或白心展性铸铁。展性铸铁的强度优于灰口铁，并有较高的塑性和韧性，但是并不可锻。目前，国内以生产铁素体展性铸铁为主。

好，但碳是以化合碳的形式存在于铁中，导致生铁脆硬，不耐碰击。于是，中国早期冶铁匠师就面临双重难题，其解决的办法有两种：一种是如欧洲古代铁匠那样使柔软的块炼铁（熟铁）渗碳变硬；另一种办法是设法使脆硬的白口铁（生铁）脱碳变软成为碳钢（熟铁含碳量低于 0.05%，生铁含碳量大于 1.7%），碳钢的含碳量介于熟铁与生铁之间。

由此，在战国前期，中国冶铁匠师就掌握了炼铁炉冶铸生铁的“铸铁柔化处理”技术，即铸铁（白口铁）柔化术。通过长时间加热，将白口铁中的碳化铁分解为铁和石墨，消除大块的渗碳体，这对提高铁的柔性起了良好作用。

相比之下，欧洲在公元前 1000 年已能生产块炼铁，但多用块炼法渗碳制作锻铁。

古华夏生铁的冶铸工艺与欧洲块炼法的差异在于：（1）块炼铁的炉温大约 1000℃左右，可提高到 1100℃～1200℃。（2）通过被还原生成的固态铁吸收碳，以化合碳的形式存在于铁中降低其熔点，用这样的办法可将多碳铁的实际熔点适度下降低至 1146℃，到炉温控制为 1150℃～1300℃的条件下，冶炼出炉时便呈液体状态（此时离纯铁的熔点 1536℃相差甚远），产生了液态铸铁，可直接浇铸成型，能制作铁臿、铁犁等农具，以及铁矢（箭头）、铁矛等兵器。

然而，迄今尚未见到一篇像样的论文实事求是地阐明“固体脱碳钢”的冶炼过程，而出土的固体脱碳钢块厚度一般不超过 1 厘米，且都为小而薄。从固体脱碳钢的性能和构成上看，没有不能焊接的理由，但也缺乏固体脱碳钢经过淬火的证据。虽然固体脱碳钢经过锻打，但迄今出土的这种固体脱碳钢仍留有铸造缺陷，并且长期无法消除。

汉代各种铸造农具的使用比例如下：

白口铸铁 25%、灰口铸铁 7%、麻口铁 1.5%、韧性铸铁和古代石墨铸铁 13.5%、铸铁脱碳钢 40%、炒钢和块炼铁 13%。①

①田长浒:《中国金属技术史》，成都.四川科学技术出版社，1988 年，第 157 页。黄启宇:《评专著〈中国金属技术史〉》,《四川大学学报（工程科学版）》1988 年第 6 期。

此前，战国时期尚无固体脱碳钢。此后，冶铁趋势则是锻造农具增加，铸造不断减少。渑池遗址出土铁农具表明，南北朝时期铸造农具只占70%，南北朝以后铸铁脱碳钢技术消失（未见正式记载）。

综上所述，公元前5世纪或公元前6世纪，各地先后都出现了先进的冶铁技术，中原冶铁业在质量、数量上都迅速提高，木-铁制品已作为生产工具、武器、生活用品等广为使用。东汉南阳太守杜诗还发明了一种利用水力鼓风冶铁的工具——水排，不但节约人力，而且提高了冶铁质量。这标志着新一代社会生产力的形成，表明春秋战国之交至汉朝中国已进入铁器时代。因此，熔态冶铁和铸铁柔化技术是我国冶铁术不同于欧洲的特色。①

铁制（木柄或木心铁刃）农具在春秋时期开始，到战国时期应用越来越普遍，从而提高了农业生产效率和粮食的社会积累。木-铁制农具淘汰了石质部件，然而复合工具始终离不开木制部件，是其必不可少的成分。春秋战国是社会的转型时期，一方面分封制崩溃，郡县制逐渐形成，生产力得以发展；另一方面诸侯争霸，战乱不断，给百姓带来深重的灾难。然而，乱世中的进步却是春秋战国时期的主要方向。

制作铸铁件的陶模和铁范

战国初期或稍早，我国已发明了铸铁技术。公元前513年，晋国用铁铸"刑鼎"铸有范宣子制定的"刑书"公诸民众，但此事违背了西周的等级礼乐制度而引起孔子责难（然而孔子却没有直接评论公元前536年郑国子产铸刑鼎 ）。铸鼎的铁是作为军赋向民间征收的，可见晋国已有不少铁器，且使用了铸造"铁鼎"的复合范。

据考古发现，在战国中晚期的墓葬中，河北兴隆寿王坟一次出土铁范87件，大多为农具范。其中，有较复杂的复合范和双型腔，并采用了难度较大的金属型芯，反映了当时的铸铁工艺已取得较高水平。

陶模在陶窑中烧制，汉代为铸造铁农具烧制陶模，陶窑可以烘范，

---

①刘学堂:《中国冶铁术的起源》,《中国文物报》2004年4月2日。刘海峰、陈建立、梅建军:《河北徐水东黑山遗址出土铁器的实验研究》,《南方文物》2013年第1期。

还可做铁器的热处理。考古发现，山东莱城亓省庄遗址出土了汉代犁范。莱芜有 3000 多年的冶铁史，境内采铁冶铸始于春秋，汉武帝时（公元前 140 年—公元前 87 年）在嬴城设铁官，使“嬴铁”著称于世（北宋置莱芜监，成为全国矿冶中心）。1973 年，莱城区牛泉镇亓省庄村民在村西南坡发现了 24 件铁范具，主要有犁范、镰范、镢范、耙范等。

1959 年，山东滕州官桥镇和张汪镇境内的薛国故城遗址出土了大量的铸范残片，可辨的器形有臿（铲）、犁、斧等。同时，铸范中有字者颇多，分阴文、阳文两种，皆三字，一种作“山阳二”，一种作“巨野二”。薛地在两汉时为鲁国属县，设有铁官。（如图 9–1）

图 9–1　战国时期复合农具范

河南温县西招贤村冶铁遗址的一座烘范窑内出土 300 多套完整的叠铸泥范。

郑州荥阳故城一号炉和二号炉遗址出土了大量的陶模，有犁模、镢模、臿（铲）模、六角承模等。铸造铁犁铧的工艺过程，是用黏土制成陶模，经过陶窑烧制成 6 块陶模，两个一组合起来，从浇铸口浇铁水，铸成 3 件铁范，再把 3 件铁范合起来，从孔口浇铁水，这样就制成小的铁铧犁。在汉代，若用鉏（锄）人力耕地，一天最多半亩地，而且质量差，使用铁铧犁一天可耕地 5～8 亩，这种深耕细作大为提高了生产力。

经专家鉴定，这些铁范反映了上承战国、下启西汉中前期铁范农具的特点。这些铁范的出土，表明西汉时铸造铁质农具已广泛使用。①

根据春秋至汉代的冶铁遗址，表明华夏木–铁体系的鼎盛时期在汉代。迄今已发现汉代冶铁遗址约 40 处，铁器制品几乎遍及全国，其数量之多远超前代。

①华觉明:《中国古代铸造技术的八大成就》,《铸造》1984 年第 4—5 期。

（四）木制耒耜与木-铁农具并存

冶铁业进一步推广了木-铁农具的使用。西汉时期，木-铁体系的形制确立，其器类、数量、质量更提高了。（如图9-2）

西汉桓宽根据朝廷“盐铁会议”记录整理撰写的《盐铁论·水旱》载：“农，天下之大业也；铁器，民之大用也。器用便利，则用力少而得作多，农夫乐事劝功。”

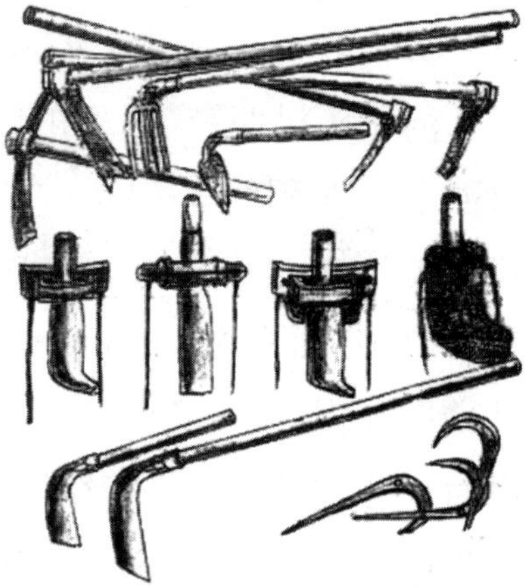
图 9-2 战国秦汉木-铁复合农具

二、春秋秦汉冶铁遗址

华夏木-铁体系的鼎盛时期在汉代。迄今，已发现汉代冶铁遗址约40处，铁器制品几乎遍及南北各地，其数量之多远超前代。

现以山东临淄故城、枣庄，河南巩县、安阳、古荥、南阳，甘肃安西（今瓜州）安西浪柴沟汉代陶窑遗址等冶铁遗址为例，说明春秋战国至汉代冶铁手工业的生产情况。

（一）山东临淄齐国故城

春秋初期（公元前770年—公元前476年，东周）的齐国故城临淄出土“齐铁官丞”之印，表明当时已设立官方执掌的铁官管理冶铁业。齐国疆域内的莱西和牟平相继出土了年代较早窑藏的2件铁鼎。从考古形制分析对比，一个鼎口小，垂腹，三柱足，两耳直立口沿，高与腹径各约40厘米；另一鼎为球形腹，腹部较深，三侧扁足，两耳直立口沿，高约30厘米，腹径约20厘米。有人认为，与铜鼎相比较，这两件铁鼎应为周代形制。又，临淄郎家庄一号东周殉人墓出土了2件形制相同的铁削，直柄环首，弧背，削锋残缺，残长21.5厘米。

齐国故城临淄有两处冶铁遗址：大城东北部遗址和大城西部遗址。第一处冶铁遗址，位于大城东北部（今阚家寨村东南和村北、崔家庄村北、河崖头村西等），分布较广但不集中，比较丰富处在今崔家庄东北至村西北，面积约3～4万平方米，地层堆积有三层，炼铁遗迹属第二层。第二处冶铁遗址，位于大城西部，在城南北河道以西（今石佛堂村及村南一带），面积约4～5万平方米，地层堆积有三层，炼铁遗迹属第三层。从地层堆积关系分析，表明这两处遗址属于春秋战国时期。齐国故城临淄已有如此大规模的炼铁作坊，而从迄今考古资料看来当时其他诸侯国还没有如此规模的炼铁作坊，说明“战国七雄”之一齐国富国强兵的主要特色之一就是冶铁业。①

鉴于对文献记载的研究和对国内最早冶铁遗址的考察，有学者认为淄博铁山是华夏冶铁术发源地。考古资料表明：当时冶铁使用的铁矿石很可能来自于黑铁山附近，即临近淄博的金岭铁矿；大部分炼铁炉渣均由冶炼生铁产生，少部分炉渣可能是由炒钢过程产生。同时，出土文物的分析证实：其冶炼工序比较完善，跟附近出土铁器所反映的工序也较符合。近年来，在齐国故城文物普查和建设工地发现古代陶窑遗址8处，其制陶设施可能为春秋战国的冶铁工业的先驱。其中，西周傅庄陶窑遗址位于齐国故城临淄以北2.5公里（今敬仲镇）。另外，齐国故城临淄内外还保存着古台址5处、古墓葬150余座。临淄地区发现古文化遗址160多处，陶片遍野，其中有印文者甚多，而完整的陶盆、豆、罐、鬲、钵等陶器更是不断出土。②

（二）山东枣庄峨山口土城炼铁遗址

土城炼铁遗址位于枣庄市中区孟庄镇峨山口前，遗址面积约1平方

---

①于孔宝:《齐国的冶铁业及铁器的使用》,《管子学刊》2010年第4期。山东省博物馆:《临淄郎家庄一号东周殉人墓》,《考古学报》1977年第1期。

②陈旭:《淄博铁山——中国冶铁发源地》,《管子学刊》2010年第4期。杜宁、李建西、张光明:《山东临淄齐国故城东北部冶铁遗址的调查与研究》,《江西理工大学学报》2011年第6期。张龙海:《山东临淄齐国故城陶窑遗址的调查》,《考古》2006年第5期。张光明、张晓:《中国冶铁发源地淄博铁山概论》,《管子学刊》2012年第2期。

公里。炼铁遗址所在的土城，先后属西周时的鄫国，春秋时的小邾国，战国时的齐、楚诸国，秦初时的薛郡，西汉时的刘氏诸侯国鲁国东海郡承县，东汉时的东海郡。

据专家考证，土城炼铁遗址是汉代早期的冶铁遗址，是枣庄地区发现的秦汉农耕文明由锡青铜、木制工具向铁器制造过渡的证据之一。土城废墟中夹杂许多汉代板瓦、筒瓦、罐和瓮等残陶片，第三层中夹杂许多红烧土和铁器碎片及灰渣等，其中土台南部铁渣最多。专家据此推断，这里曾是汉代一处规模不小的炼铁遗址。所谓“铁簸箕”应该是炼铁的废旧炉具或炉体，“铁牛”是炉内炼制的半成品的遗留物。根据秦汉地理志的标注，这里曾设置铁官，诸山富含铁矿资源。秦汉体制，在各地设立 49 个铁官，东海郡就有 2 处炼铁城，此为其一。

在枣庄东北 25 里处峨山口前，距土城遗址南数百米许有一冶铁遗址。秦汉之际，凭借峨山口附近的铁矿石资源，官方曾在此地大量冶铁。

迄今，枣庄地区发现汉代炼铁遗址已有 5 处，峨山口土城炼铁遗址是规模较大的一个。还有几个炼铁遗址，如皇殿岗炼铁遗址、古薛北门陈庄炼铁遗址、薛城区周营镇曹埠冶铁遗址、薛城区南常乡随河冶铁遗址，以及土城炼铁遗址等皆发现铁残渣，或在废墟土层中夹杂炼铁炉渣。

（三）汉代宛城（南阳）冶铁遗址

据《汉书 · 贡禹传》记载，公元前 1 世纪时，“攻山取铜铁，一岁功十万人以上”，所凿矿井深达“数百丈”。实际上，包括民间开采以及《盐铁论》所说“家人合会”这类小规模经营方式在内，参与冶炼铜铁的人数远不止此，而西汉末年和新莽时期以盗铸论罪的数以十万计就是证明。在民众实践的基础上，汉代出现了大规模的冶铁作坊。在第二届世界冶金史大会的闭幕式上，英国学者曾说：“（公元初期）世界冶金史中心在中国（汉朝），中国冶金史中心在河南。”

经过普查、发掘和据文献所载，河南地区可以确定冶铁遗址有 18 处，所占面积达数万平方米至十余万平方米，其中如巩县铁生沟、南阳瓦房庄、郑州古荥镇均经大规模发掘。

汉代，冶铁业中心转到南阳（古称宛城）。在南阳北十里庙遗址中，曾发现商代铸造铜器的陶范以及熔炉残片。东周时，南阳成为陶冶体系冶铁技术开创地区之一。《荀子·议兵篇》：“宛（南阳）拒铁钮，惨如蜂虿。”可以为证。秦始皇统一中国后，“徙天下不轨之民于南阳”，魏国孔氏徙迁至南阳，以冶铁为业，“大鼓铸……家致数千金”。汉朝武帝时期（公元前140—公元前87年）实行盐铁专卖政策，南阳冶铁业也转为官营。东汉时，南阳太守杜诗总结水力机械的经验，创造“水排”鼓风机械，大大提高了冶铁效率。南阳又是汉代五个最大的工商业城市之一，其周围具有丰富的铁、铜、锡、铅等矿产资源。据《南阳府志》记载，南阳一带铁矿多达13处。近年来，在南阳附近发现冶铁遗址就有：南召县草店遗址、后庙村遗址，鲁山县望城岗遗址、西马楼遗址，桐柏县张贩遗址、毛集致铁山遗址、王湾遗址，方城县赵河村遗址，镇平县安国城遗址等。考古学家发现一件汉代“比阳”铁犁，说明泌阳（古称比阳）也有冶铁作坊的遗存。迄今，已发现冶铁遗址10余处，可见汉代南阳冶铁的盛况。

历史上规模最大的冶铁中心——汉代宛城（南阳）冶铁遗址，位于南阳北关瓦房庄附近，东西长600米，南北宽200米，总面积12万平方米，东南与冶铜遗址为邻，东北是较大的制陶作坊。汉代宛城冶铁遗址于1954年开始调查，1959年开始发掘，总面积3000平方米，出土了大量遗迹遗物。其中，炼炉17座，皆半地穴式，由炉门、火膛、炉床、烟囱四部分组成。炉旁还有大量铸造铁器用的陶范和生产出来的产品，其中1件属球墨铸铁。发掘出熔炉基17座，窑址4座，铁块400斤，陶范400块。出土锻制铁器有刀、镰、锄、矛，范铸铁器有齿轮、镢、锛、锤，铸造工具有坩埚、热风管及耐火材料等，铸件有齿轮、锤、鼎、盆、罐，锻件有刀、镰、凿、马衔、矛。此外，还有砧子、砺石、水管道、井圈、烧陶窑、瓮棺等。

1959—1960年，汉代宛城冶铁遗址进行发掘。汉代遗址分西汉层和东汉层。其中，西汉时期遗迹有熔炉基4座，勺形鼓风机械基址1个，水井9眼，水池3个；遗物有从炉口到炉腹、炉基座各部位熔炉残块，鼓风管残块，地面范 9 个，镂铧带钩等残范块，铁器有铧、臿（铲、镢）、斤（锛）、斧、凿、钩、杈、锥、刀、锤、鼎、熨斗、剑、铁条等，铜器有五铢、大泉五十、镞等，陶器有陶罐、筒瓦、板瓦、瓦当、瓦钉、陶钱等。东汉时期遗迹有熔炉基 5 座，烘范窑 3 个，退火脱碳窑 1 个，锻炉 9 座，烧土槽 4 个，水井 2 眼，瓦洞 3 个，砖镶边路 1 条，范坑 3 个；遗物较西汉多，有各种耐火砖构件、鼓风管、各种模和范 602 种，同时犁铧、锸、镂铧、锤、六角等铸造工艺都可复原，各种形状的浇口范、楔形、裤形、多节叠铸等浇口铁、铁器数量比西汉明显要多。另外，还有各种板材、条材等，以及磨石、陶纺轮、陶具、陶坠、石杵、五铢钱、陶釜、盆、甑、罐、瓮、板瓦、筒瓦、瓦当等。

南阳瓦房庄冶铁遗址以铸造为主，兼营炒钢、锻造的大型铁制品。在面积 3000 平方米的遗址内，发现 3 个铸造区和一个炼钢锻造区，出土多个熔炉遗址、“人排”遗迹，大量铁范、泥范和各类木-铁器、耐火砖等。河南洛阳出土的战国早期铁斤和铁鉏（锄）遗物，经金相检验表明都是生铁铸件经柔化处理的产物，是迄今发现最早的展性铸铁实物。又，通过对南阳瓦房庄冶铁遗址中的 12 件铁器金相检验分析，其中 9 件农具是韧性铸铁，2 件是铸铁脱碳钢，1 件是球墨铸铁，这说明当时南阳地区的冶铁技术已达到相当高的水平。①

（四）河南巩县铁生沟冶铁遗址

河南铁生沟冶铁遗址地处巩县孝义镇向南 20 公里的铁生沟村，村南面对五岳之一的嵩山，坞罗河由东向西横贯盆地，遗址位于村南河边台地。1958—1959 年开始发掘，是已知汉代冶铁遗址中出土文物最丰富的一处，年代约西汉中晚期至东汉。铁生沟冶铁遗址是一处比较完整的冶铁作坊，东西长约 180 米，南北宽约 120 米，总共 2.16 万平方米。在遗址周围的断崖上，裸露出不少炼渣、矿石末、烧土和黑灰。在冶炼场西南 3

①李京华:《南阳北关瓦房庄汉代冶铁遗址发掘报告》,《华夏考古》1991 年第 1 期。李京华:《南阳北关瓦房庄汉代冶铁遗址泥模泥范的可塑性实验》,《中原文物》1992 年第 4 期。

公里的罗汉寺和西北的罗泉、北庄，均发现采矿井和巷道。在遗址2000平方米范围内，出土炼炉18座，熔炉和锻炉各1座。其中，有长方形炼炉、圆形炼炉、排炉、低温炼炉，还有海绵铁铸造坑、藏铁坑、配料池等。可见，铁生沟冶铁遗址是一处冶炼生铁、铸铁、脱碳退火（柔化处理）、制造铁器的综合性工场。在出土的部分铁器上有“河三”铭文，考古学界推测为汉代河南郡所辖第三号官营制铁作坊。同时，出土各种铁制生产工具、生活用具和兵器等166件，以及大批陶制生活用品和铜钱。①

（五）河南安阳冶铁遗址

安阳冶铁遗址位于安阳市北郊，1959年发掘，是一处汉代铸造铁器工厂，面积12万平方米。遗址中发现炼炉17座，完整的冶铁坩埚3个，耐火砖、铁块堆、铁渣坑、打磨铁器的磨石、铁钻等，以及已铸成的铁器，如刀、鉏（锄）、臿（铲、镢）、镰、锤、车马饰、鼎、盆等。另外，还有铸造器物的范和模。可见，安阳冶铁遗址是汉代豫北地区的一处大型冶铁遗址。特别是出土的齿轮，外圆内方，外缘有十个齿，有力地说明了汉代铁器制作技术的先进性。②

河南申明铺冶铁遗址位于南阳淅川滔河乡申明铺村北，年代跨越较大，以战国、汉代为主。2008—2009年，对南阳申明铺遗址进行了两次发掘，陆续出土了铁釜、环首铁刀、铁剑、铁锸、铁铧、铁斤（锛）、铁环、席镇、铁削等。为揭示该遗址的铁器制作工艺及相关问题，利用金相显微镜、扫描电镜能谱分析仪等检测手段，对遗址的铁质农具、兵器、手工工具及生活用具等14件铁器残片进行了金相及扫描电镜能谱分析。结果表明，对硬度、强度、韧性等机械性能要求较高的农具和兵器多采用固体脱碳技术，较大型的炊具如铁釜、铁鏊等则采用白口铁、麻口铁及灰口

①赵国璧:《河南巩县铁生沟汉代冶铁遗址的发掘》,《考古》1960年第5期。赵青云、李京华、韩汝玢、丘亮辉、柯俊:《巩县铁生沟汉代冶铸遗址再探讨》,《考古学报》1985年第2期。

②李仲均、李庆元、李卫:《春秋、战国、秦汉冶铁遗址综述》,《地质科学史研究》1998年第9期。

铁等铸造工艺，说明战国至汉代南阳地区的冶铁水平业已十分高超。①

（六）郑州古荥阳汉代冶铁遗址

据《郑州文物志》记载，古荥阳城初建于战国，在秦代为三川郡治所。②

古荥阳城位于郑州西北20多公里的古荥镇（荥阳故城）西墙外，1965年、1975年两次发掘，遗址南北长400米，东西宽300米，总面积12万平方米。1975年，郑州市博物馆对遗址的冶炼区发掘范围1700平方米，发现炼铁炉炉基2座、炉底积铁10余块（最大的重约23吨）、矿土堆约60立方米、水井一眼、水池一处、四角柱坑一处、烘范炉13座、船形坑一个等遗迹，出土铁器318件、陶器380余件、石器8件。

荥阳一号冶铁高炉

1974年冬天，按发掘原样保存的一号炼铁高炉是迄今为止保存最好、容积最大的汉代冶铁炉遗迹。炼铁高炉容积50立方米，东部、北部残存0.54米高的炉壁，炉缸呈椭圆形，南北长4米，东西宽2.7米。其中，工作面东西两侧有两个柱洞，间隔4.8米，直径0.4米，洞深3米，底部用石头做柱基，柱洞上方有一个工作棚，以防止铁液流出时遇水冷却或爆炸。炉壁厚约1米，冶炼区东部和南部有堆积炉渣的坑，炉渣堆积厚6米以上。炉前清理出13块积铁，总重近百吨，其中一块重约23吨，说明当时这个一号高炉每天可冶炼生铁1吨。

荥阳二号冶铁高炉

二号炉与一号炉东西并列，间隔14.5米，炉缸均为椭圆形，炉基深3米，炉基下部和炉前工作面相连，平面呈“凸”字形。炉缸面积8.5平

①戎岩、罗武干、魏国锋、宋国定、王昌燧：《申明铺遗址出土铁器工艺考察》，《文物保护与考古科学》，2013年第3期。

②郑州市博物馆：《郑州古荥镇汉代冶铁遗址发掘简报》，《文物》1978年第2期。荆三林：《荥阳故城沿革与古荥镇冶铁遗址的年代问题》，《河南文博通讯》1979年第2期。

方米，炉壁厚 1 米，残高 0.54 米；炉前工作面面积 24 平方米；炉壁、炉基、炉前工作面用掺石粉、炭末的黑褐色耐火土夯筑建成。围绕两座炉基四周有水井、水池、矿石加工场、木柱高架、烘范炉、船形坑、鼓风管及煤渣堆积来看，遗迹的分布显示出以炼铁炉为中心组成的一套完整的冶炼系统，而且已经使用煤饼做燃料用于预热鼓风。该遗址出土铁器 318 件，其中犁、犁铧、铁臿（铲）、铁斤（锛）等农具 206 件均为铸制，还有铁齿轮、铁矛、铁凿等产品，说明遗址的产品以农具为主，10 余件铁器上均有“河一”铭文。出土陶器中有众多的铸造铁范用的陶模、典型的铁犁模、犁铧模、铁臿（铲、镢）模、六角承模等，分为上内模、上外模、下内模、下外模和范芯上、下模六种类型，一般在上内模上阴刻“河一”铭文。①

【附记】河南临汝县城西北夏店村附近发现汉代冶铁遗址，有冶炼炉一座。其中，炉子直径约 2 米，炉壁系夯土筑成，炉底似锅底形。另外，在炉南的夏店村附近发现一坑，清理出保存较完整的汉代大铁臿、铁块 300 余件，但缺乏地层记录。

（七）河南下河湾冶铁遗址

河南泌阳下河湾冶铁遗址位于泌阳马谷田镇南岗村偏僻的丘陵地区。

下河湾冶铁遗址面积达 23 多万平方米，是迄今在全国范围内所见到的冶铁遗址中最大的一处，且远远大于巩义铁生沟遗址、西平酒店遗址和郑州古荥镇冶铁遗址。该遗址的年代从战国中晚期一直延续到东汉末年，历时 400 多年，主要文化遗迹为冶炼炉、熔化炉、不同类型的陶窑、居住遗存和灰坑、水井等，文化堆积的厚度普遍在 1.5～3 米之间，最深处可达 4 米多。

下河湾冶铁遗址功能齐全、规格较高。遗址附近发现了铁矿和古代的采矿洞，洞中采集到了铁斧、铁锨头等采掘工具；遗址内发现了大量的

---

①倪自励:《河南临汝夏店发现汉代炼铁遗址》,《文物》1960 第 1 期。

炼铁炉炉渣、铁矿石和铁矿粉，以及熔炼炉的炉口、炉圈、炉壁残块、炉基座和大量支柱，还有石范、陶范、鼓风管、铸模、砺石等遗物。由此表明，该遗址已具备了采矿、冶炼、铸造等多种功能，是汉代南阳郡一处官营工业作坊。①

（八）河南其他地区的冶铁遗址

鹿楼冶铁遗址，位于河南鹤壁市鹿楼乡故县村西、小庄村东南的河岸台地间。1960 年发现，遗址面积近 3 万平方米，出土大量红烧土块、木炭、炼炉残壁、鼓风管、矿石、陶范、模，以及铁质生产工具、兵器和板瓦、筒瓦、砖等遗物。从遗址采集的遗物看，其年代应属于汉代。1988 年秋，再次对该遗址进行发掘，出土了堆积丰富的战国文化层。其中，遗迹有陶窑、灰坑、水井等，出土有大量铸造铁器的陶范和各种铁器。

新郑仓城铸铁遗址，位于郑韩故城内的仓城村西。1964 年试掘，遗址面积约 4 万平方米，是战国时期铸造铁农具的作坊。出土有熔铁炉、烘范窑、大量铁工具，陶范有臿（铲）、斤、凿、鉏（锄）、镰、削等 10 余种类型。

河南三门峡渑池冶铁遗址，1974 年发现，总面积约 5.5 万平方米。遗址出土窖藏铁器 4000 多件，总重约 3500 公斤，同时铁器上有各种铭文。其中，试掘出土了铁渣、耐火材料残块、烧结铁等物，年代属于东汉至南北朝期间。

河南鲁山望城岗汉代冶铁遗址，位于河南中部偏西。鲁山地处洛阳与南阳之间的交通要道，古称鲁阳。西周初为周公子伯禽的始封之地，春秋初属东周王畿，后属郑国，之后又被楚国所占，战国中期以后属魏国。秦置鲁阳县，属三川郡；两汉时亦置刘氏诸侯国鲁阳县，属南阳郡。汉代冶铁遗址一号炉及相关遗迹，以及河南驻马店西平、平顶山舞钢等地发掘出土的冶铁遗址群，表明了汉朝前后南阳郡的冶铁业在当时社会经济中的

①河南省文物考古研究所：《河南泌阳县下河湾冶铁遗址调查报告》，《华夏考古》2009 年第 4 期。

重要地位。①

（九）河北东黑山遗址

河北徐水东黑山遗址位于徐水县大王店乡，地处太行山丘陵地区与华北平原接壤地带。2006 年对该遗址进行了考古发掘，出土 66 件战国汉代铁器。经对样品进行碳 14 年代测定、金相组织观察和夹杂物成分分析，认为遗址内存留以战国城址和西汉中后期—东汉遗存铁器最为丰富。其中，铁器材质为生铁和生铁制钢产品，采用了铸造、退火、炒钢、淬火以及可能存在的灌钢等工艺，表明该地区至少在汉代已能根据不同材质和工艺制作不同的器物。②

（十）山东秦国阳一与阳二冶铁遗址

战国后期薛国为秦国属地，成为冶铁中心之一。薛国故城位于山东滕州市官桥镇和张汪镇境内，战国时就成为拥有六万余家的都会。薛国故城是我国保存最完好的东周古代城池，分外城和内城两部分。汉代，山阳郡铁厂迁至相距较近的薛地，薛城冶铁址内出现“山阳”“巨野”之铸范。其中，铸范中有字者颇多，分阴文、阳文两种，皆三字，一种作“山阳二”，一种作“巨野二”。 薛国在两汉时是刘氏诸侯国鲁国属县，设有铁官。滕州宏道院遗址出土的汉画像石形象地反映了汉代冶铁的场面，其画像石上刻有用皮囊鼓风和人力推动的场景，有人躺在地面操作，还有许多人在锻造铁器。

（十一）西南边陲地区

云贵高原的木–铁器体系，经历了初始于战国中晚期至西汉早期、西汉中晚期至东汉的发展阶段。出土木–铁器分布于贵州西部、云南大部等，

①河南文物考古研究所:《河南鲁山望城岗汉代冶铁遗址一号炉发掘简报》,《华夏考古》2002 年第 1 期。
②刘海峰、陈建立、梅建军:《河北徐水东黑山遗址出土铁器的实验研究》,《南方文物》2013 年第 1 期。

铜铁合制器广为流行，并从中原和巴蜀地区输入和仿制铁器制品。[①]

（十二）甘肃安西浪柴沟汉代陶窑遗址

因交通条件和战争环境，铁器长期仅在中原地区使用，到西汉时才推广使用到长江流域和河西走廊。浪柴沟遗址位于甘肃瓜州县（原安西县）东巴兔乡政府东北 8 公里山区，东北距汉代广至县治所破城子 20 公里，东南距榆林窟 12 公里，西南距瓦碴子滩汉代陶窑遗址 16 公里。陶窑窑址坐落在东南—西北、东北—西南走向交差的自然沟谷地带，沟谷分别长 6.5 公里和 8.5 公里，宽 55～85 米，深 14～26 米。[②]

（十三）新疆库车可可沙炼铁遗址

库车可可沙炼铁遗址位于新疆库车县阿格乡苏博依村西北约 500 米处，又名“克克萨依冶炼遗址”，东西长约 500 米，南北约 130 米。该遗址地表遍布一层黑色炼渣，出土大量陶吹管、陶片及磨盘残块等，堆积最厚达 3 米，是汉代龟兹地区的重要冶铁遗址。[③]

三、炒钢、灌钢技术的发明和发展

约在西汉晚期（公元前 80 年左右），河南等地的铁匠们发明了炒钢（或称为炒铁）技术。

所谓炒钢，将生铁料加热到 1200℃左右的半熔化“粥”样，鼓风吹炼并不断搅拌，使原料生铁的部分含碳量氧化消耗掉，降低碳含量趋向钢的成分。冶炼时对粥样铁水不断搅动，故称为“炒”钢。后来，进步到在有控制脱碳的条件下使含碳量降低到小于 1.7% 且大于 0.05% 处于钢的范

①李映福、周磊：《云贵高原出土战国秦汉时期铁器研究》，《江汉考古》2014 年第 6 期。

②李春元：《安西浪柴沟汉代陶窑遗址调查报告》，《陇右文博》2002 年第 2 期。

③何勃：《可可沙炼铁遗址》，《新疆钱币》2010 年第 2 期。

围。炒钢工艺的摸索很艰难，但成熟后的操作简便易掌握，并得到迅速推广，成为西汉以后的炼钢主流技术。

考古资料表明：在今河南巩县发掘出了古代铁生沟炒钢炉，是在地下挖出缶缸形小坑，内层是耐火泥，长 0.37 米、宽 0.28 米、残高 0.15 米，炉壁已被烧成黑色，内残存一铁块。同时，遗物还有残铁鉏（锄）、铁臿（铲）等 14 件炒炼产品。此外，在河南南阳瓦房庄、洛阳新安孤灯村等冶铸铁遗址也出土了汉代炒钢炉。①

关于古代炒钢的文献，始见于东汉中期。《太平经》卷七十二：“今军师兵，不祥之器也……有急乃后使工师击治石，求其中铁，烧冶之，使成水，乃后使良工万锻之，乃成莫邪耶？”此“莫邪”指锋刃剑，“烧冶之”等三句所指即为炒炼及制器的过程。《太平经》系道家著作，基本上保存了东汉中晚期的原貌。

公元前 1 世纪即西汉晚期，中国冶铁业最重要的成就是发明了炒钢技术，可获得大量廉价熟铁和钢料。考古发掘，河南南阳东郊出土一把铁刀，刀身有一道平行于刃部的锻接痕迹，刃部就是用炒钢锻接而成。炒钢再经锻打，钢的成分就会更均匀，组织更密致，强度更高。这种以炒钢为原料的“百炼钢”，比以前简化了复杂的工序，减轻了繁重的劳动，提高了产品质量。例如，1974 年山东苍山出土的东汉永初六年（112）环首错金铭文“卅湅（炼）大刀”，1978 年江苏徐州铜山驼龙山汉墓出土一把“五十炼钢剑”，都是用炒钢做原料制作的百炼钢件。

炒钢有三个优点：（1）它以生铁为原料，价廉易得，扩大了来源。（2）冶炼在半液态下进行，脱碳反应较为迅速，生产率较高。（3）炼成的钢成分好 —— 炒钢夹杂物为硅酸盐，含硅较多，含氧化亚铁较少。若经过认真锻打，炒钢的性能会高于块炼渗碳钢。②

①赵国璧：《河南巩县铁生沟汉代冶铁遗址的发掘》，《考古》1960 年第 5 期。赵青云、李京华、韩汝玢、丘亮辉、柯俊：《巩县铁生沟汉代冶铸遗址再探讨》，《考古学报》1985 年第 2 期。中科院考古研究所洛阳发掘队：《洛阳西郊汉墓发掘报告》，《考古学报》1963 年第 2 期。

②李众：《中国封建社会前期钢铁冶炼技术发展的探讨》，《考古学报》1975 年第 2 期。马一岚：《汉代高超的钢铁冶铸技术》，《化学教育》2010 年第 5 期。

在公元前80年就发展出了如此简单合理的冶铁技术，的确可算是很大的成就。不过，这项技术也是生铁冶炼技术的合理发展，欧洲在引入或发明高炉之后同样很快引入或发明了精炼法。但是，炒钢时如果火候掌握不好（炒过了火），含碳量就偏低且少于0.05%，完全炒成了熟铁。后来，工匠们发现加入生铁即可弥补这一缺陷，这就导致一种新的炼钢技术——灌钢技术的出现。从现代冶金原理分析，这种技术就是利用生铁含碳量高、熟铁含碳量低的特点，将熔化的生铁液灌入熟铁液，使其含碳量大于0.05%且小于1.7%，并合乎钢料的要求。

汉末发明了灌钢技术，将液态生铁作为渗碳剂浇淋在红熟铁块上，经几次熔炼浇淋使生铁、熟铁之间含碳量达到钢的范围。炒钢工艺从汉代一直流传至明清，传统炼钢工艺仍沿用了这种方法。

宋代沈括《梦溪笔谈·辩证一·炼钢》："灌钢，乃伪钢耳。暂假生铁以为坚，二三炼则生铁自熟，仍是柔铁（熟铁）。然而天下莫以为非者，盖未识真钢耳。"沈括认为，这种"灌钢"并非真正意义上的"真钢"，仍是熟铁，所以称其为"伪钢"，"天下莫以为非者，盖未识真钢耳"。①

四、木-铁体系替代锡青铜约始于战国终于秦汉

中国冶铁术是在冶铜术的基础上发展而来的。与古代锡青铜器较多用于礼器和兵器不同，木-铁器的出现和大规模使用最初主要是制作生产工具和农具。

古华夏锡青铜工具很少出土，农具更少。锡青铜大多用于礼器、饮食器、兵器铸造，专供社会上层王公贵族享用，因此古华夏锡青铜时期缺乏全面发展，并未达到完全、独立，而是与木-石体系的农具、工具和陶器同

①［北宋］沈括：《梦溪笔谈》，南京.江苏凤凰出版社，2009年，第30页。柔铁，即熟铁。《北齐书·方伎传·綦毋怀文》："以柔铁为刀脊。"《梦溪笔谈·辩证一·炼钢》："世间锻铁所谓钢铁者，用柔铁（熟铁）屈盘之，乃以生铁陷其间，泥封炼之，锻令相入，谓之'团钢'，亦谓之'灌钢'。此乃伪钢耳，暂假生铁以为坚，二三炼则生铁自熟，仍是柔铁（熟铁）。然而天下莫以为非者，盖未识真钢耳。"

时共存。春秋战国时期，锡青铜被视为“美金”（《国语·齐语》），多用于礼器、饮器和兵器。商周时代，生产工具多使用木–石器及蚌镰、骨器之类。①

战国时期，木–铁器几乎全部用来生产农具。那时，冶铁业还不够成熟，但农具对冶炼技术的要求较低。不过，此时锡青铜冶炼技术已经十分成熟，主要用来制作兵器。

秦代，承战国余绪，仍较多使用锡青铜兵器，并在锡青铜兵器的形制和技术方面继续有所发展。1974 年春，陕西骊山秦陵兵马俑坑内出土许多兵器，几乎全为锡青铜制作。其中，1 号俑坑东端发掘方内出土有青铜剑、铍、戈、矛、戟、金钩、弩机等兵器 486 件，成束的铜镞 279 束（每束约百支），零散铜镞 10896 件；2 号俑坑试掘方内出土有矛、钺、弩机及残剑等锡青铜兵器。秦俑坑已发现锡青铜铍 16 件。《说文·金部》：“铍，大鍼也。一曰劒（剑）如刀装者。从金皮声。”锡青铜矛和锡青铜铍的区别，在于尖刃的形制和装柄方法不同：矛是将柄纳入矛筒中，而铍是铍茎插入木柄中，外用绳索等捆绑。铍之长柄有积竹、木柄两类，本身有扁茎铜铍和铜铍两种，其中扁茎铜铍主要流行于秦国，铜铍主要流行于战国时期的赵、楚等国。另外，1 号俑坑还出土锡青铜弩机 158 件，锡青铜箭镞 4 万多件，其中除 2 件铁镞、4 件铁铤（金属铸作片，名铤）铜镞外，其余均为铜铤铜镞。②

木–铁体系用于农业（特别是铁犁）之后，石器方才退出农具之列。华夏古代木–铁体系替代锡青铜约开始于战国时期，中原较周边地区略先，大部分木–铁农具是用生铁和生铁脱碳处理制成。生铁在古代钢铁冶炼中成本是最低的，在生炒成熟铁的基础上进行锻打脱碳或炒钢脱碳，适宜用于制造工具、农具。

秦国的铁器出现较早。例如，陕西凤翔雍城秦公 1 号大墓出土 2 件铁臿（锸），武功赵家来秦墓遗址出土 1 件铁匕首，表明春秋时期秦国已

①唐兰：《中国古代社会使用青铜农器问题的初步研究》，《故宫博物院院刊》1960 年第 2 期。

②张涛：《秦俑坑出土的兵器》，《丝绸之路》1999 年第 1 期。

较早使用铁器。①

考古发现，秦都咸阳和秦陵遗址出土木-铁器工具、农具400余件，有锤、锸、凿、锛、铧、镰、斧、钳、釜等。湖北云梦县睡虎地秦墓出土“左采铁、右采铁”竹简，表明当时秦国的冶铁业已具备规模。但是，秦墓考古出土的多为生产工具，很少铁兵器，表明当时秦国军队仍以锡青铜兵器为主，这种情况与战国时期各国相似。例如，齐都临淄故城出土冶铁业遗址6处，总面积近1平方公里，却没有发现一件铁兵器及铸造铁兵器的遗迹。不过，燕国都城遗址中却出土了若干铁兵器。

那么，为何战国时期大量使用木-铁制农具而很少铸造木-铁兵器呢？因为当时冶炼铁兵器的工艺尚处于初级的块炼铁和生铁铸件阶段，块炼铁铁质柔，硬度不够，而生铁铸件质脆，强度不够，且非常硬，很难磨砺开刃，所以这两种铁产品仅可制作一般农具，不宜制作锐利的兵器。相比之下，周代锡青铜兵器的冶炼技术早已达到炉火纯青的水平，符合《周礼·考工记》记载的锡青铜器配比要求。

东汉初年，炒钢工艺盛行，为铁兵器大规模生产创造了条件。炒钢的成本比较低，利于为军队制作兵器。

最早的炒钢兵器实物见于公元前154年的汉代楚王刘戊墓。1952—1953年，洛阳火烧沟发掘225座西汉中期至东汉晚期墓葬，出土钢铁刀116枚、剑33枚、矛5枚、斧4枚，而锡青铜兵刃器只有铜刀7枚（仪仗器）、矛1枚。1957—1958年，洛阳西郊发掘217座同一时期的汉墓，出土钢铁刀52枚、剑58枚、戟1枚、斧1枚，而锡青铜兵刃器只有刀1枚。西汉中期以后，除了弩机和矢镞仍然较多使用锡青铜外，其他兵器刃部已多用钢铁制作，原料为炒钢。②

西汉晚期至东汉初年，除了弩机和矢镞仍然较多使用锡青铜外，其他兵器刃部已多用钢铁制作，原料仍为炒钢。如此，木-铁兵器才逐步取

①刘随盛：《陕西武功赵家来东周时期的秦墓》，《考古》1996年第12期。

②中科院考古研究所洛阳发掘队：《洛阳西郊汉墓发掘报告》，《考古学报》1963年第2期。韩汝玢、陈建立：《中国古代冶铁替代冶铜制品的探讨》，《广西民族大学学报（自然科学版）》2013年第3期。

代了木–铜兵器。

经过两汉时代的飞跃发展和进步，木–铁器物在农业、手工业、军事三大方面完全取代了锡青铜（包括木–铜器）和木–石器的主导地位。

总而言之，这里反复指出一个最基本的观点，那就是木质器材乃是人类历史上唯一能够贯穿始终的重要材质。

古华夏最早的人工冶炼铁器约在公元前8世纪，即东周初（春秋早期）。这几百年间，在社会生产力的结构与功能各方面，木–石体系、木–铜体系以及木–铁体系同时共存，社会生产关系逐步发生根本性变化，主要表现为春秋战国时期各国先后变法。虽然战乱频仍，生灵涂炭，数百万人民死于非命，但是乱世中的进步仍是春秋战国时期的主要方向。

划时代的木–铁体系使得蒙昧、半开化的所谓石器和铜器时代退出了历史舞台，铁兵器替代铜兵器的延续时间较长，且各地区发展不平衡，但人类文明的潮流是不可阻挡的。木—铁农具的使用促进了小农经济的发展，生产力的进步是社会发展的重要条件。两千多年以来，男耕女织、铁犁牛耕、精耕细作、自给自足的小农经济成了中国封建社会的基础。

在《历史观的新突破：史前史三分期学说的重大修正》（山西人民出版社，2014年）的基础上，笔者进一步具体阐述了新观点，将史前考古学“三分期理论”修正为：

（1）木–石体系与复合工具技术的木–石器时代（Wood-Stone Age）。

（2）陶–铜体系与火技术的陶冶时代（Pottery-Copper Age），即高温技术陶—铜器时代。

（3）木–铁器时代（Wood-Iron Age）。

木–石体系、木–铜体系、木–铁体系诸时代的史料与史实都清晰地证实了复合工具以木制为主的成分，并在许多方面高于石、铜为主的成分，如木制为主的车辆、舟船以及纺织业、捕鱼业、农具等。同时，直到现代化时期，木材的使用仍保持着特殊的优越性。

实际上，不仅木–铁体系的复合农具是木架铁部件，而且古华夏以至世界各国的机械都经历过以木头为基本构架的历史阶段。

木轮是史前期木工的完美杰作，它是现代机械的先声。其中，与轮子密切相关的复合器械有三种：（1）制陶用的陶轮；（2）纺线用的纺轮；（3）运输用的车轮。

用于战争的兵车历史悠久，效果显著。远古遍及古华夏及西亚、古希腊罗马的一种大型攻城武器——投石机（catapult）以及千年以后改进的投石车（demolisher），都对历史发展产生了重要作用。火药与投石机、投石车的相互结合，促进了军事装备的进步，并直接启迪了后世各种热兵器——火器的产生。

人类发明舟船的历史，从原始时期一直到工业革命前夕的几千年间一直是以木制元器件为主的（工业革命产生的轮船、铁轨车辆等，除了木制元器件以外还采用了钢铁），而所谓石器时代、铜器时代的石、铜材料都不是制造舟船的主体。其原因非常简单，因为只有木制材料便于浮在水面。

随着技术的进步，金属部件在木质机械里的比例不断提高，欧洲率先制造出了金属器械，创制了蒸汽机引发了工业革命。然而，中国的传统机械始终没有走出木质资源为主的传统束缚，机械制造始终停留在木匠手工操作的层面。

火技术的木-铁体系与社会飞跃

——现代系统论与世界体系之十

【内容提要】古华夏“犁”的原型来自远古的耒耜和臿。原始人一度曾使用石制犁，如古华夏出土的三角形石犁可追溯到公元前 4000 年甚至公元前 5000 年早期。但是，所谓石器时代不可能采用牛耕，只能以人力牵引，导致石犁的使用范围很有限。原始的木犁从木制耒耜发展而来，铁制犁铧又从木犁发展而来。古华夏春秋末年已用牛耕田，战国时期牛耕进一步推广：木-铁犁加上耕牛助人的动力，耕牛与人扶木-铁犁配套；牛耕以二牛抬杠者为多，用长单直辕犁，少数用一牛耕田，犁有双长直辕，进一步提高了耕作效率。

一、犁的出现与发展

犁，是耕地用的首选农具的总称。公元前 3500 年—公元前 3000 年，古埃及已在农业中使用犁、耙和施肥。

古华夏犁的原型来自远古的耒耜和臿，由厚重的锋刃（木或石）在一根木制横梁端部构成，基本作用是在耕作时松土、碎土等。原始双刃三角形犁逐步由石质、硬木质发展为铜质、铁质，但千百年以来古今中外所有的石质、铜质、铁质的耕地犁（或犁铧）都必须装备木制的把柄、扶手，甚至硬木犁头即木制锋刃。历史上，犁或犁铧的一系列改进的主要部件都涉及犁头（指铁犁铧和铁犁壁）、犁架（指木制扶手、木制犁床、木制支架、木制犁辕等）和犁式（指人力、畜力与牵引部分，包括犁辕式样及设置）。

所以，笔者认为 犁本质上是复合工具体系中的一种耕地农具。按历史时代演变，犁经历了木-石、木-铜、木-铁复合工具的过程，而始终以木制为主体部件。

（一）所谓“石犁”

出土文物表明，原始人一度曾使用石制犁，如华夏出土的三角形石犁可追溯到公元前4000年（先商）甚至公元前5000年早期。石犁是用石板打制而成，上面凿钻圆孔，可安装在木柄上使用。但是，所谓石器时代不可能采用牛耕，只有以人力牵引，导致石犁的使用范围很有限。同时，石犁笨重，需要强大的动力才能拉动，功效很低，且易破碎、损毁，而难以实用。

近年来，长江下游地区崧泽（公元前4000年—公元前3300年）、良渚（公元前3300年—公元前2000年）及马桥（公元前2000年—公元前1500年）文化遗址中出土不少三角形石器，大小不等，有数量不等的穿孔。对这些三角形石器，考古学界对其结构、功能的看法一直存在分歧。有学者认为，这类器物是镶嵌在木犁床中的犁铧，用于水田耕作。① 也有学者根据力学原理分析，提出大部分三角形石器都不可能是犁，只有那些符合特定形制的（长15～25厘米，底边有一定宽度，一孔或数孔，并以一字形排列为宜）才有可能用于犁耕。

长期以来，人们对于“石器时代的研究手段常采用类型学与比附学，凡新石器时代出土的三角形‘犁式’石器均定为‘石犁’，而忽视了这种石器作为耕具的可行性。从已出土的这种三角形石犁的尺寸来分析，最大

①牟永抗、宋兆麟：《江浙的石犁和破土器——试论我国犁耕的起源》，《农业考古》1981年第2期。杨生民：《中国新石器时代的石犁试探》，《首都师范大学学报（社会科学版）》1960年第10期。

的达60厘米长，但作为犁耕农具其牵引力至少得150公斤以上，而据科学测定一匹马正常与持久的牵引力为30～40公斤。因此，这已绝非三五个人力所能胜任了”。①

浙江桐乡新地里良渚文化遗址M81、M92、M98、M109四座墓葬出土了4件三角形犁式石器，其形态属于两种类型：一种是整体呈扁平锐角等腰三角形（环太湖地区常见）；另一种则由一件形体略小的锐角等腰三角形犁头和两件前窄后宽的长方形的犁尾配套组合而成。

迄今，发现最早的带犁底的石犁实物是浙江余杭星桥后头山良渚文化遗址2004年出土的两件套组合式石器。其形体很大，通长106厘米，石犁头部分长51厘米、宽44厘米，木犁底部分长84厘米，其中镶于犁头部分长29厘米，尾端有装置犁辕的榫口，残长15.6厘米、宽8厘米。如此笨重，不可能作为犁耕农具。②

在浙江平湖庄桥坟良渚文化遗址中出土带木质底部的三角形石器，被认为是使用犁耕的可靠证据。为求证这类石器使用功能的问题，以刘莉为代表的考古学家们采用微痕分析方法观察了浙江湖州昆山遗址出土的崧泽文化三角形石器，归纳出了判断石犁的六个特征：

（1）为能达到土壤作业的要求，石犁应体形厚重，而不需要非常锋利的刃部，尤其是犁尖要能够经受破土时的冲击力。无论制作石犁原料的硬度如何，石犁前部表面都应显示肉眼可见的明显线状痕。

（2）石犁前部器身的正面应有长而深且走向与犁耕时的运动方向一致的线状痕。

（3）石犁的前端和两侧刃部应显示有使用后的磨损痕迹，如深而宽的线状痕，其走向与犁耕时的运动方向一致，即犁端部的线状痕为纵向，两侧刃部为斜向。

①季曙行:《“石犁”辨析》,《农业考古》1987年第2期。季曙行:《石质三角形器、三角形石刀用途考——以使用痕迹与力学分析为中心》,《农业考古》1993年第1期。

②浙江省文物考古研究所、杭州市余杭区文管会:《浙江余杭星桥后头山良渚文化墓地发掘简报》,《南方文物》2008年第3期。蒋卫东:《新地里遗址出土的良渚文化分体石犁的初步研究》,《史前研究》2004年第10期。

（4）石犁前部器身的正面比背面有更发达的微痕，这是因为犁在耕作时正面受到土壤颗粒的冲击和摩擦更强。

（5）石犁在耕作时由于直接与土壤定向摩擦，犁前端会形成一个角度面（耕作角），其上布满发达的、宽而深、横剖面近 V 形的线状痕。

（6）石犁和石铲的主要区别：石犁器身上的线状痕为单一走向，与犁耕运动方向一致；石铲器身上的线状痕走向不一，可能与其在使用时运动方向多变有关。犁耕的基本物理运动原理在旱地和水田中都是一致的。

浙江湖州昆山三角形石器没有发现类似犁耕的微痕，肯定不是犁，而可能具有臿（铲）、刀等多种功能，并在植物或细土壤等不同质地上作业——挖土、砍除草木，从而否定了它们的“犁耕”功能。①

通过对文物的具体分析，越来越多的考古学者认为：这样沉重、大型、粗糙的三角形石器并不适用于农耕劳作，并非实用而可能用于祭祀仪式。

考古资料表明，人类农业初期上千年间使用的犁主要是“木犁”而非“石犁”。

（二）硬木犁

公元前 3500 年，美索不达米亚和埃及的农民已尝试使用木犁。早期的犁是用“Y”形的硬木段制作的，下面的枝段雕刻成一个尖头，上面的两个分枝则做成两个把手。后来，将硬木犁系上绳子由一头牛拉动，硬木尖头就在泥土里扒出一道狭小的浅沟，而扶犁者可以用木制把手来驾驶硬木犁。②

到公元前 3000 年，硬木犁进行了改进，将硬木尖头制成了一个能更有力地辟开泥土的“犁铧”，增加了一个能把泥土推向旁边的倾斜的底板。最初，硬木犁用人力牵拉，后来通常系在一组牵引它的牲畜或车上，但也还有继续依靠人力来拉动的，用其来破碎土块并耕出槽沟，为播种作准

---

①刘莉、陈星灿、潘林荣、闵泉、蒋乐平:《新石器时代长江下游出土的三角形石器是石犁吗？——昆山遗址出土三角形石器微痕分析》,《东南文化》2014 年第 2 期。

②[英] 海伦・斯德拉德威克（Helen Stradwake）主编:《古埃及》，刘雪婷、谭琪等译，上海科学技术文献出版社，2008 年，第 17 页。

备。最普遍通用的硬木犁称为“阿得犁”。它有一个粗浅的犁铧，仅能开出浅沟，因而有时也用于经常刮风和土壤疏松而干燥的地区，其可追溯到公元前3000年的乌鲁克。这种农具当时常常全用木料制作，因此没有保存下来，然而迄今这种式样的阿得犁（用短绳捆犁）仍在西班牙使用。

希腊与罗马的阿得犁通常是用短绳捆在犁的底部，分别被称为“斯坦戈犁（stangle shares）”和“衣袖犁（sleeve shares）”，但不够坚实、牢靠。

古华夏的硬木犁是由耒耜发展演变而来的，最初名为“耒耜”。《易经·系辞》：“斫木为耜，揉木为耒。”可见，耒耜全部都是木制的，而且早期形制十分简陋。耒耜使用的年代相当长久，从商周直到战国时期耒、耜、臿依然是主要的整地农具。《管子·海王》：“耕者必有一耒、一耜、一铫。”[1] 此处的耒耜长期以来主要为木制，后来改进为木制铁刃，而从“铫”字的字形看来应多为木制铁刃。春秋战国时期，开始在耒的齿端套上铁刃，使其更加坚固耐用，工效倍增。例如，在湖北江陵县纪南城水井中发现一件战国木耒，其双齿套有铁刃。这种双齿套有金属刃（铁刃）的战国木耒，挖土功效更为显著，正是木-铁犁铧的原型。

西周晚期至春秋时期开始用牛耕田。周秦用牛牵拉耒耜以后，才渐渐使犁与耒耜分开，从而有了“犁”的专名。据甲骨文记载推测，犁可能出现于商代，到周代时青铜器铭文开始有了明确的“犁”字。

（三）从古文字探讨先秦农具

籀文“犁”

籀文[2]（大篆）“犁”（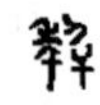）＝（年，收成）+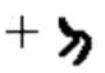（刀，耕具）+（牛），本义为用牛拉动带锋刃的耕具。篆文“犁”（）将金文

①《说文·金部》：“铫，温器也。一曰田器。从金兆声。”铫，春秋时期一种金属农具大锄。

②籀文，又称“籀书”。古代大篆字体。籀文起于西周晚年，春秋战国时期流行于秦国，字体与秦篆相近，但字形的构形多重叠。籀文的代表为今存的“石鼓文”，以周宣王时的太史籀所书而得名。东汉许慎著《说文》以小篆为正字，收录了220多个籀文（大篆）。近代学者王国维《史籀篇疏证序》及《观堂集林·艺林七》指出：“疑战国时，秦用籀文，六国用古文，并以秦时古器遗文证之。后反覆汉人书，益知此说之不可易也。”认为籀文“左右均一，稍涉繁复，象形象事之意少，规旋矩折之意多”。

中的“年”（）写成“黍”（），将“刀”（）写成“爪”（）。隶书“犁”（）将篆文中的“牛”（）写成，失去了牛角形象。《说文》：“犁，耕也。”

甲骨文“臿”

甲骨文“臿”（、、），篆文“臿”（）＝（午，杵棒）＋（石臼）。篆文“插”（），“臿”（）再加“手”另造“插”代替。《说文》：“插，刺内（一作刺肉）也。从手，从臿。”《史记·始皇本纪》：“禹身自持筑臿。”《扬子·方言》：“江淮南楚之闲谓之臿。”

臿，即后来俗称的铲，是一种直插式的整地农具。臿（铲）和耜是同类原始农具，在生产中并无明显区别，而后世一般将器身较宽而扁平、刃部平直或微呈弧形的称为铲，而将器身较狭长、刃部较尖锐的称为耜。

最早的臿是木制的，如浙江余姚河姆渡遗址就出土过木臿（铲）。各地出土的还有石臿（铲），也有少量骨臿（铲）。臿（铲）的器形较多样，早期的呈长方形，较晚出现的有肩石臿（铲）和钻孔石臿（铲），使用时都需绑在木柄上。

在木制的臿的刃端加上金属套刃就成了锸，它可以减少磨损和增强挖土能力。木-铜锸是商代新出现的农具，发展于战国，改为木-铁锸后盛行于汉代，一直沿用到南北朝以后。

商周时期出现过少量青铜臿（铲），肩部中央有銎，可直接插柄使用。河南郑州商城出土过一件带柄的青铜臿（铲），由此可直观地了解商代青铜臿（铲）的全貌。有学者认为，少量的青铜臿（铲）是青铜犁铧的前身，不久后改进为木-铁犁铧。

篆文“铲”

篆文“铲”（）＝（金）＋（产，出品），本义为平宽的锄地农具。《说文》：“铲，鏶也。一平铁。从金，产声。”“铲”（）

是后起的篆文，比金文“犁”（）晚好几百年。可见，农具铲是春秋战国时期才出现的，可以认为铲就是木-铁臿。

（四）中原青铜器的原初史

二里头遗址出土了大宗陶器，但青铜器很少。二里头文化第三期才出现少量的青铜饮酒器“爵”，第四期才出现最早的极少量青铜兵器。

【附记】二里头遗址共分四期，一、二期属石器、陶器作坊、村落文化，三、四期属青铜和宫殿文化。考古学界对二里头文化有不同看法，迄今尚无定论。据碳14测年测定，二里头第一期的上限为公元前1710年。对于二里头第一期，应实事求是地认为相当于太乙唐（商汤）之前的先商时期。二里头遗址的年代应在公元前1710年—公元前1500年之间，存在时间前后共约200年。过去一度认为二里头文化的年代在公元前1900年—公元前1600年，但证实为不准确，而如今确定的公元前1710年从各方面看来只能说是先商即先青铜时期，无论如何也到不了传说中的夏代初年（公元前21世纪）。[①] 因为传说中的夏代尚无文字，且肯定未能进入青铜时期。

根据最新的科学年代测定，二里头文化第三期的年代为公元前1610年—公元前1555年或公元前1598年—公元前1564年，已经进入商代；二里头第四期的4个样品的年代经拟合后分别为公元前1561年—公元前1529年、公元前1561年—公元前1525年、公元前1564年—公元前1521年、公元前1560年—公元前1529年，也肯定属于商代。这一系列数据表明，二里头文化第三期年代为公元前1600年左右的商代，而第四期的年代大多在公元前1560年左右的商代。

同时，还对郑州商城和偃师商城一系列碳14测年样品进行了年代测定，表明两座商城的始建年代相当，均为公元前1600年左右。这与

①张雪莲、仇士华、蔡莲珍、薄官成、王金霞、钟建:《新砦—二里头—二里岗文化考古年代序列的建立与完善》,《考古》2007年第8期。

历史学家根据文献记载推算的结果吻合，是学术界大多数人所接受的商代早期。

因此，根据最新的考古发现，笔者认为二里头遗址第一期较少可能是夏代晚期，更大可能是先商或早商文物，而第二期以后肯定是商代文物，所发现的宫城是商城或商都。

商代虽已进入陶冶时代，但青铜金属主要用作兵器、礼器以及冶铜业的工具，而量大、面广的农具仍然为木–石器，日常生活用品主要还是陶器等。

石犁和商周时期青铜犁的出现，标志着古华夏在农业机械制造方面的进步。但是，由于受材料和动力条件的限制，青铜犁虽锐利，但数量太少，并未普及。

商周的青铜绝大多数用于铸造青铜礼器和兵器。《左传·成公十三年》："国之大事，在祀在戎。"原指国家的大事在祀礼和军礼，现泛指祭祀和战争。在商代三千年后的大量出土文物中，锡青铜铸造的刀、枪、戈、矛、箭、矢等兵器占据很大比重；锡青铜铸鼎则是王族与贵族的特权，礼器是权力和地位的象征物。

在商周的礼器中，锡青铜与陶器同时并用。在整个青铜器时期，只有少数贵族才能够使用青铜器，平民日常生活则使用陶器，而劳动者仍主要使用木–石器耒、耜、臿之类。殷商王朝对于青铜礼器、兵器的铸造和使用权，基本集中于王都，具有很强的独占性。

在整个锡青铜器时期，锡青铜金属一贯主要是用作兵器、礼器以及冶铜业的工具，千百年以来量大面广的农具仍然是木–石器（包括木–骨器）、陶器等。商周时期，青铜很少制作生产农具，当时的农业工具仍以木–石器为主。直到汉代，铁器耕具在农业生产中较广泛使用，才真正完全淘汰了石、骨、角器等耕具。

（五）长期以来关于"青铜农具——犁铧"的持续争论

犁铧，本义指木犁前端所套金属刃，就是耕地用的犁头，安装在犁的下端，用来翻土、破土的铁片，略呈三角形，俗称为“铧”。在濒临北部湾畔的越南境内，出土过一种青铜犁铧，属于真正的犁（旋转犁），年代约为公元前 16 世纪。这个地区当时与古华夏有贸易往来。但是，古华夏当时尚未（或最初步）进入青铜时期，大多数犁铧还是木制的。

早在 20 世纪 80 年代，《农业考古》1981 年第 1 期至 1982 年第 1 期连载了《中国古代农业科技史讲话》一文，该文认为：“商周春秋时期是我国农具史上意义重大的历史阶段，即金属农具开始登上历史舞台，逐渐代替原始的木石农具。不过，这是一个颇为缓慢的过程，并非一蹴而就。但是《夏小正》中只有‘农纬厥耒’一句记载，并未言明是金属农具。‘虽然夏代已经有了青铜冶炼（引者按：这种说法不确切），已发明青铜工具，但农业上广大奴隶使用的还是木-石、骨、蚌农具。这是因为青铜比较昂贵，首先要用到武器、手工业工具和奴隶主贵族享受使用的礼器方面。其次，当时农业上的主要劳动力是靠战争掠夺来的大量奴隶。……’”[①] 当时，在学术上就有不同意见，并有学者提出商榷——商周没有大量使用青铜农具吗？[②]

以郭沫若、陈梦家等为代表的学者认为，商周时代中原地区很少（或不普遍）使用青铜农具。陈梦家提出：“殷代青铜农具之不见，是合乎历史条件的。我们对于殷代农具应着眼于木制、石制、蚌制及其他材料所制的。”郭沫若引证：“《国语·齐语》：‘美金以铸剑戟，试诸狗马；恶金以铸鉏（锄）、夷、斤、斸，试诸壤土。’”（《说文·斤部》：“斸，斫也。从斤属声。”）此处的“金”泛指所有的金属。郭沫若释“美金”指青铜、“恶金”指铁，“铁，未能锻成钢以前，不能作为上等兵器的原料使用。青铜贵美，在古代不以其铸耕具，偶尔有所谓青铜犁錧（辖）的发现，有的是出于误会，有的多只能是仪仗品而已”。[③]

---

①陈文华：《中国古代农业科技史讲话》，《农业考古》1981 年第 1 期至 1982 年第 1 期。陈文华：《关于夏商西周春秋时期的青铜农具问题》，《农业考古》2001 年第 3 期。

②张鸣环：《商周没有大量使用青铜农具吗？——与陈文华同志商榷》，《农业考古》1983 年第 2 期。

③郭沫若：《奴隶制时代》，北京 . 人民出版社，1973 年，第 33 页。

另一方面，以唐兰等为代表的学者则持相反意见，认为在商周时期甚至更早时期已普遍使用青铜农具，“只有充足的农器把农业发展了以后，才能说到高级的青铜彝器的制造工业，……锻造青铜工具和农器是基础，而铸造高级的日用品或奢侈品是经济发达以后、文化艺术也发展了以后才产生的东西”。[①] 直到 21 世纪，关于夏商、西周、春秋时期的青铜农具问题还持续引发争论。[②]

（六）各地陆续出土古代青铜犁铧实物

20 世纪考古出土的青铜农具犁铧并不多，使得多数学者认为：铜犁在春秋以前尚未使用，战国时期虽有发现，但数量甚少。

1973 年秋，济南物资回收公司从济南东郊收购站送来的一包废旧金属物中发现了 1 件过去很少发现的古代青铜犁铧，同时发现的还有 2 件商代铜戈、1 件铜斤（锛）、2 件残铜削。这件青铜犁铧为等腰三角形，器身中部隆起，有扁锥形銎，左上端及正面中间隆起部分的右侧均已残缺，其边长 13.5 厘米，上端宽 14.5 厘米，重 400 克，底面有简单纹饰。[③]

后来，陕西宝鸡博物馆收藏了 2 件青铜铧：第一件，器身呈等腰三角形，身中部凸，铧尖部饰牛头纹，尖部及两边无磨损痕迹，铧身铸有“李正”二字（系工匠名），有稍鼓起的扁形銎，长 21.9 厘米，重 1.8 公斤。器形铸造精细，铜质厚实，工艺繁缛。第二件，器身呈等腰三角形，有一道高高凸起的脊，两边及尖部锋利，尖部有明显的磨损痕迹及泥土，呈半椭圆形，有扁形銎，两面饰简单饕餮纹，长 28.2 厘米，重 2.3 公斤，系实用器。[④]

另据报道，1989 年江西新干县大洋洲也出土 1 件商代青铜犁铧。

---

①唐兰:《中国古代社会使用青铜农器的初步研究》,《故宫博物院院刊》1960 年第 2 期。

②何洪源、李晶:《济南市发现的青铜犁铧再探》,《农业考古》2001 年第 3 期。范荣静、李三谋:《青铜农具考释》,《农业考古》2012 年第 4 期。申学国:《对商周青铜农具使用问题的再分析》,《枣庄学院学报》2013 年第 1 期。

③中航:《济南市发现青铜犁铧》,《文物》1979 年第 12 期。

④王桂枝:《宝鸡博物馆收藏的二件青铜铧》,《文博》1989 年第 4 期。

2016年，陕西商洛丹凤县张姓村民发现1件外观精美、年代不详的铜质犁铧，通体泛黄，呈等腰三角形，高22厘米，底部宽20厘米，两侧靠铧刃部分各有一道镶铁纹，铁质部分均已生锈，铧体背面局部有明显的绿铜锈。有专家认为，这件青铜犁铧材质贵重，纹饰精美，没有耕具上常见的钻孔，应该是古代的祭祀或仪仗用具。

二、铁犁的出现

（一）华夏早期的铁犁

石犁和商周时期青铜犁的出现，标志着古华夏在农业机械制造方面的进步。但是，由于受材料和动力条件的限制，青铜犁虽锐利，但数量太少，并未普及。

公元前6世纪，铁包木或实心铁犁已广泛应用，这是世界上最早的铁犁，在质量上比西方通用的阿得犁好得多。希腊与罗马的阿得犁通常是用短绳捆在犁的底部，分别被称为“斯坦戈犁（stangle shares）”和“衣袖犁（sleeve shares）”。与中国犁相比，阿得犁不够坚实牢靠，即使木–铁制作的也是如此。

铁犁最早出现在战国时期。河北易县燕下都遗址和河南辉县孟庄遗址都出土过战国时期的铁犁铧。铁犁铧的发明是一项了不起的成就，标志着人类社会发展的新时期。在黄河流域乃至今甘肃、新疆地区，铁犁牛耕仍普遍用于农业生产。

1955年，西汉时期的“辽阳大铁犁”在辽阳三道壕出土，犁底长40厘米，后宽42厘米，后高13厘米。用复制件在耕后砂壤松土中模拟试耕，一人扶犁，用弹簧拉力计测拉力，入土深度15.5厘米，平均拉力为60公斤左右，速度约为每秒0.5米。此大铁犁如用一头壮牛（乌犍或黄犍）或用牯牛二牛抬杠，可持续二小时耕作。

关于铁犁的情况，不仅在文献中有记载，还在众多墓葬和敦煌及榆林石窟的壁画“牛耕图”里都有描绘。其中，多数铁犁耕田为二牛抬杠，用长单直辕犁；少数用一牛耕田，犁有双长直辕，亦有短曲辕。同时，犁均为铁制，多使用犁壁，能起翻土和碎土的作用。

两汉时期，江南地区推广牛耕，并使用曲辕犁，以用二牛抬杠者为最多。根据文献和考古资料表明，这时边疆地区也推广了铁犁牛耕。

公元前 3 世纪，随着炼铁和铸造技术的提高，导致了称为“錧（馆）”的犁铧的研制。

“錧”这类犁铧在设计上比较先进，呈脊形，以便于犁土，而挡板以平缓坡度向上朝向中心，以将土从犁上抛开，从而减少摩擦。大约在这一时期，木-铁犁已开始普及，而弓架式阿得犁开始废弃（只有土质极疏松和风力极大的地区继续使用），代之以较重而更有效的方框式旋转犁。旋转犁可以用于黏性较大的土壤，而阿得犁太轻又不结实，对这种黏性土质不适用，但可以用于阿得犁未能垦过的处女地。

考古文献资料表明，从木制耒耜发展出了原始的木犁，又从木犁发展出了木-铁制犁铧。

古华夏春秋末年已用牛耕田，战国时期牛耕进一步推广。木-铁犁加上耕牛助人的动力，耕牛与人扶木-铁犁配套。其中，牛耕以二牛抬杠者为多，用长单直辕犁；少数用一牛耕田，犁有双长直辕犁，进一步提高耕作效率。

因交通条件和战争环境，铁器长期仅在中原地区使用。到汉代时，铁器才推广到长江流域和江南地区。同时，牛耕及人扶木-铁犁配套用于农业生产。

文献和考古资料表明，在敦煌、榆林石窟以及墓葬壁画中都有出现“牛耕图”（如图 10-1、图 10-2）。

图 10-1　汉代人扶铁犁牛耕图（壁画）

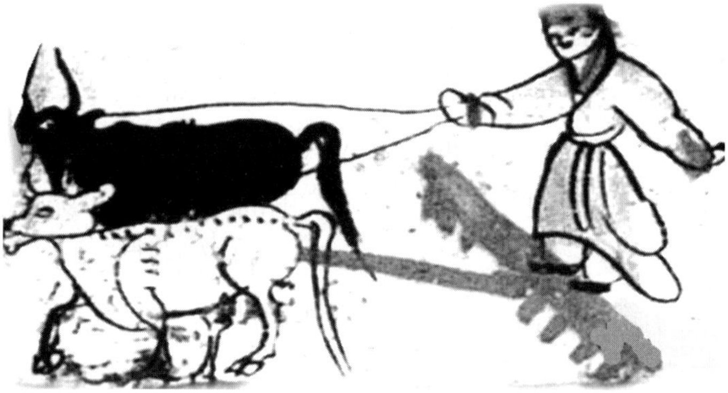

图 10-2　汉代（嘉峪关）木架铁齿耙地（壁画）

（二）汉代牛耕与木制耒耜并存

冶铁业的发展，进一步推广了木-铁农具的使用。西汉时期，木-铁体系的形制确立，器类、数量、质量提高。西汉桓宽根据朝廷“盐铁会议”记录整理撰写的《盐铁论·水旱》载：“农，天下之大业也；铁器，民之大用也。器用便利，则用力少而得作多，农夫乐事劝功。”

回顾商周，青铜器主要铸造兵器、礼器和饮器，几乎很少制作农具。到战国秦汉时，铁器逐步用于装备木质耒、耜、臿、椎、斤、斧、凿、铫、镰、鎒（耨）、锯、钉、钻等农具、工具的铁质外皮、外壳和锋刃外缘。其中，部分器件在脱碳成钢或熟铁后，经过局部锻打、刃部渗碳或其他加工，获得了更加良好的使用性能。铸铁脱碳钢主要用作手工业工具的斧、剪以及农具的镰刀之类锋刃器，而一般可锻铸铁主要用作农具的铁臿

（铲、镢）、铁斤（锛）之类。至于铁釜、铁范、轴承等生活用器、生产工具和交通用具，多用白口铁和灰口铁制作。至迟在公元前 4 世纪，朝廷官吏和学者就正式推广了框架犁。

西汉时期（公元前 2 世纪），大量私人作坊生产铸铁农具，几乎遍及古华夏北部。公元前 100 年，汉代朝廷在许多州、郡与侯国建立了大型官营铸造厂，铁器在百姓中使用已相当普遍，铁犁成为具有多种用途的农具。当时，全世界没有一种犁能比得上中国的这种犁，坚固、方框式、重型、结构良好的犁以及新的犁壁都是优于世界其他国家的各种犁的。

农业资源与环境条件各不相同，造成汉代中原农耕业趋向旱作与稻作并存、牛耕与人力木耒木耜并存、精耕细作与粗放并存。在农夫使用牛耕的同时，也还有不少地区耕田仍旧使用木制或木-铁制为主的农具。所以，汉代农耕业是多种耕作方式同时并举，始终并未完成统一。

这种情况绵延两千多年，长期屡见不鲜，成为又一种中国特色。①

（三）铁犁耦耕

春秋战国时期，木-铁制农具出现，并逐渐得到推广。汉代，铁犁已较为广泛地使用。此时，古华夏进步为木柄铁刃犁，差不多同时西方（希腊罗马）的阿得犁也演化为木柄铁制。

西汉武帝（公元前 140 年—公元前 87 年）末年，搜粟都尉赵过推行"代田法"。《汉书·食货志》："（赵过）能为代田，一亩三甽（分为三沟、三垄，沟垄相同）。一夫三百甽，而播种于甽中。苗生叶以上，稍壮，则耨垄草，因垄土以附根苗，比盛暑，能耐风旱，次岁则沟垄互易，是为代田，而一岁之收常过无沟垄之缦田一斛以上，善者倍之。""（赵过）教民耕殖，其法三犁共一牛，一人将之，下种挽耧，皆取备焉。日种一顷。至今三辅犹赖其利。"就是在同一地块上种植农作物的田垄隔年替换，这种

---

①王大宾：《汉代中原诸郡农耕技术选择趋向》，《中国农史》2012 年第 1 期。宋兆麟：《西汉时期农业技术的发展》，《考古》1976 年第 1 期。杨振红：《两汉时期铁犁和牛耕的推广》，《农业考古》，1988 年 1 期。鲍晓雷：《中国古代经济重心的变迁》，《山西财经大学学报》2000 年第 1 期。

耕作方法适应北方旱作地区，增加了粮食的产量。同时，赵过还推广牛耕“二牛耦犁”。《汉书·食货志》:“率十二夫为田一牛一屋，故亩五顷，用耦犁，二牛三人，一岁之收常过缦田亩一斛以上，善者倍之。”此处“耦犁”可释为“二牛抬杠”；“十二夫”为1200亩，合汉亩5顷。可见，其大为提高了生产效率,《汉书》概括为“用力少而得穀多”。①

“耦耕”与“耦犁”是不同的概念

所谓“耦耕”为战国之前普遍实行的耕作方法，意即两人协作。当时因工具和技术还很落后，许多生产活动均非一人能独立完成。清代学者程瑶田认为:“言耕者必言耦，以非耦不能善其耕也。耦之为言并也，共事并行，不可相无之谓耦。”这一说法符合历史实际，但两人如何具体协作，因有关材料太少而难以弄清，故在学术界对此一直有争论。

古典文献早有“耦耕”的记载。《诗经》:“千耦其耘，十千维耦。”据《左传》记载，春秋初年，郑刚迁到东方时，即“庸次比耦，以艾杀此地”。《国语·吴语》:“譬如农夫，作耦，以刈杀四方之蓬蒿。”说明耦耕在农业生产中的重要性。《论语·微子》:“长沮、桀溺耦而耕。”这是春秋末年尚保留耦耕的确证。

战国时期，因生产力提高，田地被分割为百亩，由小农（五口之家）耕种，各家之间的互助协作已无必要，耦耕也随之逐渐消失。同时，战国时期的耕作技术发生了很大变化，民间开始用两牛牵引的犁进行耕作，并在犁上安装了铁犁铧。牛耕的进步，对社会产生了怎样的效果？当时，在民间名字里出现了“牛”“耕”，说明牛耕在当时为新生事物，是人们所向往的。《吕氏春狄·审分》:“公作则迟，有所匿其力也；分地则速，无所匿其迟也。”这种“公作”与“分地”之间的区别，反映了当时个体小农

①据《汉书·食货志》记载，汉武帝南征北战，大兴土木，疏于农业，以致国库空虚，朝野不妥；是武帝悔征伐之事，转而提出“方今之务，在于力农”，由此任命赵过为搜粟都尉，推广代田法、耦犁牛耕、三脚耧车，等等。参见韩养民:《汉代的农业科学家赵过》,《西北大学学报（自然科学版）》1979年第1期。杨振红:《对赵过历史功绩的考察》,《北京大学学报（哲学社会科学版）》1988年第4期。陈正奇:《西汉农业技术改革家赵过》,《西安文理学院学报（自然科学版）》1994年第2期。

生产已开始取代大规模的强制集体耕作，新兴的地主和个体小农初步登上了历史舞台。

据《汉书》记载，“代田法”是汉武帝时搜粟都尉赵过根据前人经验进一步发展而推广的。“代田法”初见于《汉书·食货志》，东汉崔寔《政论》也提及。《汉书·食货志》：“(代田法)用耦犁，二牛三人。”《政论》：“其法三犁共一牛，一人将之……日种一顷。”“今辽东耕犁，……既用两牛，两人牵之，一人将耕。”但所述仅一小段文字，因记载简略而引起后世对于“代田法”和“耦耕、耦犁”有各种不同的推测，难以形成定论。①

据《汉书·食货志》和《政论》的简略记载，可见“二牛三人耦耕”的耦犁操作方法是：用两头牛并排耕地，一人牵牛，另一人扶木柄铁犁，还有一人掌犁辕以调节耕地的深浅，三个农夫一组，称为“二牛三人”。

但也有人认为，耦犁就是犁耕发展到木-铁耦犁阶段的名称，是西汉中期赵过“便巧革新”推行“代田法”的产物。此后，耦犁构造有所改进，有了用于整地松土的农具木-铁无壁耦和用于开沟拥土的木-铁壁耦，出现了活动式犁箭以控制犁地深浅，驭牛技术趋于娴熟。在运用力学原理和出土实物相互印证下，表明木-铁耦犁法并不必须三人操作、二牛合犋，只需一人驾驭一牛或二牛即可完成。(如图 10-3)

图 10-3　汉代二牛抬杠(长单直辕犁)与唐代曲辕犁

①张履鹏、赵玉蓉:《论汉代推行“代田法”在农业技术改革中的作用》,《中国农史》1988 年第 1 期。闵宗殿:《两汉农具及其在中国农具史上的地位》,《中国农史》1996 年第 2 期。云立峰、郭凤平:《关于“耦犁”几种解释之商榷》,《中国农史》2001 年第 1 期。

从汉画像石验证汉代牛耕耦犁的实况

汉朝兴起一种新的墓葬，“厚葬风”冲击了以往的木椁墓。特别是东汉时期，画像石墓葬非常兴盛，其墓室由砖和石材建成。汉画像石（砖）既是美术作品，也是石雕工艺品，且具有珍贵的史料价值。画像石（砖）多为雕附于墓穴建筑的壁画或楣楹碑阙的装饰品，是汉朝统治者崇尚功名和厚葬风气的体现。同时，汉画像石多方面描画出汉代社会的侧影，内容广泛，也保存了农业生产的画面，如耕作、收获、加工、渔猎、酿造、纺织、运输等。

近百年来，在山东、江苏、河南、河北、四川、陕西、辽宁等一些地区的汉墓或祠堂里发现了许多汉画像石（砖），具体展示了汉代农业特别是牛耕（耦犁）、整地（耙耱）、播种（耧车）的实况。其中，考古学家在山西平陆枣园、陕西米脂与绥德、甘肃武威磨咀子、内蒙古贺林格尔、山东滕县宏道院与黄家岭、江苏睢宁双沟、广东佛山澜石等地的汉墓壁画及画像石上发现的牛耕图及木陶模型，都是真实情况的具体反映。[①]

图 10-4　汉代二牛一人耦耕图（画像砖）

从江苏泗洪汉画像石可以形象地看到西汉晚期某些地区采用了“二牛抬杠式”，即所谓“耦犁”，是只有一根长辕，辕端装衡，衡下用轭驾两头牛，二牛抬杠，共挽一犁。（如图 10-4）

又，从汉代墓葬壁画和画像砖中的牛耕图以及陪葬的“牛、犁明器”还可以看出，到西汉晚期以

①徐燕:《从汉代画像石看汉代的牛耕技术》,《农业考古》2006 年第 1 期。郭世玉:《淮海地区牛耕画像石与汉代耦犁二牛三人问题的探讨》,《农业考古》2004 年第 3 期。[日]渡部武:《中国古代犁耕图再考——汉代画像所看到的二种犁》，姚义田译,《农业考古》1995 年第 1 期。李林:《陕西绥德延家岔二号画像石墓》,《考古》1990 年第 2 期。徐恒彬:《广东佛山市郊澜石东汉墓发掘报告》,《考古》1964 年第 9 期。陈贤儒:《甘肃武威磨咀子汉墓发掘》,《考古》1960 年第 9 期。周昕:《汉画像石中的犁作图综合述评》,《农业考古》2010 年第 1 期。

后所谓“二牛三人”的耕作方法已逐渐被一人扶犁、并驭二牛的方法取代。进入东汉以后，就出现了二牛二人或一牛一人（占少数）的耕作方式，节省了劳力、畜力，从而大幅度提高了生产效率。

江苏睢宁汉画像砖为二牛二人式，一农夫扶犁扬鞭，驱牛耕田，二牛奋力向前，铁犁设犁箭以调节深浅，犁头呈等边三角形，一儿童提篮随璃播种。

山东邹城汉画像石为二牛一人式，两头耕牛拉犁，一农夫在后扶犁耕地，犁头呈等腰三角形，中间稍隆起，犁梢和犁床由弯木制成。山东滕县汉画像砖则为一牛一马拉犁，表明汉代马、牛同为牲畜动力，马耕与牛耕并存。

一牛二人或一牛一人的耕作方式分别见于山东滕县和陕西绥德汉画像石，套牛采用两股绳索在一根衡木牵引，由于木犁辕两旁系有系带，加强了对牛的控制力，可以由一牛挽犁（如图 10–5）。这种方式比早期普遍的单长辕“二牛抬杠式”更方便、效率更高，而这种单牛曳犁的技术同铁犁的结构有关。

图 10–5　汉代一人一犁牛耕图（画像砖）

汉代牛耕使用长直辕犁，木–铁犁结构通常由铁犁、铁铧、木床、木栓、木辕、木梢、木箭等部件构成。其中，铁铧呈等腰三角形，是铁铸的发土利器；铁犁前接长辕，辕首置横木为轭，轭压在两牛头颈。

从山东枣庄水泉镇画像石（砖）的农耕图可明显看出，木犁床前端不仅安装铁铧头，还配置了铁犁壁。犁壁的发明是耕犁改革的重大发展，可直接做到深耕、翻土、碎土、起垅作亩。这种木–铁犁的犁铧较大，增加了犁壁，深耕和翻土一次性进行培垄，可以耕出“代田法”所要求的深 1 尺、宽 1 尺的犁沟。如此，用两头牛拉铁犁耕地耕作一个季节可管 5 顷田（汉大亩每亩合今六分九厘，每顷合今 69 亩）的翻耕任务，耕作速度快，不误农时。

牛耕的推广是农耕动力的一项重大改革。它不仅为提高劳动生产力奠定了物质基础，也为犁耕提供了动力来源，二者相辅相成。当时，用一牛耕田的事例也有一些，但都用直辕，如甘肃武威磨咀子木牛犁模型，广东佛山陶水田模型，滕县宏道院画像石牛耕图等皆是。

那么，是否可以认为“东汉初，东起辽宁、西至新疆、南至江南都已广泛推广牛耕”了呢？

实际上，秦汉时代跨度长达440年，且地域辽阔，所以在推广牛耕方面显得很不平衡，差异很大。在不同地区，北方的牛耕普及程度远高于南方，而关中地区又远远高于北方其他地区；在不同时期，东汉的普及程度也远远高于西汉。其中，汉代农耕业趋向牛耕与人力木耒木耜并存、铁犁与牛耕并存、精耕细作与粗放并存。

秦汉时代的前后变化，可说实际情况为：秦至东汉前期，各地基本上仍处于锸、犁并用而以锸为主的时期，亦即由“耜耕”向犁耕过渡阶段；东汉后期，北方中原地区始进入牛耕时期；至魏晋南北朝，铁犁牛耕在多数地区已占主要地位。但是，其间军阀割据、战乱频仍，农业进展常有反复。

在农夫使用铁犁牛耕的同时，也还有不少地区耕田仍旧使用木制为主的农具，或人扶木犁，或人驱耕牛，甚至人力拉犁，而罕用铁犁。所以，在两千多年以来，一直是多种耕作方式同时并举，始终并未完成统一。

汉代木–铁制犁铧的系统结构

古华夏发明木–铁制犁铧、犁壁，乃是划时代的成就，标志着社会进入了新阶段。

西汉的直辕犁，具有铁犁头和木扶手。在缺乏耕牛的地区，则普遍使用“踏犁”。迄今，在四川、贵州等地的少数民族地区仍有“踏犁”的实物。踏犁也称“镵”“脚犁”，使用时以脚踩木–铁犁翻土。宋周去非《岭外·代答风土》：“踏犁形如匙，长六尺许，末施横木一尺余，此两手所捉处也。犁柄之中，于其左边施短柄焉，此左脚所踏处也。……踏犁五日，可当牛犁一日，又不若犁之深于土。”

相比之下，耒耜类农具构造简单，除了刃部（木-石）以外，仅用一条合适的硬木扶手（把柄）就行。然而，木-铁犁铧则不同，是以大牲畜如牛、马为牵引力，需要为铁犁铧配以较复杂的、合用的“木犁架”。木-铁制犁铧、犁壁，是典型的复合木-铁农具，它的系统结构包括铁犁头、木犁架、犁式等三个子系统。

（四）铁犁头的结构子系统

西汉初期，铁犁形制与战国时相仿，犁铧上口窄，两侧铁叶短，犁锋角度大，只能起破土作用。例如，山东莱芜出土西汉铁范所铸铁口犁，与河南辉县出土战国犁形制相似，只是犁头由钝变尖。陕西关中地区出土很多汉代铁制农具，其中犁具数量很多，并有全铁大犁铧及巨型犁铧、小犁铧、犁冠、犁壁等不同形制。

第一个部件：大犁铧及巨型犁铧和无壁小犁铧

考古发现，秦始皇陵侧出土的秦代大型铁犁铧长达 30 厘米，重十余斤。汉武帝时，铁犁头发生较大变化。公元前 1 世纪，犁的宽度已超过 15 厘米，能够开沟作垄，并能在更宽的垄的两边较深地疏通垄沟。汉代铁犁铧的长宽之比，其中舌形大铁铧为 32.0∶32.5，巨型大铁铧为 38.3∶36.3，大体上各为相等比例。

从陕西出土的汉代舌形大犁铧来看，铁犁铧呈舌刃梯形，平均长 32 厘米，后宽 32.5 厘米，平均重 7.5 公斤，锐角，上面起尖，下面板平，前低后高，中部有微高的凸脊，后边有装木犁头的等腰三角形銎。另外，还有一种形制较大的巨型铁犁铧，平均长 38.3 厘米，后宽 36.3 厘米，一般重 9 公斤，最重达 15 公斤。在汉代，北方已有使用这种巨型铁犁铧。

魏晋以后，铁犁铧逐渐变为狭长。唐代江东铁犁头的犁镜长 1 尺 4 寸（约 46.62 厘米），宽 6 寸（约 19.98 厘米），宽不及长之半。这从唐代原造铁犁铧之图像可作为佐证。江东铁犁的犁头变化，是为了适应南方比较黏重的土壤耕作，也适于翻起较窄的耕垡。耕作时，土垡被铁犁壁推挤到相当程度，然后断开，向后方翻转倒下，因此耕出的垡条是断续的。江东铁犁这种窜垡的作用，一方面可使“耕深”受“耕宽”的限制较少，耕作深度在多数情况下可以大于宽度；另一方面可以在低速的牛力条件下达到碎土的要求，保证耕地质量。

在秦汉出土的犁铧中，与舌形犁铧、巨犁铧同时期的还有小犁铧，相互并存，可见其作用有别。小犁铧的平均长度为17.3厘米，后宽15.1厘米，前宽6厘米。按其尺寸，小犁铧显然不能与出土的铧冠和犁壁配套使用。无壁小犁铧，古称之为“耩”或“劐”，只能破土、松土，可用于除草、开沟播种，但不能翻土。同时，出土的小犁铧有铁口鉏（锄），表明小犁铧具有拉、跖两用功能。

关于小犁铧的用途与牵引方式，许多学者认为小铁犁用于中耕除草、壅苗、开浅沟，显然不是畜耕用具，而是停留在人耕阶段。在出土文物中的小铁犁里，有一部分可能是“踏犁”，使用时以脚踩木铁犁就可翻土。河北定县北庄汉墓出土的小犁铧与铁斧、铁斤（锛）、铁锤、铁锸等同出于盗洞内，而盗墓的时间可能早于汉末，亦可见当时小犁铧的用法与铲锸相类似，并不是都用于牛耕，“在蓝田、蒲城等出土农具所见的小犁铧，可能是人拉的”。①

由此看来，小犁铧长度在10～20厘米之间，多数不用于牛耕，有一些亦可单牛牵引。但是，单牛牵引的犁铧在汉代还很少见。

第二个部件：铁犁壁

铁犁装有铁制犁壁，古称辟土（鐴土）、犁耳、犁镜、翻土板等，是用铸铁或钢制成的一块弯板。带犁壁的铁犁铧以牲畜或人力牵引，日耕地2～3亩，耕翻深度4寸许。铁犁壁用以翻土，窜垡调整犁地的深度，等等。

据说汉武帝时就已经出现铁犁壁，其安装在犁铧的上方，与犁铧后部共同组成一个不连续曲面，并向一侧倾斜。铁犁壁可将犁铧起的土块轻轻翻到

---

①李文信:《古代的铁农具》,《文物参考资料》1954年第9期。敖承隆:《河北定县北庄汉墓发掘报告》,《考古学报》1964年第2期。李长庆、何汉南:《陕西发现的汉代铁铧和鐴土》,《文物》1966年第1期；王文涛:《两汉的耒耜类农具》,《农业考古》1995年第5期。

一边，使泥土落成整齐的垄坎，而不致造成堵塞。铁犁壁与铁犁铧之间有着良好的配合，由于有不同的形状和角度，因此土壤以不同方式翻动成不同形状，更重要的是能够使用可调节杆改变铁犁片与犁梁之间的距离，还可精确调整犁地的深度。这种新的操纵方式，意味着铁犁可通过改装而适应各种类型的土壤，以及各个季节、不同的气候条件和不同的作用的土地。

公元前 2 世纪或公元前 1 世纪，四种不同的铁犁壁已广泛应用于铁犁。铁犁壁的出现，大大提高了整地质量，使耕犁不仅能松土，而且能翻土、成垅、除草、灭虫，从而改善了土壤中气、水、肥的状况，便于农作物吸收和生长。

在 18 世纪以前，欧洲单用直面木质犁壁，铁铧跟木质壁不能紧密结合，常夹带草土，拖动费力。直到 18 世纪初，欧洲才开始使用曲面铁犁壁。

由于铁犁壁旁向的弯曲度小，可将土垡向上往前推挤，到一定程度再折断，向右前方翻转倒下，形成不连续的垡条。同时，其耕深受耕宽的限制少，一般耕深大于耕宽。在低速情况下，铁犁壁还可碎土成垅。

汉代铁犁壁可分为两大类：一种为菱形、瓦形、方形缺角铁犁壁，平均长 45.8 厘米，宽 23.1 厘米；另一种为马鞍形铁犁壁，平均长 18.3 厘米，宽 20.8 厘米。在行进时，菱形、瓦形、方形缺角犁壁只有一侧翻土，马鞍形铁犁壁则两侧都能翻土。

在西汉壁画与画像砖（石）中，尚未见铁犁壁；东汉有一些铁犁壁图，但所见仍不算多。

第三个部件：备更换的铁铧冠

铁犁头的结构至少包括铁犁铧与铁犁壁两个部件，有许多铁犁头还要加上备更换的铁铧冠作为第三个部件。舌形大铁铧（或巨形铁犁铧）与 V 形铁铧冠、铁犁壁三者配套，组成一件高效能的整地、开沟农具。从陕西出土的西汉铁铧冠来看，铁铧冠通常宽度超过 20 厘米，套在三角形铁犁铧上，便于磨损后及时更换。河南辉县固围村出土的汉代铁铧冠多呈 V 字形。陕西陇县出土的西汉铁铧冠则五件套合在一起，V 形铁铧冠有的套合于铧的尖端，有的单独存放。

上述西汉时的铁犁铧与铁犁壁，只表明当时关中地区使用的情况。从河南、河北、辽宁、内蒙古、山东、山西、江苏、贵州等地的出土文物来看，西汉时仍以铁犁铧、铁犁壁加上备更换的V型铁铧冠为主，到东汉时V型铁铧冠仍一直沿用。

（五）木犁架的结构子系统

木犁架的结构有五个主要部件：木犁床（犁底）、木犁梢（扶手）、木犁辕、木犁箭、木犁衡。两汉时，木犁架已具备这五个部件。

木犁床又称犁底，是关键零件之一。它是平贴地面的长方形木条，是犁铧的导向装置，前与犁铧銎同向相接，后与犁梢成钝角相接。在动力牵引下，木犁床推动犁插入土中，连续不断地破土、翻土。木犁架本身构造比较复杂，每一部件都有自己的功能。例如，木犁床，前端用于套住铁犁铧，后部拖行犁沟中，用以稳定木犁架。

木犁梢来源于木耒，而木犁床即耒部前曲部分的发展。汉代，多数木犁床与木犁梢已明显分开，但在汉代壁画与画像砖（石）中只有一部分铁犁的木犁梢（犁柄）与木犁床已经分开。

木犁辕是连接木犁梢（连系工作机——犁架）跟木犁衡（连系牛体）的牵引件。汉代，木犁辕多为单长直辕（连系二牛）；魏晋后，出现双长直辕（连系一牛），并出现“柔便”的蔚犁。

木犁箭最初是连接辕、床以使木犁架牢固、不易松散的零件，后来发展为兼能控制铁犁头入土深浅的部件。汉武帝末年赵过推行“代田法”时用“二牛三人式”，其中有人专门扶辕，那时的木犁箭只能起稳固犁架作用。至迟西汉末，木犁箭已能调节铁犁头入土深浅。

木犁衡是用来连接牛体——牵引动力源的。

（六）犁式的结构子系统

犁式的结构，即耕作牵引方式。

两汉（主要是东汉）的农耕牵引力是以牯牛为主，有时亦用马，适宜于二牛抬杠的耕作方式。其耕作方式在汉代壁画和画像石的牛耕图中已有生动的反映，并在文献中亦多有记载。

不过，两汉时期用一牛耕田的事例则不多。

在汉代铁犁中，巨型大铁犁，长约 40 厘米，重量在 12 公斤上下；舌形大铁犁，长 30 多厘米，重量在 7.5 公斤上下，应需二牛牵引。同时，在选材、技术等方面，制作直辕均较制作曲辕容易；在性能上，曲辕的优点比较直辕并不突出。因此，两汉时二牛抬杠仍与直辕结合，并较受重视。

三、古代中国的牛耕概况

英国学者李约瑟指出："当中国使用铁犁的时候，欧洲还在用木犁；但是当欧洲使用钢犁的时候，中国还是在使用铁犁。"由此可见，古代中国经济曾一度领先，生产工具还比较先进，然而到近代中国经济又落到了欧洲后面，因为生产工具落后了，而从这一角度又说明了中西方发展已逐渐出现"易位"。

（一）铁犁牛耕的发展不平衡

汉代，各地的经济与技术发展非常不平衡，也导致了铁犁牛耕发展的不平衡。

我国的铁犁牛耕大约始于春秋后期或春秋战国之际，之后逐渐推广。至秦汉时期，铁犁牛耕推广到什么程度？论者意见不一。

其中，多数的通史学者与农史学者认为"汉代已普遍使用牛耕或者说是以牛耕为主"，甚至有的学者认为"战国时期便已普及牛耕"。

但是，也有一些学者提出不同看法。学者梁家勉认为："秦汉时代铁犁牛耕虽获得很大程度的推广，但并不能完全取代其他铁质翻土农具，尤其是铁镢和铁锸。这一时代可说是犁、镢、锸并用时代。"学者王文涛曾对汉代耒耜类农具（特别是铁锸的使用情况）进行过专门研究，他认为：“至西汉末年，铁犁和牛耕技术的推广仍局限于中国北部，南至河南中部，北达内蒙古、辽宁，东到山东，西抵甘肃、青海、新疆，即使是在上述地区，耒耜类农具仍然与铁犁并重，或在许多地区比铁犁更重要。可见，汉代是铁犁、铁锸与耒耜类农具并用的时代。”[①]

（二）传世文献和出土文书、实物的证据

秦汉时期，为锄耕向犁耕的过渡时期；西汉时期，牛耕尚不普遍，仍以锄耕为多。这从传世文献、出土文物中都可以得到证明，其中反映耒耜的资料很多。例如，《淮南子·主术训》：“夫民之为生也，一人跖耒而耕，不过十亩。”《淮南子·齐俗训》：“修胫者使之跖镢。”《淮南子·缪称训》：“夫织者日以进，耕者日以却。”《盐铁论·刺权》：“文学曰：‘……是以耕者释耒而不勤，百姓冰释而懈怠。’”《盐铁论·未通》：“内郡人众，民跖耒而耕，负担而行，劳罢而寡功。”《论衡·乱龙》：“立春东耕，为土象人，男女各二人，秉耒把锄。或立土牛，未必能耕也。”《论衡·自然》：“耒耜耕耘，因春播种者，人为之也。”[②]至东汉后期或魏晋南北朝时期，北方中原地区始进入牛耕时代；至于南方进入牛耕时代的时间，则还要晚一些。

《九章算术》是秦汉时期最权威的算术书。《九章算术·均输》有一道算术题：“今有程耕，一人一日发七亩，一人一日耕三亩，一人一日耰、种五亩。今令一人一日自发、耕、耰、种之，问治田几何？”答案：1亩114步多一点。[③]这里不言用畜，应该是“人力进行的耒耕”。这是《九章算术》中唯一的关于农耕规定程序与效率要求的算术题，它反映的恰好就是耒耕，而不是牛耕。

---

①梁家勉主编：《中国农业科学技术史稿》，北京．中国农业出版社，1989年，第175页。王文涛：《汉代的铁锸及其使用情况》，《农业考古》1994年第5期。赵德馨、周秀鸾：《汉代的农业生产水平有多高》，《江汉论坛》1997年第2期。

②王文涛《汉代的铁锸及其使用情况》，《农业考古》1995年第5期。余也非：《中国古代经济史》，重庆出版社，1991年，第222—223页、第234页。

③宋杰：《〈九章算术〉与汉代社会经济》，北京．首都师范大学出版社，1994年，第2—3页。

再看出土文书所反映的情况。居延汉简中经常出现“锸”，此外还有“铫”“锸金”（或写作“鍫”“鍫金”）等，其中简文提及“锸金”（或“鍫”）的数目多者可得一二百枚。例如，《居延汉简释文合校》所录的498·9号简：“今余鍫二百。其百五十破伤不可用，五十五完。”515·44号简：“入二月余锸金百六十一。”犁铧则未见。湖北江陵凤凰山8号汉墓出土的随葬器物疏载：“‘右方耦籍人凡卌九’，奴则‘操锸’‘操镢’。”①

考古资料显示，春秋战国至西汉遗址中出土铁犁具极少，而汉（主要是东汉）至魏晋南北朝遗址（如河南渑池、河南郑州、内蒙古和林格尔等地）中出土铁犁具就很多。②

四、古代的耧车

两河流域苏美尔在3500年前就首创了原始的单管条播机，是现代播种机的始祖。后来，印度也采用了种子条播机，可将种子播成一条直线。

在古华夏，战国时期出现了畜力条播机——耧，又称“耧车、耧犁、耙耧”，可播种大麦、小麦、大豆、高粱等，距今已有2500年历史。这种条播机只要用一头牛、一匹马或一匹骡子拖动，最初有一脚耧（一腿耧），但播种幅宽不一、行数不同，不久改进为两脚（双腿）耧。（如图10-6）

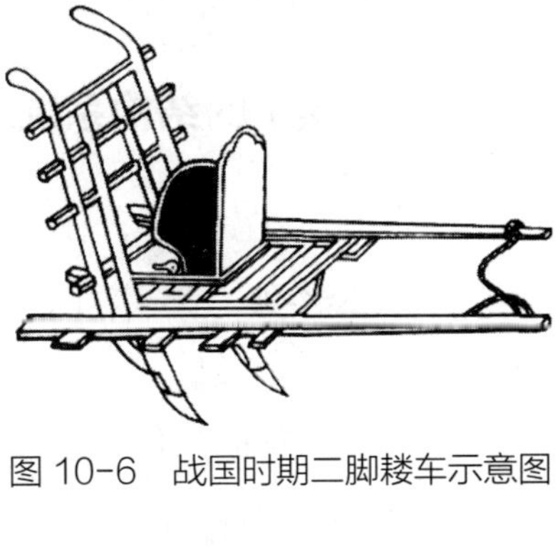
图10-6　战国时期二脚耧车示意图

（一）赵过改进的三脚耧车

汉武帝时，搜粟都尉赵过在一脚耧和二脚耧的基础上创造了能同时播种三行的三脚耧（此后还可多至七脚耧，但以三脚耧最为实用通行），

①李均明、何双全：《散见简牍合辑》，北京．文物出版社，1990年，第62—63页、第128—129页。
②杨际平：《试论秦汉铁农具的推广程度》，《中国社会经济史研究》2001年第2期。

可调控速度，播种较均匀。据史载，公元前 85 年，搜粟都尉赵过向京城地区推广三脚耧车。[①]（如图 10–7）

图 10-7 汉代赵过改进的三脚耧车复原图

东汉崔寔《政论》："赵过教民耕植，其法：三犁共一牛，一人将之，下种、挽耧皆取备焉，日种一顷。"就是说，一人在前面牵牛拉着耧车，一人在后面手扶耧车播种，一天就能播种 1 顷地，大大提高了播种效率。汉武帝曾下令在全国范围内推广这种先进的播种耧车，还改进了其他耕耘工具，以提倡"代田法"，推动农业生产。

（二）耧车的结构系统

耧车的结构系统，由木耧和铁耧加上牛，以及三个子系统组成：木制耧——木耧架、木耧斗、木耧腿；铁耧——铁制耧、三只臿（铲）；畜力—— 一头牛或马。

耧车的原理，由三只耧脚组成，播种时由一人操作，驾驭一头牛拉着耧车（三片犁铧），耧脚在平整的土地上开沟播种，同时进行盖、压，一举数得，省时省力，由此效率可以达到"日种一顷"。

后来，元代农学家王祯如此描述播种的农具"劐"：用耕具划开土壤，……耧车播种时用的铧类似三角犁铧，但较小，中间有一高脊，10

①卞瑞鹤：《耧车》，《农村·农业·农民》2011 年第 11 期。

厘米长，8 厘米宽。将劐插入耧车脚背的两个孔里，并紧紧绑在横木上。用锌入地 8 厘米深，种子通过耧脚撒落下去，能在田里种得很深，使产量大为提高。用耧车播种的土地，如同用小犁耕作过。[①]

（三）从汉画像石验证汉代铁耙、耧车等实况

汉墓葬画像石（砖）描绘的汉代整地农具主要为铁耙和铁耱，又称耙平器。整地目的在于碎土块、平高低、除杂草、掩肥料，以便于播种和禾苗生长。

铁耙用于碎土、起土，横向装木柄，功用如镢头，常见二齿木柄、三齿木柄，如山东、江苏、河南、河北、福建等地都出土了汉代铁耙。其中，巩县铁生沟冶铁遗址出土的小件农具中有双齿耙（考古报告称为双齿镢）8 件，河北满城汉墓出土了双齿、三齿木铁耙，福建崇安汉城出土五齿木铁耙。木柄铁耙的大量使用，反映了精耕细作技术的发展。

战国时期，用来击碎土块、平整地面的农具是木柄胥（长柄大木棰），在文献中也常见“耕胥连言”，说明耕作工序紧密关联“胥”。汉代，继续使用木柄胥，如江陵凤凰山汉墓出土了持胥俑。

山东图书馆藏滕县黄家岭与江苏泗洪重岗出土的汉画像石耕作图中，出现了新式农具“耱地器”。在汉画像石上，牛后拖带的耱地器是一根中间安有长木辕的圆形粗木棍，用来将翻耕的土块耱碎。此为我国最早的耱地资料。耱，《齐民要术》称“耮”，是破碎土块和平整土地的重要农具。耙耱农具为木质，呈长方形，具有两种功能：一面安装有铁齿，可以破碎深层卧垡和大块坷垃；另一面较平整，可以埋压种子、平整土地。这种“耕、耙、耱一体”技术非常适宜北方旱作农业。

耧车是汉代播种技术的一大发明。这种畜力条播器，就是中国早期的播种机。耧车，《释名·释器》称之为“耩”，也称为耧犁、三角耧，能同时播种三行，一人一牛，一天可以播种 1 顷，大大提高了播种效率。

---

①[元] 王祯:《王祯农书》，杭州．浙江人民美术出版社，2015 年。

山西平陆枣园村新莽时期墓中出土一幅“耧播图”，用一牛挽三脚耧车，一播三行。耧足或耧铧是耧车的关键部件，如辽宁辽阳、陕西富平、北京清河等地出土了西汉铁耧足，河南、湖北等地出土了汉代耧足范。①

迄今，已在全国 50 多处遗址发现了汉代的墓葬画像石（砖）铁犁和牛耕图，几乎遍及河南、陕西、河北、山西、山东、安徽、江苏、辽宁、内蒙古、甘肃、新疆、四川、贵州、广东、福建等 15 个地区，但主要分布在北方地区。

五、汉代盐铁铸钱三大官营手工业

春秋战国时期，秦政权采取的政治经济措施促进了冶铁业的发展。战国时期，已使用兵器“铁杖”“铁殳”等。汉代，冶铁业较秦有较大发展。西汉中期，汉武帝刘彻和大臣桑弘羊等实行盐铁官营，人力、物力相对集中，全国共设立铁官 49 处（一说 48 处），同时盐铁官所在地一般都是重要的铁产地。

（一）西汉中期实行盐铁官营

早在战国时期，各地官方已涉入铁业管理，设立铁官。但直到汉武帝时，政府才通过 39 个郡县的 49 处（一说 48 处）完全建立了对铁业的垄断。从《汉书·地理志》及《续汉书·郡国志》的统计得知，铁官所在地的 41% 是铁产地。其中，当时比较有名的 54 个采矿点主要分布于 31 个郡国，同时开采的矿藏种类增多。据《汉书·地理志》记载，当时开采的主要矿藏有铁、铜、金、银、锡、铅、丹砂、盐、玉、雄黄、雌黄等十余种，其中尤以盐、铁、铜的开采规模最大，获利最多。《汉书·食货

①杨陌公、解希恭:《山西平陆枣园村壁画汉墓》,《考古》1959 年第 9 期。尤振尧、周璐晓:《江苏泗洪重岗汉画像石墓》,《考古》1986 年第 7 期。夏亨廉、林正同主编:《汉代农业画像砖石》，北京 . 中国农业出版社，1996 年。李锦山:《鲁南汉画像石研究》，北京 . 知识产权出版社，2008 年。

志》:"盐铁之利,二十倍于古。""吴以诸侯即山铸钱,富埒天子。邓通,大夫也,以铸钱财过王者。"

在西汉三大官营手工业——盐、铁、铸钱之中,冶铁业占主导地位。①

有欧洲学者认为,虽然汉朝和罗马帝国并列为当时世界上最强大的帝国,但汉朝之所以能实行"铁业官营"垄断铁的生产和销售,而罗马帝国不可能实行铁业的垄断,则是因为冶铁技术的差异:汉朝采用鼓风竖炉冶炼生铁,冶铁业规模可以很大,故可实现垄断;相比之下,罗马帝国采用的是块炼铁工艺,与之相随的只能是小规模的本地化民营生产,故很难实现有效的国家垄断。

汉朝共设置铁官 49 处(一说 48 处),分布于大江上下,主要在黄河中下游的华北地区。汉代发展起来的木—铁器农具,即以这些铁官为中心向四面八方辐射,因而在不同程度上得到了推广。

(二)汉武帝设立的铁官主要分布在华北

据《汉书·地理志》记载,汉武帝时(公元 119 年)已在各地设铁官 49 处(一说 48 处),下设炼铁场。其中,48 处铁官分布的地点是:

山东 12 处:临淄(山东淄博)、历城(山东济南)、嬴(山东莱芜)、鲁(山东曲阜)、郁秩(山东平度)、莒(山东莒县)、无盐(山东东平)、东牟(山东牟平)、东武(山东诸城)、昌邑(山东金乡)、千乘(山东高青)、东平陵(山东章丘)。

江苏 8 处:下邳(江苏睢宁)、沛(江苏沛县)、彭城(江苏徐州)、朐(江苏连云港)、盐渎(江苏盐城)、堂邑(江苏六合)、皖(江苏及安徽潜山)、广陵(江苏扬州)。

河南 7 处:宛(河南南阳)、雒阳(河南洛阳)、隆虑(河南林县)、阳

①陈直:《汉代盐铁铸钱三大手工业》,《人文杂志》1957 年第 1 期。于传波:《汉代盐铁官营再评价》,《浙江学刊》1991 年第 1 期。[日] 潮见浩:《汉代铁官郡、铁器铭文与冶铁遗址》,赵志文译,《中原文物》1996 年第 2 期。孔祥军:《汉代铁官制度的设立和考索》,《江苏商论》2009 年第 4 期。黄富成:《西汉铁官"大器"问题探讨》,《中原文物》2010 年第 6 期。

城（河南登封）、西平（河南西平）、宜阳（河南宜阳）、渑池（河南渑池）。

河北 6 处：涿（河北涿县）、北平（河北满城）、渔阳（北京密云）、夕阳（河北迁西）、武安（河北武安）、都乡（河北井陉，待考证）。

山西 5 处：安邑（山西夏县）、皮氏（山西河津）、平阳（山西临汾）、绛（山西曲沃）、大陵（山西文水）。

陕西 5 处：郑（陕西华县）、夏阳（陕西韩城）、雍（陕西凤翔）、漆（陕西彬县）、沔阳（陕西勉县）。

四川 3 处：临邛（四川邛崃）、武阳（四川彭山）、南安（四川乐山）。

甘肃 1 处：狄道（甘肃临洮）。

辽宁 1 处：平郭（辽宁盖县）。

这 48 处铁官大多数分布在黄河中下游和长江沿岸的 39 个郡县，可见汉武帝时炼铁规模之宏大。汉武帝还起用南阳孔氏后代孔谨及桑弘羊等人当大司农主管铁官生产，而《盐铁论》就是记载桑弘羊同诸贤良辩论当时盐铁政策的会议记录。考古已发掘的河南汉代冶铁遗址占地约 6 万平方米，有 2 座炼铁炉的遗迹，每座炉缸面积 8.5 平方米，残留积铁重达 20 余吨。

（三）铁官如何推广铁犁牛耕

铁犁牛耕由于构件复杂、技术复杂，只能由发明铁犁牛耕的地方由近及远逐步向四周传布。农民也只有在目睹牛耕优越性并掌握牛耕技术之后，才可能以铁犁牛耕代替耜耕（木耒耜或木–铁鉏［锄］耕）。虽然也有远距离的隔越传布情况，但那只是在士兵征戍、人口迁徙或熟悉铁犁的地方长吏大力提倡的情况下才可能出现，应属特例。

江南广大地区，直到东汉（公元 1 世纪末）时期尚未知牛耕。例如，庐江地处淮南江北，与汉代经济最发达的河南地区隔河相望，这里不仅有大规模的水利灌溉工程——芍陂，而且设有铁官，经济应属比较发达。不过，据《后汉书 · 王景传》记载，建初八年（公元 83 年）王景任庐江太守，“先是，百姓不知牛耕，致地力有余而食常不足”。又据《后汉书 · 任延传》记载，建武年间（公元 25 年—公元 56 年）任延为九真太守，

“九真俗以射猎为业，不知牛耕……延乃令铸作田器，教之垦辟”。可见，庐江、九真开始推广铁犁牛耕是任延、王景大力倡导的结果。因而，不能以点代面，误认为“东汉初，东起辽宁、西至新疆、南至江南都已广泛推广牛耕”。

由于以上诸种原因，铁犁牛耕与一般铁农具的推广就不可能同步。铁犁牛耕的普遍推广，比一般木-铁农具的推广晚几百年，也应属于正常现象。

（四）汉代是重大的转折时期

汉代，朝野大规模推行牛耕新技术，由北方逐步向南方扩展，形成了两股潮流。其中，第一股在汉武帝末年，主持者为搜粟都尉赵过，主要推广“代田法”，组织比较细致，既有试验田的示范，又有对令长、三老、力田的培训，还令工巧奴制作农器，更有各级政府的大力支持。但推广的范围仍仅限于边郡一些屯田区、太常公田与河东、弘农、三辅地区，且推广的时间也不长。汉武帝以后，即未再见实行代田法的记载。第二股在东汉前、中期，汉光武帝刘秀及其子孙明帝、章帝等任用一批循吏，这些地方官勤于政事，注重发展农业。①

这些情况，跟文献记载与考古出土文物（包括铁器实物、汉墓葬画像石铁犁、牛耕图）相对照，表明了古华夏的铁犁和牛耕推广的程度。汉代是一个重大的转折时期，从此以后传统农业耕作方式由耜耕（以耒耜、木臿或铁锸为主）向犁耕过渡，再由犁耕向铁犁牛耕、铁犁耦耕过渡，同时，个体小农生产已逐渐取代大规模的强制集体耕作，新兴的地主和个体小农初步登上了历史舞台。

【附记】史学界公认，中国普及铁兵器的时间晚于其他所有的上古文明国家，且这个过程相当长，即从春秋末年开始，直到西汉、东汉之交才完成，时间跨度达500年，而欧洲普及铁兵器用时仅约300年。

---

①杨振红：《两汉时期铁犁和牛耕的推广》，《农业考古》1988年第1期。包明明、章梅芳、李晓岑：《铁犁牛耕对汉代农业深耕细作技术的影响探析》，《北京科技大学学报（社会科学版）》2011年第4期。

附录一

石兴邦先生访谈记

多年以来，我们对于历史考古学的“三分期理论”提出了一些质疑和修正意见，并在《社会科学论坛》2012 年第 2—10 期连载了“关于陶器时代的论证”和“全盘修正史前史三分期学说”等系列论文，同时这些论文被汇集为《历史观的新突破：史前史三分期学说的重大修正》一书出版（山西人民出版社，2014 年版）。此后，我们继续深入探讨“复合工具”与“火技术–陶冶体系”的学术问题。

2015 年 9 月，陈明远从北京到西安筹办“西安 WS 语言文化研究部”，并专程拜会了考古学家石兴邦，请教裨益，相谈甚欢。同时，在西安福莱特基金的鼎力支持下，陈明远和笔者合著的《文明拂晓：复合工具体系》和《现代系统论与世界体系：火技术与陶冶体系》两部专著将交由北京语文出版社正式出版印行。

2016 年 9 月 8 日，笔者拜访石兴邦前辈，并请他对我们新近在《社会科学论坛》月刊上发表的 3 篇关于“现代系统论与世界体系”的系列论文进行指正。同时，笔者提出敬请他担任西安 WS 语言文化研究部的名誉导师，指导研究部的学术研究。对于这些请求，石兴邦前辈都一一欣然同意。

2016 年 9 月 12 日，笔者代表陈明远及西安 WS 语言文化研究部向石兴邦前辈正式呈递“名誉导师聘书”。

石兴邦，中国现代考古学家。他师从考古学家夏鼐，执着考古 60 多年，被誉为“新中国主持发掘大型史前考古聚落遗址第一人”。石兴邦是浙江大学人类学研究所教授夏鼐的研究生，1950—1963 年在中国科学院考古研究所工作，1976—1984 年在中国社会科学院考古研究所任研究员，1984

年后在陕西考古研究所工作，并担任陕西社会科学院副院长、陕西考古学会会长、陕西文物局学术委员会主任。他的田野考古不乏破天荒大手笔，研究探讨的多为学科前沿或古而弥新的重大问题，发表《略谈新石器时代晚期居住遗址的发掘》一文被视为总结半坡遗址发掘考古的经典之作。

石兴邦是半坡遗址发掘工作的主要组织者，也是《西安半坡》（文物出版社，1982 年版）的主要执笔及统稿人。他听说我们研究部正在继续关注“制陶慢轮”的问题后，认为这就抓住了专门点，应该深入进去，这样的研究很好。《西安半坡》出版后 30 年来，几代历史考古学家持续努力，对史前陶器制作技术，特别是对带有机械装置性质的史前生产工具逐步深化了认识。此前考古学界对史前陶器的研究着重在复原器物、研究出土陶器的形制、制陶工艺和陶窑设备等方面，虽然这些研究非常必要，但这些研究都还限于陶器自身的制作和用陶器作为考古断代的参考物两个层面，而没有着重思考和探究史前陶器技术推进社会进步的重大作用这一问题。要弥补这个学术上的短板，还需要西安 WS 语言文化研究部等后继者加以完成。

陶器技术是史前先民的“火技术”（用火与控火的陶冶体系）的体现。半坡制陶的慢轮已进化到机械结构性质，远比石斧、石刀之类的结构复杂；陶窑等新设备的技术等级，也比手持式“打制石器”“磨制石器”的等级高得多；陶器是火、水与土的陶冶体系的结晶。在人类的发展历程里，“火技术”始终是社会进步的巨大动力。对此，石兴邦前辈赞同我们的观点。

石兴邦前辈关注西安 WS 语言文化研究部的学术汇报，并表示肯定，同时乐意进一步指导。鉴于此，石兴邦前辈欣然为我们合著的《文明拂晓：复合工具体系》和《现代系统论与世界体系：火技术与陶冶体系》两部专著写下了这样的文字：“今有原中国科学院研究人员、北京语言大学陈明远和西安 WS 语言文化研究部研究员林川，提出史前‘复合工具’和‘火技术–陶冶体系’两个新概念。我认为，这作为历史考古领域的一家之言，可以参加学术讨论，特此介绍。”

林　川

2016 年 9 月 15 日于西安

附录二

陈明远、林川[①]发表史前史“三分期学说”专题研究论文目录

【2011】

陈明远．修正史前史“三分期学说”：在“石器时代”和“青铜器时代”之间须划出一个“陶器时代”［J］．社会科学论坛 .2011（4）：4—14.

【2012】

陈明远，金岷彬．没有陶器技术就没有青铜器时代——关于“陶器时代”的论证之一［J］．社会科学论坛，2012（2）：4—21.

陈明远，金岷彬．陶器时代的分期——关于“陶器时代”的论证之二［J］．社会科学论坛，2012（3）：24—40.

陈明远，金岷彬．八卦起源于陶器时代的数字卦—— 关于“陶器时代”的论证之三［J］．社会科学论坛，2012（4）：31—42.

陈明远，金岷彬．陶器时代：“礼”的起源和发展——关于“陶器时代”的论证之四［J］．社会科学论坛，2012（5）：4—20.

陈明远，金岷彬．陶器促进史前社会分工：手工业与农业分离——关于“陶器时代”的论证之五［J］．社会科学论坛，2012（6）：4—20.

陈明远，金岷彬．西亚的陶器时代——关于“陶器时代”的论证之六［J］．社会科学论坛，2012（7）：19—27.

陈明远，金岷彬．人类的第一个时代是木–石器时代——修正史前史“三分期学说”之一［J］．社会科学论坛，2012（8）：4—20.

---

① 林川：笔名金岷彬。

陈明远，金岷彬．史前农业革命的主要农具是木-石复合器——修正史前史“三分期学说”之二［J］．社会科学论坛，2012（9）：20—35.

陈明远，金岷彬．从现代人的进化看木石复合工具的历史意义——修正史前史“三分期学说”之三［J］．社会科学论坛，2012（10）：4—14.

【2014】

陈明远，金岷彬．古生物学意义和人文科学意义的“人（Real Human）”——历史考古的新观点之一［J］．社会科学论坛，2014（1）：38—57.

陈明远，金岷彬．古代弓和矢的发展历程——历史考古的新观点之二［J］．社会科学论坛，2014（2）：4—23.

陈明远，金岷彬．木-石复合兵器：投石索、投石器、投石机——历史考古的新观点之三［J］．社会科学论坛，2014（3）：32—42.

陈明远，金岷彬．从甲骨文和系统论的角度看木-石复合工具—— 历史考古的新观点之四［J］．社会科学论坛，2014（4）：35—53.

陈明远，金岷彬．从甲骨文看史前狩猎与动物饲养——历史考古的新观点之五［J］．社会科学论坛，2014（5）：4—27.

陈明远，金岷彬．结绳记事・木-石复合工具的绳索和穿孔技术——历史考古的新观点之六［J］．社会科学论坛，201（6）：4—25.

陈明远，金岷彬．“野蛮社会”“农业革命”和“三分期理论”的修正——历史考古学的新观点之七［J］．社会科学论坛，2014（7）：28—50.

陈明远，金岷彬．从甲骨文看史前的种植与耕作——历史考古学的新观点之八［J］．社会科学论坛，2014（8）：31—51.

陈明远，金岷彬．野蛮向文明的过渡：陶冶时代——历史考古学的新观点之九［J］．社会科学论坛，2014（9）：4—26.

陈明远，金岷彬．甲骨文中的谷类及东西方谷物加工技术的比较研究——历史考古学的新观点之十［J］．社会科学论坛，2014（10）：16—35.

陈明远，金岷彬．细石器工艺・复合工具・竹文化——历史考古学的新观点之十一［J］. 社会科学论坛，2014（11）：30—52 .

【2016】

陈明远，林川 . 从系统论看“火技术”与“木-铁体系”——系统论与世界体系之一［J］. 社会科学论坛，2016（6）：4—20.

陈明远，林川 .“陶-铜体系”即“火技术-陶冶体系”——系统论与世界体系之二［J］. 社会科学论坛，2016（7）：4—16.

陈明远，林川 .“陶-铜体系：野蛮向文明的过渡”——系统论与世界体系之三［J］. 社会科学论坛，2016（8）：4—20.

陈明远，林川 . 木-铁体系冶铁术的发明和流传——系统论与世界体系之四［J］. 社会科学论坛，2016（9）：21—44.

陈明远，林川 . 经济发展与木-铁体系——系统论与世界体系之五［J］. 社会科学论坛，2016（10）：22—42.

陈明远，林川 . 复合工具理论与火技术理论的进展——系统论与世界体系之六［J］. 社会科学论坛，2016（11）：27—37.

后　记

《文明拂晓：复合工具体系》和《现代系统论与世界体系：火技术与陶冶体系》两部专著，经过多年修订终于要问世了。这是继《历史观的新突破：史前史三分期学说的重大修正》（山西人民出版社，2014年版）以后，再一次全面深入阐述我们对于“历史考古学的三分期理论”的修正意见。同时，我们在《社会科学论坛》2012年第2—10期连载了“关于陶器时代的论证”和“全盘修正史前史三分期学说”，此后又持续在2014—2016年间连续发表了“现代系统论与世界体系”等20多篇系列论文，继续深入探讨“复合工具”与“火技术–陶冶体系”的学术问题。

这两部书稿酝酿、讨论了三年之久，反复修改，三易其稿，终于在2014—2016年成书，但实际上我们的探讨还远远不够。在本书写作过程中，我们经常发现有许多重要问题有待补充和修订。

一

关于“人类”存在几种不同的定义，人类古生物学就有两种定义：一些学者认为，人类是“会制造工具的高级灵长类动物”，开始于距今约250万年前；另一些学者认为，人类是“两足直立行走的高级灵长类动物”，开始于距今约450万年。21世纪，学术界最新发现表明，人类进化到有语言能力是在约25万年—10万年前，进化到较完备的有声语言是在约10万年—5万年前，此后人类的语言和智力仍在不断发展中。

古生物学意义的“人类（Home）”与人文科学意义的“人类真人（Real Human）”，即“掌握有声语言，能够思维，能通过语言进行思想交流的高级灵长类动物”之间，相距400万年以上。

那么，我们就必须对木—石器时代到真人时代的史前史重新认识：原来，使用石器的直立人——猿人几百万年间并不能够说话，缺乏抽象思维能力，因此至多称为“形成过程中的半人”而并非“真人”。

恩格斯在《自然辩证法》一书里主张：“语言和劳动一起，成了两个最主要的推动力。在它们的影响下，猿的脑髓就逐渐地变成人的脑髓；……语言是从劳动中并和劳动一起产生的，这是唯一正确的解释。”也就是说，“语言和劳动一起”是古猿转变到人的“两个最主要的推动力”。

但是，我们有几个问题需要厘清：(1)猿的发声器官变化导致语言的产生，这个过程需要多少年？(2)猿脑发展为人脑，语言中枢是如何形成的？这个过程又需要多少年？“语言和劳动”两者是否同步？由于时代的局限性，恩格斯没有能够看到劳动（制造工具）和形成有声语言两者之间相隔数百万年的差距。

最新科学成就发现，人脑有独特的基因——LAMC3，以及控制语言能力发展的Fox P2基因。人类的Fox P2基因突变，是猿人变成真人的一个飞跃，从此人类才学会了使用抽象思维和符号解决问题，并有了复杂的语言。只有大脑产生了语言和抽象思维系统，猿人才变成了真人（Real Human）。

那么，“人的历史”究竟从单独劳动开始，还是从掌握语言开始？应该说，“人的历史”不仅在于劳动，而且在于掌握语言。如果按照这样的观点，严格说来史前史应该从掌握了抽象思维能力的木—石复合工具时期才算“正式开始”。

二

人类起源研究开始于欧洲。欧洲“旧石器时代”的考古记录，被当作人类早期（猿人）行为和非洲人、欧洲人对比的标准，而首要的证据就是木–石复合工具的创造。人类历史上不会说话的“旧石器时代”时间跨度最长，占99％以上。最早发现木–石复合工具的过硬证据，是在25万年至6000年之前的东非。在所谓旧石器时代晚期（4.5万年—1.2万年前），欧洲首次出现了智人化石和木–石复合工具技术，还有雕凿的骨制工具和复杂的投射武器——投枪、弓箭等，以及先进的用火技术、洞穴艺术、珠链和其他个人装饰品。类似的行为普遍存在，与现代人类逐步接近，因此考古学家将这些行为作为人类“行为现代性”（behavioral modernity）的证据。

真正的现代人行为，其中最重要的是认知行为，而最有代表性的就是象征符号。早期的象征符号包括两种：身体的装饰品（如穿孔贝壳、身体彩绘等）和居住环境的装饰品。这些装饰品的出现，表明人类对于世界的认知已经发生了本质变化。这些符号的象征意义即附加在符号上的人的思维，象征符号的出现表明人类已有能力将这些意象在大脑里重新组合，这就意味着人类已在头脑中有了自己所认知的世界，于是构成人类思想最基本的要素之一，并开始进行抽象思维。

“人类革命”指的是人类从生理到心理、行为上的根本性改变。学者们以“行为现代性”为标准，将早期的“古代”非洲人、亚洲人与旧石器时代晚期智人进行对比，以此来解释二者之间在“人类革命”中的差异。木–石复合工具的出现，是人类“行为现代性”的最重要标志，是“人类革命”的划时代成就。

三

人类的第一个时代是木–石器时代。长久以来，“石器时代”这个片面的说法容易导致人们忽视木制工具和木–石复合工具在人类进化史上的重要作用，而只见石质残骸而忽视全体真貌，导致历史观念的偏颇，失去了认识的完整性和深刻性。同时，也导致学者们的着眼点片面集中在“石”上面，仅关注考古出土的石质器如“石斧、石斤、石刀、石矢、石镞”而忽视了非石质的“木柄、木杆、木耒、木矢、木弓、矢杆、箭弦、木架投石器”以及大量木–石复合工具的关键意义。

从现代系统论的观点看来，其实“1+1”是大于2的，但组成有机的整体——复合系统并非各元素（木–石构件）的简单相加，而是能够发挥各元素在孤立状态下所没有的整体功能。这就是说，有木柄的石斤、石斧、石钺等能够得心应手地使用，比直接手持单个石块具有高得多的效益性、安全性，并能大为扩展社会功能。例如，有段石斤可用于斫造独木舟、凿木为屋；石钺可作为神权王权的象征，供礼仪、墓葬用，等等。木–石复合工具具有四个特点：一是“元素复合性”，二是“结构复杂性”，三是“多样实用性”，四是“外观审美性”。这些复合系统的改进和发展，关键在于“智力进化”，掌握抽象思维能力，不仅在于劳动或制造简单工具。

四

华夏最古老的文字——甲骨文是具有特殊考古作用的“文字化石”。甲骨文反映了史前一系列劳动工具（如耒、斤、斧、网、箩等）和武器（如干、戈、兵等）及其进化过程，有力地证实了史前“木–石时代”的长期客观存在。在殷商甲骨文成熟之前有一个漫长时期的预备过程，即由图画到纪事到符号到意向表达与交流的过程，而这些预备过程跟“行为现代性”“智力进化”是同步的。

任何文字都是有智力表现的、反映现实的符号系统，而甲骨文也不例外地反映了史前人类智力进化的情况。在甲骨文里，“皿”部的“豆、盂、盘”等字表现了远古主要使用木器为饮食工具，“缶”字表现了远古制作陶器的过程，“鬲、鼎、爵、盧（卢）、徹（彻）、员（圆）”等字描画了远古使用陶器的形象，“王”字反映了王权，“示”部的字表示神权、信仰，“卜”部的字反映占卜，“巫”部的字反映了巫术，“贝”部的字说明了远古华夏直到周秦仍使用贝为货币。另外，甲骨文里罕见“金”和“金”部的字说明了华夏文字起源时金属器时代（铜器时代）尚未到来，“易”（“锡”的本字）、“铸”字则形象地记录了史前熔融金属铸铜器的生产过程，而金文里多见“金”和金部字说明殷周进入了文明史初期的铜器时代。于是，我们建议历史考古学者广泛深入运用甲骨文、金文的原始记录资料，并将其作为可信的史前考古学依据，由此建立一门新的学术分支——“甲骨文、金文考古学”。

虽然系统的甲骨文成熟于公元前14世纪，但它忠实地反映了更早的史前社会。甲骨文对于我们探讨史前史的价值，远远高于半真半伪、“层累构成”、掺杂臆想与作假的神话传说。同时，对于史前史的研究，也必须具备实事求是、去伪存真和还历史以本来面目的基本功。

鉴于上述原因，希望《文明拂晓：复合工具体系》和《现代系统论与世界体系：火技术与陶冶体系》能作引玉之砖，而其本身也必须继续做出修正、补充和扩展，并不断完善。

最后，衷心感谢现代考古学家石兴邦和语言学家周有光对我们的鼓励和帮助，也衷心感谢曾给了我们教诲和帮助的夏鼐、顾颉刚、陈梦家等前辈，并特别感谢西安福莱特热处理公司总经理杨鸿飞先生的出版资助。同时，我们欢迎读者提出质疑和修改意见，以备今后再进行修订或讨论。

陈明远　林　川

2016年12月25日